敦煌
DUN HUANG
众人受到召唤

《生活月刊》 著

广西师范大学出版社
·桂林·

DUNHUANG: ZHONGREN SHOUDAO ZHAOHUAN
敦煌：众人受到召唤

图书在版编目（CIP）数据

敦煌：众人受到召唤 /《生活月刊》著. —桂林：广西师范大学出版社，2015.9（2025.3 重印）
　ISBN 978-7-5495-6958-8

　Ⅰ. ①敦… Ⅱ. ①生… Ⅲ. ①敦煌石窟－文物保护 Ⅳ. ①K879.21

　中国版本图书馆 CIP 数据核字（2015）第 152304 号

广西师范大学出版社出版发行

（广西桂林市五里店路 9 号　邮政编码：541004）

　网址：http://www.bbtpress.com

出版人：黄轩庄

全国新华书店经销

广西广大印务有限责任公司印刷

（桂林市临桂区秧塘工业园西城大道北侧广西师范大学出版社集团有限公司创意产业园内　邮政编码：541199）

开本：787 mm × 1 092 mm　1/16

印张：20　　图：171 幅　　字数：395 千字

2015 年 9 月第 1 版　　2025 年 3 月第 14 次印刷

定价：128.00 元

如发现印装质量问题，影响阅读，请与出版社发行部门联系调换。

盖闻如来说法，万万恒沙；菩萨传经，千千世界。爱初鹿苑，度五俱轮，终至双林，降十梵志。演微言爱河息浪，谈般若烦恼山摧，会三点于真原，净六尘于人境；所以舍卫大城之内，起慈念而度群生；给孤长者园中，秉智灯而传法印。

——《降魔变文》

【卷二】民族的阵痛

- 95　一三○窟 × 向达　仆仆大漠先行者
- 105　二二○窟 × 平山郁夫　胡伟　侯黎明　娄婕　燃灯传世
- 112　一七窟 × 石塚晴通　解读敦煌本
- 121　一七窟 × 吴芳思　魏泓　藏经洞的前世今生
- 127　一五六窟 × 柴剑虹　交流，才能互以幸福相交换
- 135　三三三窟 × 荣新江　学者与行者
- 239　四二八窟 × 赵声良　「信」守承诺
- 247　二二○窟 × 张先堂　结缘
- 257　一五八窟 × 李萍　讲解莫高窟
- 269　五五窟 × 吴健　再续繁光
- 279　北区石窟 × 彭金章　留驻田野
- 289　二七五窟 × 樊锦诗　留住敦煌
- 299　附录　1908与2011年的壁画和彩塑比对
- 307　致谢

目录

序
敦煌的召唤

前言
一生的归宿 … 7

【卷一】边城风云

- 一五六窟 × 常书鸿　命运的死结 … 15
- 一五九窟 × 常沙娜　千佛洞中 … 27
- 二八五窟 × 段文杰　关友惠　众神相遇 … 36
- 一七二窟 × 史苇湘　欧阳琳　无边的梦寐 … 53
- 九八窟 × 孙儒僩　李其琼　青春的纪念 … 61
- 一六一窟 × 李云鹤　起点 … 77
- 六一窟 × 李贞伯　万庚育　甘苦之间 … 151

【卷三】大漠美术馆

- 一九四窟 × 何鄂　限制与创造 … 159
- 二五四窟 × 赵俊荣　邵宏江　地球的背面 … 178
- 二八五窟 × 侯黎明　娄婕　来与回来 … 193
- 二五四窟 × 陈海涛　陈琦　触动 … 201
- 榆林廿九窟 × 王学丽　徐铭君　犹记来时路 … 220

【卷四】继续敦煌

- 九八窟 × 王旭东　无声中守护静寂 … 231
- 八五窟 × 苏伯民　重生

序
敦煌的召唤

撰文：樊锦诗

敦煌，曾经是古代丝绸之路上的重镇，也是世界四大文明、六大宗教和十余个民族文化的融汇之地。公元366年，乐僔和尚在这里开凿了第一座洞窟，此后，经过长达一千多年的营造，莫高窟成为世界上历史延续最悠久、保存较完整、内容最丰富、艺术最精美的佛教艺术遗存，至今仍保存着735个洞窟，其中包括45000平方米壁画和2000多身彩塑，涵盖文化、艺术、科技、政治、经济、宗教以及日常生活的诸多层面，向世人展现出一幅波澜壮阔的历史图景。

70多年前，在敦煌艺术的感召下，常书鸿先生毅然从巴黎起程，回到中国，冒着抗战的烽烟来到敦煌，筚路蓝缕，以启山林。1944年，国立敦煌艺术研究所成立，一批年轻的艺术工作者接踵而来，成为守护莫高窟的第一代"敦煌人"。1950年，国立敦煌艺术研究所更名为敦煌文物研究所，1984年扩建为敦煌研究院，70多年间，一代又一代年轻人来到敦煌，留在敦煌，用自己的青春与理想守望着这片宝贵的文化遗产。这里也吸引着来自世界各地的学者、艺术家和科研工作者，他们都为莫高窟的保护与敦煌文化的发扬做出了自己的贡献。近一个世纪以来发生的故事，有的闻名遐迩，更多的则不为人知。

2010年中秋节期间，《生活》杂志的采编团队来敦煌采访，他们都很年轻，在沟通的过程中，很容易感受到他们的严谨与负责，准备工作扎实，提问专业，写作深入浅出，拍摄也很有想法。他们的工作态度与方法，让我和敦煌研究院的同人们感到很欣慰，也很欣赏。因此，2013年，当《生活》杂志提出，希望在此前的基础上再做一系列更加完善的采访报道，研究院也尽可能地提供帮助。

这本书是对"敦煌人"心路历程的一次比较全面、丰富和深入的记录。翻看这本书，也让我想起了与研究院的老前辈、老同事们相处的时光。那时的生活非常艰苦，大家住土房，喝咸水，风沙肆虐，寒暑更迭，从莫高窟去一趟敦煌县城，要走大半天的路，几乎过着与世隔绝的生活，可是大家不计名利得失，在莫高窟临摹壁画，保护修复，考古发掘，研究文献，都心无旁骛，乐在其中。不知不觉之间，几十年就过去了。与千年洞窟相比，人的一生非常短暂，我们能在短暂的一生中与敦煌为伴，为保护莫高窟尽一份绵薄之力，就是极大的幸福。

通过这本书，也希望更多的读者朋友能走近敦煌，了解它的历史与现实，珍视这片宝贵的文化遗产，让它可以一代一代传承下去。这也是我们每一个"敦煌人"最大的心愿。

前言
一生的归宿

> 敦煌定若远，一信动经年。
> ——【南朝】刘孝先

一

2010年中秋节，我们在敦煌的黄昏里，看到太阳与月亮同时出现在地平线两端。云霞的余晖倾覆在三危山上，沿着戈壁沉默地流淌。浮云每隔几秒钟就会发生剧烈的变化，超出想象的极限。我们知道，那些在荒芜里守望了半个多世纪的"敦煌人"，也曾无数次见过同样的夕阳。

1600多年前，乐僔和尚没有看到日月同现于天，却在三危山邂逅了佛光。他发愿开凿出第一座洞窟，自此，莫高窟经过千年营造，从寸草不生的土地中生长出来，成为万佛之国。

70多年前，常书鸿离开巴黎，发愿到敦煌寻找艺术的新路。在这座古老的丝路重镇、被遗忘的西北边城，他决定留下，主持敦煌艺术研究所，第一代"敦煌人"就此云集，辗转一生。

一切都源于一场相遇。

我们希望在这本书中呈现的，正是一场冥冥之中的相遇 —— 一座洞窟与一个（群）人的相遇，千年佛国与数十载人生的相遇。莫高窟与她的守望者们，在荒漠中相互召唤并彼此守候。他们的守护延长了莫高窟的生命，而在敦煌，他们也找到自我，找到艺术、文化乃至人生的新路。

承蒙敦煌研究院的厚爱与大力支持，2010年和2013年，《生活》杂志的同人们几次前往敦煌、兰州等地，对几代"敦煌人"进行了全面、深入的采访。《生活》为此出版了3本专题别册和1次专题报道。这本书正是4年多追踪历程的结集。

这是对"敦煌人"进行的近乎全景式的呈现，在媒体界，应属首次。

二

2013年我们重返敦煌，正是隆冬时节。

清晨落了雪，沿路的白杨树笔直地伸向天空，如同执戟的武士。要到九点多，太阳出来以后，温度才开始从零下15摄氏度一点点攀升。北方的冬天，是纯粹的冬天。但是，半个多世纪以前，在第一代"敦煌人"的记忆里，这里的冬天并不诗意。

那时，凛冽的寒风会让大泉河迅速冻结，平时取水，需要凿开厚厚的冰层。清晨起床，鼻子上覆盖着一层霜。用土堆砌的床和桌子，是他们全部的家当。那时的莫高窟也到了生死存亡的关头 —— 风沙淹没了大片的石窟，满窟的塑像倾倒垮塌，壁画空鼓、起甲严重，大片地脱落……严酷的现实，促使他们留下来，保护洞窟，临摹壁画，就此度过一生。

第一卷"边城风云",将呈现敦煌的第一代守望者与这片洞窟、这座城市之间的关联。常书鸿、常沙娜、段文杰、史苇湘、欧阳琳、孙儒僩、李其琼、李云鹤、李贞伯、万庚育、关友惠……半个多世纪以前的抉择,让莫高窟起死回生,而他们各自的命运,也就此悄然改变。

莫高窟重现人间以来,一直被寄予难以负荷的民族情感。她在一个"错误的时代"被发现,在盛世与末世的转换之间,这些精美的洞窟和浩如烟海的文物,面临过动荡与浩劫。这是第二卷"民族的阵痛"试图呈现的内容。从前的敦煌之路是斯坦因与伯希和的旅程,是令陈寅恪悲叹的"吾国学术之伤心史",是围绕20窟(今130窟)而爆发的向达与张大千的恩怨,是平山郁夫的一次次离去与归来。如今的敦煌之路,则是敦煌学的国际联合研究。我们拜访中国、日本和欧洲的敦煌学者 —— 石塚晴通、吴芳思(Frances Wood)、魏泓(Susan Whitfield)、柴剑虹、荣新江……追索他们的心路历程。敦煌在中国,敦煌学在世界。

这片大漠深处的美术馆,冥冥中形成惊人的精神磁场。在第三卷"大漠美术馆"中,敦煌研究院的几代美术工作者将坦陈他们心中的千年佛光 —— 何鄂、邵宏江、赵俊荣、侯黎明、娄婕、陈海涛、陈琦、王学丽、徐铭君……不同的时代造就了不同的人生,虔诚与执著却始终传递,生生不息。当年常书鸿先生从巴黎发愿回国,就是希望在敦煌找到艺术的新路,如今,敦煌依然在给予未来无限的遐想空间。

第四卷的标题"继续敦煌",来自常书鸿先生的遗愿 ——"保护敦煌,研究敦煌,弘扬敦煌,继续敦煌"。千年文明继绝存亡之际,几代"敦煌人"为了挽救这片历史遗迹,做出各自的努力,又在敦煌找到一生的归宿。樊锦诗、彭金章、王旭东、苏伯民、赵声良、张先堂、李萍、吴健……他们在保护、研究、考古发掘、国际合作、数字化等领域所做的所有探索,让这片佛国世界,在我们的时代依然熠熠生辉。

三

我一直记得,2013年冬天,在敦煌研究院简易的宿舍楼里,讲解员陈瑾突然问了一个很难回答的问题。

"认真考虑一下,如果让你们来敦煌工作,你们愿意吗?"

我们突然集体陷入沉默。虽然我们都热爱莫高窟,虽然在过去的10年里我曾一次次来到敦煌,怀着复杂的情感与敬意,可是,真的要认真地做一个决定,却难免瞻前顾后,反复权衡 —— 留在敦煌需要付出哪些代价?这是否值得?

我相信,70多年以来,所有的"敦煌人"也曾面临过相同的困惑,只不过,他们最终选择的是迈出那一步。那一步,就成为命运的分野。

陈瑾是敦煌研究院的资深讲解员，2010年《生活》杂志造访敦煌时，每一天都是她带着我们参观洞窟，将那些藏匿在壁画角落的蛛丝马迹逐一指点出来。我自幼高度近视，或许从未看清楚过什么，然而，随着陈瑾的讲述，我却在壁画方寸的空间里，看到一个无比广袤的世界。

陈瑾比几年前更加安详。她有了一个可爱的女儿，丈夫从某军区司令部调动工作来到敦煌，一家人蜗居在一室半的小房子里，桌上摆着从野外摘回的枣子。这是敦煌研究院的一个典型的年轻家庭，70多年以来，一代代"敦煌人"在这片荒凉的戈壁沙漠上生活着，日夜守护这片恢宏的文化遗产，直至付出全部的青春。

千年光阴就这样在这片戈壁大漠上沉默流逝。从前，信仰赋予历朝历代画师们以神秘的力量，在昏暗的洞窟中，他们用画笔布下天罗地网，他们信仰神佛，又创造了神佛。已经故去的段文杰先生曾说："壁画题记中留下不多的几个名字，有张思义、连毛僧、史小玉、刘世富等。"数百年前，在遥远的意大利，米开朗琪罗、拉斐尔的名字像梵蒂冈一样不朽，成为文艺复兴时代的象征，而在中国的西北边陲，默默运笔的画师们，绝大多数却连名字都没有留下。

其实，当常书鸿、段文杰等"敦煌人"放弃了优裕的生活来到敦煌的时候，当他们决定将临摹（而非创作）确立为工作重心的时候，他们又何尝没有想过，历代画师们的命运或许会在自己身上重演。艺术家对于自我、个性最为看重，他们却在临摹敦煌壁画时将自我、个性小心翼翼地收敛起来，谦卑地去体会一千年前画师们落笔时的构思与喜忧。他们何以做出这样的选择？

如今，一个时代正在落幕。第一代"敦煌人"日渐凋零，他们的甘苦喜悲也逐渐不为人知。倘若他们没有来到敦煌，守护着满山的洞窟，这片大漠美术馆或许早已在肆虐的风沙与劫掠中湮没于人世。而对他们每一个人而言，如果当年没有到敦煌，人生又会怎样？或许他们会成为更著名的艺术家？或许他们能少受些苦，过上更平静的生活？但世间并不存在假设。

在欧阳琳老人家中，见到她14年前用毛笔手抄的诗句文辞，其中有这样的八个字："欲得净土，当净其心。"出自《维摩居士大乘经》。用这句话来形容几代"敦煌人"，或许最为恰当。

我们可以很容易判断出敦煌的守望者们——从他们家中无处不在的壁画、雕塑，从他们脸上真诚而谦恭的表情，从说起"敦煌"这两个字时他们眼中骤然闪烁的光亮。这是敦煌的基因，也是他们之间心照不宣的隐秘。感谢他们毕生的守望，也感谢他们分享自己的人生历程——那些随着墙壁一道皲裂的肌肤与面孔，那些在时光的威逼下老去的故人，那些在光阴的灰烬里逐一浮现的往事。

（撰文：张泉）

卷一

陈琦、陈海涛临摹254窟《舍身饲虎图》

边城风云

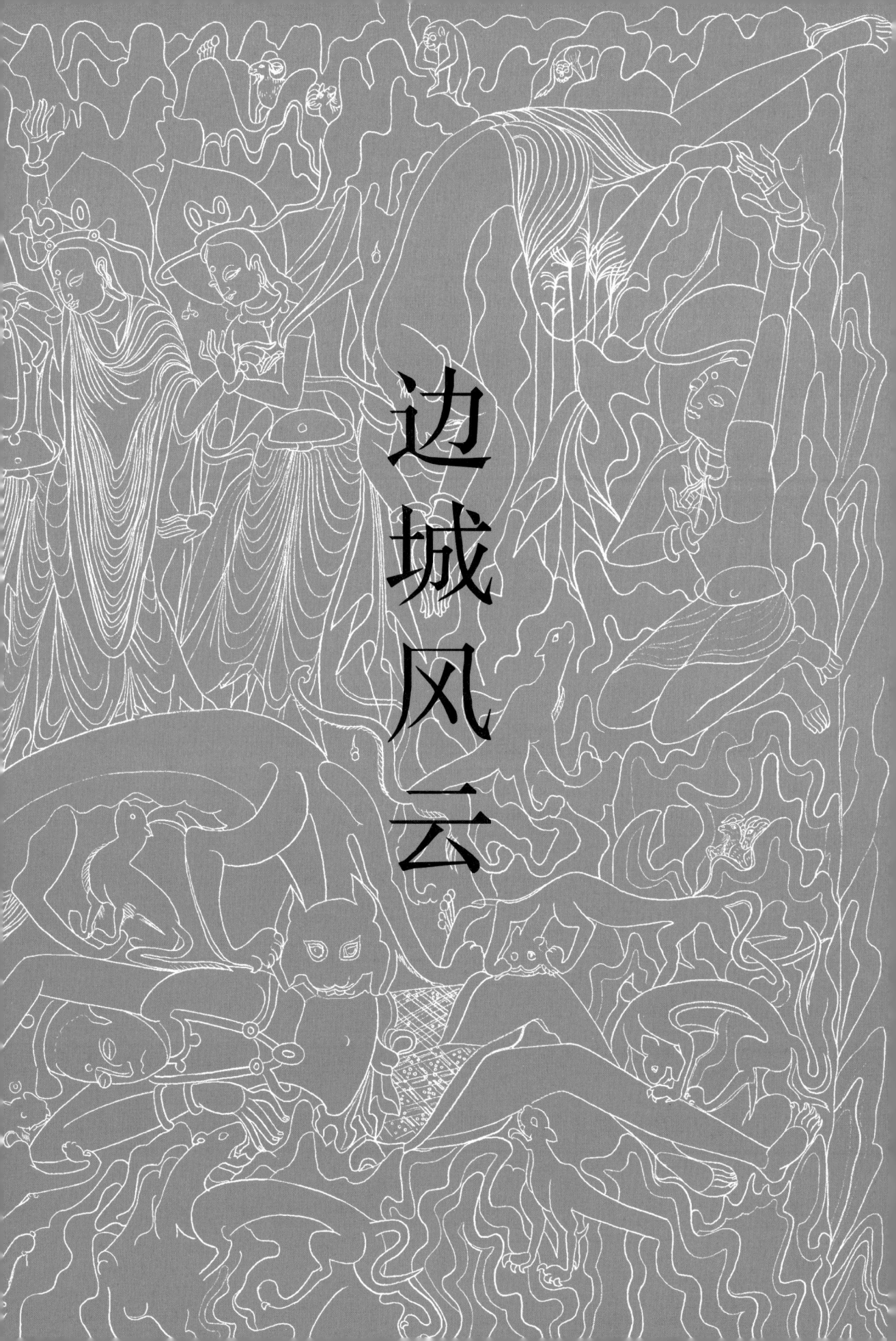

敦煌莫高窟,大漠中的奇迹(摄影:马岭)

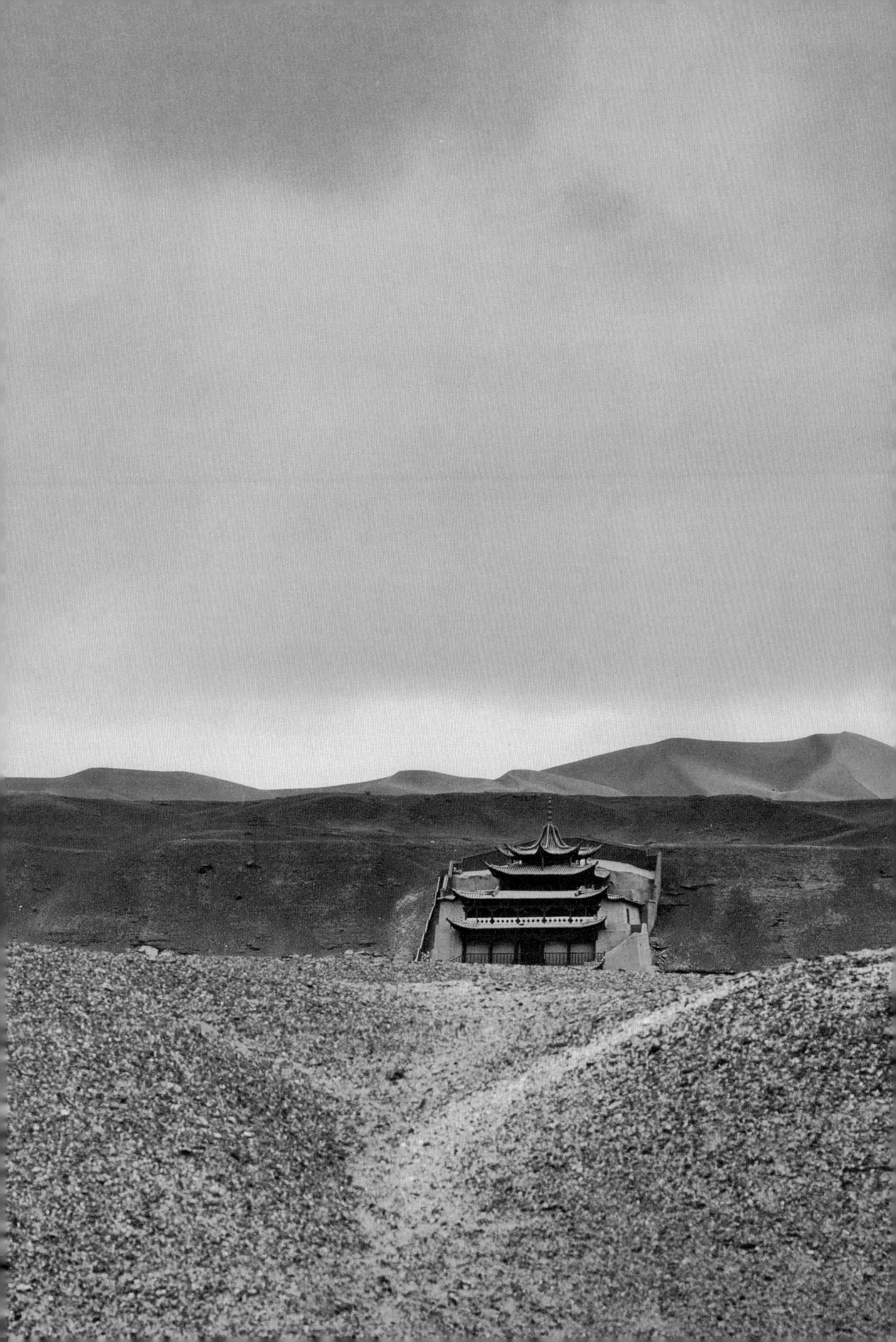

156窟 晚唐（848—907）
是经变画数量最多的洞窟之一。开凿于咸通年间，是张议潮的功德窟，画《河西节度使张议潮统军出行图》和《宋国河内郡夫人宋氏出行图》。两幅出行图的拐角处，壁画被严重熏毁，为1920年沙俄白军逃到敦煌时在窟内住宿、烧火做饭所致（图片提供：敦煌研究院）

命运的死结

一五六窟 × 常书鸿

敦煌摧毁了他们一生的幸福，它贪婪地吞噬着他们的爱情、他们的青春、他们的生命，而他却仍要固执地守护着它。

  幽暗的光线抹在《河西节度使张议潮统军出行图》的马蹄上，像敷了一层淡淡的霜。连续几个小时，常书鸿保持着躬身俯视的姿态，他需要努力地眯起眼睛才能看清它们。

  张议潮的故事，常书鸿已不陌生。在敦煌，张议潮是个划时代的人物，就像此时的常书鸿一样。公元848年，张议潮率领敦煌军民起义，历经百战，先后收复敦煌和河西地区，终于使敦煌脱离了吐蕃长达百年的统治，重新回归唐王朝，完成了国家统一的大业。伴随着张议潮的马蹄声，敦煌的城市历史自此被改写，在复归帝国版图的进程中，这座城市也开始迎来了新生，再度繁华起来。莫高窟也不例外，在张议潮和他的继任者曹议金的大力营造下，开凿了大量美轮美奂的石窟，在这个乱世，缔造了佛国的神话。十几年后，为了纪念张议潮的功绩，他的侄子张淮深修建了156号功德窟，《河西节度使张议潮统军出行图》表现了当时的场景，被无名画师们永远地留在156窟的壁画中。联翩的旌旗、威武的骑兵、军乐队和舞姬环绕着意气风发的张议潮，他刚刚从唐王朝获得嘉奖凯旋，马队掠过山野，他还将继续开创敦煌的时代。

  常书鸿临摹这幅壁画的时候，莫高窟依旧人迹罕至。连年的战乱，以及西方探险家们的劫掠，令佛国一片狼藉。在西北夹杂着沙尘的凛冽寒风中，他裹紧了透着膻味的羊皮袄，在国破山河在的悲哀中，临摹了这幅壁画，并自此开始了动荡而执着的守望。仅仅十年前，他还在法国巴黎过着安逸的生活，作为巴黎高等美术学校最著名的中国学生、油画大师劳朗斯的得意门徒，连续四年夺取了法国学院派最权威的画廊巴黎

"春季沙龙"的金、银奖。然而,一切都源于一次或许是注定的奇妙邂逅,在旧书摊上无意中发现的伯希和的《敦煌石窟图录》,在常书鸿面前开启了一个新的世界。那个世界来自他的故乡——千里之外的中国,然而,他却对它们异常陌生,他从不知道,在西方立体化的油画之外,竟还有这样的一种绘画传统,只凭着单线条的勾勒,就能散发出摄人心魄的力量。

常书鸿开始无比想念敦煌,尽管他从未见过它。同在巴黎高等美术学校学习的妻子陈芝秀无法理解他的选择,他们身处世界艺术之都,而他们的故乡连年混战,物价飞涨,早已容不下一张书桌,哪里还有艺术的空间。可是,常书鸿还是执意先回国了,并在国立艺专任教。1937 年,陈芝秀也只好带着年仅 6 岁的女儿常沙娜从法国启程。然而,她们尚未到达北平,抗战就爆发了,北平随即沦陷。母女俩随着难民潮一路南下,险些在空袭中丧生。后来,她们被一个法国的天主教堂收容了两个月,由于母女俩都会说法语,法国的神父和修女们对她们都很友善,陈芝秀最终皈依了天主教。在教堂里盘桓了两个月后,她们才继续南下。后来,不论是在昆明,还是搬到重庆,陈芝秀都坚持做礼拜。1941 年夏,陈芝秀在重庆生下了儿子,常书鸿为他取名嘉陵。生活似乎渐渐平静下来,然而,常书鸿依然惦念着素昧平生的敦煌。两年后,在梁思成和徐悲鸿的鼓励和促成下,常书鸿加入了国立敦煌艺术研究所筹委会,任副主任,同年 3 月抵达敦煌后,他又决定留下,担任敦煌艺术研究所所长。为了说服妻子,常书鸿不断地向她描述敦煌彩塑的艺术造诣,陈芝秀终于被他说动,决定带着一对儿女前往敦煌。

常书鸿迫不及待地搜索着每一个洞窟的奥秘,贪婪地寻找着那些一千年前落笔时的心境。156 窟的《河西节度使张议潮统军出行图》,就是在此时临摹的。这个洞窟的墙壁上,附着着大片的炭色,那是在 20 世纪 20 年代,从俄罗斯战争的战场上逃亡到中国的哥萨克士兵们,被收容在这里,他们在窟中生火做饭,熏黑了大片的壁画,墙上的金箔也被他们刮走,所幸,低处的张议潮出巡图被完整地保存了下来。它成为常书鸿在莫高窟临摹的为数不多的壁画。

信仰上帝的陈芝秀则开始被迫进入佛国,不断地与各种神佛擦肩而过,敦煌的艰苦更是令她始料未及,然而,莫高窟中的彩塑还是慰藉了她一段时间,她也开始临摹唐代的雕塑,似乎暂时忘记了生活的艰辛。然而,对现实的不满,以及家庭的矛盾,却还是开始频繁地袭向她。在遍布佛像的敦煌,她坚持在家中摆放圣母像,它成为她与常书鸿争吵之后唯一倾诉的对象。不久后,一个国民党军官赵忠清到敦煌,他是陈芝秀的同乡,乡音迅速将他们拉近。1945 年夏,陈芝秀留下了尚未成人的一对儿女,和赵忠清私奔。当常书鸿终于意识到妻子的出走,纵马去追时,已经来不及,他在戈壁上坠马昏厥。悲伤与踌躇之后,常书鸿还是决定带着儿女们留在敦煌。他的坚持很快有了收获,此后,更多的年轻人来到了这里,莫高窟的春天,似乎到了。

1944年国立敦煌艺术研究所筹委会常书鸿、张大千等（图片提供：敦煌研究院）

1956年7月，常书鸿和美术组的同事们在研究工作（图片提供：敦煌研究院）

217窟 / 盛唐（705—781）
法华经变 化城喻品

217窟是盛唐代表窟，而这铺壁画又是此窟的代表作，也是一幅杰出的山水画。品，是佛经章节的意思。"化城喻品"，唐意为，取宝的人们因路途"回绝多毒兽，又复无水草"而畏难欲退，有一聪慧的导师，"以方便力"，化为一城，与众休息，继而引导众人向前。唐·李思训也称青绿山水画之始祖，但其真迹今已无存。这幅画的绘制时间，与李思训同时，且至今色彩如新。[图片提供：敦煌研究院]

然而，对常书鸿而言，心平气和地躲在洞窟里临摹的日子，很快就结束了。他忙于带领大家维护洞窟，治沙；他还得面对土匪和军阀的勒索；他想尽办法抵御这些外来的压力，用女儿的画去交换洞窟里的佛头；为了给洞窟装上门，他不得不时常前往敦煌县城，动员官员、商人们做功德，捐献窟门。新中国成立后，常书鸿又开始频繁地在国内外进行各种交流访问活动，随即又被卷入"文革"的洪流。常书鸿终究没能完成自己的夙愿，他只临摹了七幅壁画，壁画上的那些曾经令他痴迷甚至改变他一生的古老线条，最终也没能完全进入他的绘画中。他的画作中依稀闪烁着那些冰冷石窟里的影子，却只是一些转瞬即逝的影子。

1947 年，常书鸿和助手李承仙结婚，他们后来又有了两个儿子，相濡以沫度过了人生后来的时光。常沙娜到美国留学后，弟弟常嘉陵开始像一个前朝的幽魂那样，独自一人在空旷的洞窟中游荡，有时与沉默的佛像对视，有时跳过一堆不知在什么朝代遗弃的尸骨，有时则百无聊赖地躺在漫天的飞天花雨中睡去。那时，敦煌文物研究所的孩子们都还没有出生，大人们则忙于整修治沙、临摹壁画，人们来不及照顾孤独的常嘉陵。几年后，常沙娜回到敦煌，发现弟弟晒得更黑了，也比从前更加沉默，她坚持把弟弟带去了北京。

当常嘉陵的姐姐常沙娜和弟弟常嘉煌先后为莫高窟的文化瑰宝所震撼，开始创作画作的时候，这片戈壁滩却在悄然吞噬常嘉陵的人生。到北京读书后，他从来不在同学面前描述自己的家庭。当徐迟的报告文学《祁连山下》令远在大漠中寂寞终老的常书鸿声名鹊起时，人们像崇拜英雄那样崇拜着素昧平生的常书鸿，在狂热的人群中，常嘉陵倔强地咬紧嘴唇，没有人知道，他就是那个英雄的儿子。

多年后的一个夏天，常嘉陵到杭州探望伯母。有一天在雨中，伯母忽然拉住他，指着前面一个踽踽而行的老妇人说，快看，那是你妈妈。

常嘉陵愣住了，他无法把面前这个苍老的女人和在记忆里定格了 14 年的母亲重合在一起。大伯母急得轻声喊，她真的是你妈妈，快追上去啊。

常嘉陵却始终站在雨中，望着母亲蹒跚的身影逐渐远去。那是在分别之后，他唯一一次见到母亲。母亲的命运已经经历了颠覆性的转折，新中国成立后，赵忠清入狱，最后病死在狱中。陈芝秀改嫁给一个工人，她长年靠帮人洗衣服、料理家务获得微薄的收入，从此再也没有拾起刻刀。

五年后，在杭州，常沙娜摸到了母亲苍老的手，那双雕刻的手，因为长年劳作而泛起一层层丘壑，这是常沙娜时隔多年后唯一一次见到母亲，母亲已经苍老不堪，表情木讷，她依然保持着当初的倔强，她对女儿连说了几句抱歉，除此之外，她们已经无话可说。后来，常沙娜每个月都会瞒着父亲，给远在杭州的母亲寄钱，一直到 1979 年底，常沙娜收到了干妈的来信，陈芝秀去世了，因为心脏病。

31年后的今天，常沙娜仍然记得收到那封信时的心情，仍然无法掩饰自己的悔恨。她说，她曾无数次想告诉母亲，自己其实早就原谅她了，早在自己成为母亲的时候，就已经原谅她了。她总以为会有机会亲口向母亲说出这些话……

收到干妈来信后，常沙娜把母亲去世的消息告诉了常书鸿。忙碌的常书鸿若无其事地"哦"了一声，平静地询问着她去世的原因和去世的时间，又去忙别的事情了。过了几个小时，常书鸿突然失魂落魄地叫住常沙娜，连问了几声，她死了？她死了，她死了……

没有人知道，20多年来，他是否依然心存幻想，他是否在爱恨交加之间想过两人真的从此不会相逢，他们的生命真的从此之后不会有任何交集。或者，他是否曾经想过，这段已经尘封了20多年的感情，还会再一次狠狠地刺痛自己。

这些事情其实他早该知道，早在敦煌艺术研究所被取消而他仍坚持要继续办下去的时候，早在他在兰州依然决意西行的时候，早在他从法国启程回国的时候，早在他在巴黎的小书摊上无意中撞见《敦煌石窟图录》的时候……如果当年他留在法国，或者至少是留在中国东部的那些大都市，他们的幸福，以及他们两个人的命运会有怎样的不同？然而世事不存在假设，何况生离死别在那时是再寻常不过的事情。敦煌摧毁了他们一生的幸福，它贪婪地吞噬着他们的爱情、他们的青春、他们的生命，而他却仍要固执地守护着它。在敦煌的40年，通过常书鸿的全力捍卫和推介，敦煌再度震惊世界。敦煌辜负了他，他却像张议潮那样开创了敦煌的又一个时代，来自国内外的朝圣者开始不远千里来到这片荒凉的土地上，像要寻找一则尘封已久的箴言，许多年轻人甚至决定从此留下。常书鸿的一生，就像在莫高窟荒芜的山坡上匆匆消逝的光阴，就像那些翻滚的流沙，它们永远不知道，下一阵风吹来，自己又将飞向哪里。由自己选择的生活，由时代造就的命运，就这样在这片寂寞的戈壁上纠缠在一起。这个结没有解开的一天。

（撰文：张泉）

常书鸿

常书鸿（1904—1994），浙江杭州人，1923年毕业于浙江省立甲种工业学校染织科，1932年毕业于法国里昂国立美术学校，1936年毕业于法国巴黎高等美术专科学校。留学十年间，他取得了卓越的艺术成就，许多油画作品获金奖或被国家博物馆收藏。1936年回国后，历任北平艺专教授，国立艺专校务委员、造型部主任、教授，教育部美术教育委员会委员，1943年任国立敦煌艺术研究所所长。1949年后历任敦煌文物研究所所长、名誉所长，敦煌研究院名誉院长、研究员，国家文物局顾问。

1976年6月2日常书鸿在莫高窟103窟临摹（图片提供：敦煌研究院）

保护莫高窟是几代人为之付出心血甚至生命的事业。敦煌研究院的公墓，最大的墓碑是老院长常书鸿的（摄影：马岭）

159窟 中唐（781—848）

"159窟中唐的文殊、普贤两个菩萨特别完整，乌密风、周绍淼两口子一人画一个，我也跟在后面画，大家都说我这个小孩画得也很不错，听到夸奖我就画得更来劲了。画的过程中，我获得了有关壁画内容的不少知识，对临摹方法也有了不少体会。"——常沙娜（图片提供：敦煌研究院）

一五九窟 × 常沙娜

千佛洞中

爸爸除了解决研究所的生活问题，特别下力气的就是种树。

我们刚到的时候，整个千佛洞唯独窟前有长形的一片杨树，其他地方都是光秃秃的。

爸爸明白，保护石窟、防沙治沙最重要的措施就是种树，所以他从冬天就开始筹备春天种树的事了。他在千佛洞生活几十年，每年都要种树，绿色从最初那唯一的一片逐渐向北面延伸，越来越多，今天已经到处郁郁葱葱……

千佛洞的天好蓝呀！

第二天一早，晴空万里，展现在我们面前的首先是千佛洞上空明澈无比的蓝天。爸爸问妈妈："你见过这么蓝的天吗？"蓝天之下，人的心情也豁然开朗。

千佛洞是莫高窟的俗称，当地老百姓的叫法，当年很少有人知道莫高窟，人们都把沙漠里那千年的石窟群称为千佛洞。

爸爸兴致勃勃地带我们看千佛洞，那就是他抛弃一切非去不可的地方。冰冻的大泉河西岸，凿在长长一面石壁上、蜂房般密密麻麻的石窟群规模浩大，蔚为壮观，却因风沙侵蚀、年久失修而显得破败不堪，像穿了一件破破烂烂的衣裳。然而走近石窟，又可看见一个个没门的洞口里透出五彩斑斓的颜色，方知那灰头土脸的外表下隐藏着神秘的美丽。

一路都是银白色的钻天杨，时值冬季，树叶落光了，枝干直指蓝天，更显得挺拔俊逸。四周安静极了，随风传来一阵叮叮当当的铃声，若隐若现，似有似无，爸爸说那是九层楼的风铃。他带我们进入洞窟，在洞口射进的阳光照耀下，里面有那么多从未见过的壁画、彩塑，铺天盖地，色彩绚丽，我不明白这是些什么，只觉得好看，新鲜，神奇，在明明暗暗的一个个洞窟走进走出，就像游走在变幻莫测的梦境里。

爸爸带着妈妈看窟里的佛像，都是很好看的彩塑。爸爸就讲故事吸引妈妈，告诉她这里为什么都是彩塑而不是石雕，给她介绍各个朝代不同时期的彩塑风格……妈妈跟着爸爸在石窟里走啊，看啊，她毕竟是学艺术的，一旦置身这浩瀚的古代艺术海洋，面对那么多生动美妙的彩塑、壁画，怎能不动心？过去她只见过西方的单色雕塑，对这种集雕塑、绘画、装饰艺术于一体的彩塑闻所未闻，一无所知，所以一路看下来她也兴奋得很，旅途上的疲惫和不快就忘得差不多了。

爸爸接我们之前，已经把住处安排好了。千佛洞有个皇庆寺，也叫中寺，敦煌艺术研究所就设在中寺，我们的新家也安在那里。张大千曾经住在离中寺很近的上寺（雷音寺），我们去时还有几个喇嘛住在那儿；下寺（上清寺）在离上、中寺较远的北边，就是早先那个著名的道士王圆箓住过的地方。三个寺院都朝向窟群，中间隔着一条茂盛成荫的杨树带。

我们一家从法国回来，还没看见北平的新家就赶上了战争、逃难，不停地迁移，在这个地方待一年，那个地方待两年，越走越苦。在千佛洞我们没有像老师说的那样住窑洞，敦煌的自然条件不同于陕北高原，本来就没有窑洞。在中寺我们只有一间住房，房间很小，睡的是土炕，旁边还有个小炉子，可以烧些开水，火温则通向土炕。爸爸妈妈带着嘉陵睡在里面，我一个人在外面，搭了一张行军床。房子虽小，但妈妈爱清洁，很会收拾，什么都很有序，把里里外外拾掇得干干净净，还挂了一块咖啡色的布帘作分隔内外的隔断，帘子下部绣着黄色毛线的边饰。妈妈追求的就是舒适的环境，再简陋也是整整齐齐的，很温馨。洗脸没有脸盆架子，爸爸就充分利用空间，发明了一个卡在墙角的三角板架，把洗脸盆放在三角板架上，上方的小三角板架上放着镜子。爸爸很热爱生活，很会动手处理这些问题，那个自制的三角板架非常实用，我们家用了它好多年。2004年研究院重建了"常书鸿故居"，这些家用物品如实地保留着。

在千佛洞的新生活就这样开始了。

这里过的基本是集体生活，我们不用在自己家做饭了，研究所统一伙食，大家一起在公共食堂吃饭。在敦煌，盐叫盐巴，醋是必须吃的，因为当地的水碱性大得很，喝水的玻璃杯上满是白印，凝固的都是水中的碱。

敦煌缺水，不能洗澡，只能擦澡；一盆水擦脸，擦身，洗脚，还舍不得倒掉，得派作其他用场。好在我们在重庆凤凰山时，一家人一天吃喝洗用全靠老乡挑上来的一缸水，早就习惯了缺水的生活，所以到了敦煌也就不难适应了。记得那时我洗头发用肥皂，洗不净，就照别人告诉我的用碱洗，洗过的头发确实很顺滑。今天的人都觉得用碱洗头不好，但当年我们就是这么过来的。

到敦煌以后，妈妈也只好面对现实了，因为天气实在太冷，她在穿戴上不得不入乡随俗，但化妆的习惯依然保持着，没有改变。她在墙边五斗橱上面摆了一幅圣母玛利亚的画像，每天早晚坚持在圣母像前画十字，做祷告。过去有神父时，妈妈每个星期五都要做忏悔，反省自己的错误、私心杂念等，神父就会开导她，然后她说："我罪，我

左：常书鸿带头在莫高窟种菜　右：初到莫高窟，穿着羊皮大衣的常沙娜（图片提供：常沙娜）

罪，这是我的罪。"现在在敦煌没有神父了，她仍然祷告、忏悔，每当她说谎了，甚至吵架以后，都要在圣母像前忏悔，两手交叉捶胸："我罪，我罪，是我的大罪！"她的这个动作给我印象特别深。一个虔诚的天主教徒独自身处佛教的圣地，没有王合内那样的好朋友在身边做伴，内心深处的苦闷没有人可以诉说，妈妈的心境是可以想见的。但当时我才十二岁，还完全不理解这类事情，妈妈的上述做法我看了只觉得有趣，爸爸的态度则是不干涉她。

有了聚集起来的第一批人马，爸爸身先士卒地将研究所的工作一步步启动，像艰难地滚雪球似的，很快又有后来者被吸引而来。凡是愿意到敦煌艺术研究所工作的，爸爸都欢迎。很快，他在国立艺专时期的学生董希文、张琳英夫妇，周绍淼、乌密风夫妇，还有李浴、潘洁兹等人，都从大后方陆陆续续来到了千佛洞，那时董希文、张琳英和周绍淼、乌密风都是新婚夫妻，重庆遭遇日军飞机轰炸，形势不稳定，学画也不安稳，所以他们听爸爸动员到了敦煌。后来还有个擅长画工笔仕女的邵芳也从酒泉来了，邵芳是北京人，性格极其开朗活跃，很会唱京戏，长相也像京剧的花旦。她丈夫是在"开发大西北"的形势下到甘肃修公路的工程师，名叫盛胜保，邵芳跟着他来到这里，后来她也参加了敦煌文物研究所在千佛洞临摹壁画的工作，冬季不能临摹的时候，她就回酒泉。

45窟 盛唐（705—781）

45窟平面方形，覆斗藻井顶，团花井心，四披画千佛。正壁敞口龛内的塑像是此窟的重点，龛内塑佛、弟子、菩萨、天王七身像，是唐代雕塑艺术的杰作。佛祖的弟子迦叶，造型严谨，比例准确，技法纯熟，刻画细腻，曲尽形神之妙，塑造出一个资历高深、精研佛法、思想深邃、令人敬仰的高僧大德形象。菩萨像更是唐代彩塑菩萨的上乘之作。作者为使菩萨妩媚娇娆，更借助主要构成人体动态的头、胸、臀三部分在空间的扭倾关系，遂成"一波三折"节奏鲜明的波浪形动态，并赋予菩萨一种娇滴滴的大家闺秀的风度，塑造了理想中慈悲为怀、垂怜众生的菩萨形象（摄影：吴健）（图片提供：敦煌研究院）

研究所的工作号令是敲钟，每天大家听见钟声就都进洞了，临摹的临摹，调研的调研，各忙各的。那段时间，妈妈的情绪也比刚来时好多了，她被敦煌艺术的独特魅力深深吸引，对历代彩塑产生了浓厚兴趣，每天和大家一起进洞，专注地临摹彩塑佛像，完成了一些作品。研究所来了那么多朝气蓬勃的年轻人，气氛活跃了，她也有了伴，自然开心了许多。

千佛洞生活艰苦，羊肉倒是可以吃到，隔段时间会聚餐一次，杀只羊吃手抓羊肉。当地原来没有牛奶，爸爸就叫人到城里弄来一头奶牛给大家挤牛奶喝，连我这小孩子都学过挤奶。后来因为奶牛价格太贵，又弄了几头羊来挤羊奶。有奶喝了，再养鸡下鸡蛋。到了春天，榆树上结的一串串榆钱就是最好的食物了，榆钱摘下来，和点儿面在锅里一蒸，放一点盐，绿绿的，嫩嫩的，味道、口感都好极了。敦煌处在大沙漠里，蔬菜奇缺，爸爸又搞来菜籽，亲自带领大家开地种菜。就这样不断努力，这穷乡僻壤里小食堂的伙食逐渐改善了许多。

爸爸除了解决研究所的生活问题，特别下力气的就是种树。我们刚到的时候，整个千佛洞唯独窟前有长形的一片杨树，其他地方都是光秃秃的。爸爸明白，保护石窟、防沙治沙最重要的措施就是种树，所以他从冬天就开始筹备春天种树的事了。他在千佛洞生活几十年，每年都要种树，绿色从最初那唯一的一片逐渐向北面延伸，越来越多，今天已经到处郁郁葱葱，比之当年有天壤之别，爸爸真是功不可没！

第二年初春，爸爸就把我送到酒泉的河西中学读初中了。因为是托了关系去的，校长还专门和我们见了面。当时我还梳着两条辫子，那个校长一本正经地说："常沙娜，你的辫子要剪掉。"我小时候头发很多，辫子很粗，要剪掉它当然舍不得，心里挺不高兴，可是没办法，不得不剪。河西中学在当地是很正规、很著名的学校，女生一律剪短发，还有统一的校服，校服面料是蓝色土布的，长衣长裤，中山服式的立领，两边领上有四个圆形的小徽章，上面分别是"河""西""中""学"四个字，穿上这套校服就像军人似的，我非常不习惯。

在酒泉，爸爸把我安排在西北公路工程公司的工程师王竹亭（邵芳丈夫盛胜保的同事）家里，和他们一家一起生活。那时候西北的知识分子不多，只有一批全国各地来的工程师，有在玉门开发油田的，有在酒泉修筑公路的，爸爸到敦煌很快就和他们熟识了。王伯母是东北哈尔滨人，个子高高的，总是穿着马裤和靴子，很神气，也像我妈妈一样化妆，打扮得很摩登。王竹亭家孩子不少，住房紧张，睡的是上下铺，我和他家的大女儿王乃力睡一张床，我在下面，乃力在上面，她大约比我小两岁，当时还没有上中学。王伯伯唯一的儿子王维力那时七八岁，长得很俊，喜欢画画，成天趴在桌子上不停地画，画完了就给我看，我也教他怎么画。他父亲最宠爱维力，叫我每天下课回来教他画。维力长大后一表人才，成了小有名气的画家，后旅居美国。

在河西中学读书时,学校放假我必回千佛洞,尤其是暑假。那时的天气是一年里最好的,我可以蹬着"蜈蚣梯",跟着大人爬进蜂房般的洞窟临摹壁画。我喜欢进洞画画,特别主动,不用大人催。妈妈说:"你别上洞子,放假了,好好待在家里。"我说:"不,不!"我看见谁上洞就跟着,看他们怎么画,我就跟着学。

暑假我和邵芳一起从酒泉回敦煌,经常跟着她进洞临摹。邵芳是画人物工笔的,工笔功夫很到位,她成了我的工笔重彩老师,毛笔勾线、着色退晕等,我从她那里学了不少东西。我至今留有一幅172窟盛唐壁画《西方净土变》的大幅临摹作品,就是那时跟她一起画的,用的是张大千的线描稿子,从描稿、勾线、着色、渲染、开脸,整整一个多月画了这么一幅,看着她怎么画,学习了全过程,受益很大。邵芳很活跃,又会唱戏,冬天太冷不能临摹,她就回酒泉去,暑假时间比较长,我跟着她临摹壁画,打基础。后来有几个洞子我是跟着乌密风、周绍淼去的,在159窟,中唐的文殊、普贤两尊菩萨特别完整,他们两口子一人画一尊,我也跟在后面画。大家都说我这个小孩画得也很不错,听到夸奖我就画得更来劲了。画的过程中,我获得了有关壁画内容的不少知识,对临摹方法也有了不少体会。

爸爸还安排董希文辅导我学习西方美术史,苏莹辉辅导中国美术史。如今在台北故宫博物院的苏莹辉对历史、考古造诣很深,他们为我后来的艺术发展打下了很好的基础。

张大千两次带着弟子去千佛洞,临摹了不少壁画,还给所有的洞窟编了号,并亲自把号码和建窟朝代写在洞口,千佛洞一直留有他黑色毛笔繁体字的笔迹。今天莫高窟各洞还能看见三种编号:C字头是张大千的,P字头是伯希和的,而正式采用的序号是当年爸爸在研究所组织人员重新编的。张大千在千佛洞临摹壁画的时候,都是用图钉把拷贝纸按在壁画上拓稿。这样出来的稿子很准确,但图钉不可避免地会在墙上钻出小孔,破坏壁画,因此爸爸给研究所做出了明确规定并一再强调:为了保护壁画,临摹一律采用对临的方法,不许上墙拓稿,所以那时除了用现成的稿子,我都是用打格对临的办法来学习。爸爸有空就过来指导我:用中心线找构图关系、人物比例,还要抓住人物特征……虽然对临难度大,但迫使自己把眼睛练得很准,提高了造型能力。我学习素描基本功就是从对临壁画开始,绘画基础就是那样打下的。

除了对临,有的画是已经有稿子的,研究所当时的壁画原稿大部分是张大千留下的拓临稿子,大家都沿用了。当时对临的也有,用原稿的临摹也有,早期的壁画对临最多,用原稿的则是唐代的最多。

当时董希文、张琳英、潘洁兹、李浴他们都在千佛洞。李浴是搞理论的,不画画,还有几个年纪比较大的人专门研究题记。我记得还有北京大学的考古学家、敦煌艺术研究者在敦煌县附近的佛爷庙旁发掘墓地,和爸爸常有来往的有向达、夏鼐和阎文儒等专家。

45窟 盛唐（705—781）
这尊塑像是佛祖的弟子阿难，上身后倾，腰胯微向上侧斜挫，两手相交置于腹前，头部右倾微俯。举止闲适潇洒，面目英俊秀朗，神情聪明，又含有恭顺、腼腆的神态，犹如现实生活中有情有欲的世俗少年后生。明亮华丽的锦绣裙襦和色彩热烈的紫袈裟，更为青年僧人的俊秀之美增色（摄影：吴健）（图片提供：敦煌研究院）

常书鸿利用冬天晚上在中寺组织大家画素描、速写。常书鸿速写作品（左一为常沙娜，右一为范文藻）

当时研究所人员都住在中寺的后院里，为了解决第一批艺术家职工的住宿问题，爸爸决定把中寺后院的一排马厩改造为一排每间约十二平方米的小房间，分给每户一间；还用土坯砌出了土炕、土桌，甚至土沙发，利用土墙挖书架，家具全是泥土做的，也解决了问题。我记得那排宿舍第一家住的是董希文、张琳英夫妇，接着是李浴，下面是潘絜兹，以后是周绍淼、乌密风夫妇。那时候我称呼张琳英为张姐姐，乌密风是乌姐姐，很有意思。

晚上，大家清闲下来，又没有娱乐的地方，爸爸就组织画速写，就在中寺前后院之间的正厅，两头连起挂两盏煤油灯，请当地的老乡做模特儿，大家围在那里画，气氛非常好。在爸爸的画集里，有的速写记录的就是集体画速写的场面，上面还有我的影子。另外，磨颜料也是业余时间的主要活动。当时临摹都用马利牌的广告色，这些颜料都得从遥远的重庆等大城市买，非常困难。爸爸他们做试验利用当地的土红泥可以和红颜料，黄泥做黄颜料，就发动大家动手研磨泥巴，自己做颜料。洞子里有些清代搞得很土的小佛龛，泥料非常好，可以把它剖开了取泥做土黄色，研磨再加桃胶，就利用附近的桃树、梨树上的胶都能解决，把树胶拿来泡开就行了。傍晚的时候，经常可以看到院里、屋里的人们各拿一个粗碗，一边聊天一边研磨颜料。条件太简陋了，但是大家自力更生，克服困难，都很愉快，爸爸在他的回忆录《九十春秋——敦煌五十年》中形容当年的气氛是"乐在苦中"，真是准确极了。

（本文节选自《黄沙与蓝天——常沙娜人生回忆》的第五章。身为常书鸿的女儿，常沙娜在书中真实生动地回顾了自己不寻常的人生经历，同时，从另一个角度对常书鸿先生那一代人在艰苦年代对敦煌莫高窟艺术的保护和研究所做出的杰出贡献进行了较为详细的、常人难知的讲述。本刊经常沙娜先生以及清华大学出版社授权，特摘录其中章节以再现常书鸿等人在莫高窟初建敦煌艺术研究所时的情形。）

（口述：常沙娜　执笔：蓝素明）

常沙娜

1931年出生于法国里昂。1927年其父亲常书鸿从家乡杭州只身去往法国，考入里昂国立美术专科学校学习，1928年其母亲陈芝秀也前往里昂，1931年生下常沙娜。"沙娜"一名来源于Saone（哺育里昂的两条河流之一的名称）的中文译音。童年和父母生活在艺术之都巴黎，举家回国时适逢抗日战争，即跟随国立艺专艰苦逃难多年，辗转大半个中国；其后她又随父母到了敦煌莫高窟，在千年艺术的熏陶下度过了艰苦动荡的少年时代。新中国成立后，在美国留学的常沙娜毅然返回中国，从梁思成、林徽因身边走向艺术设计教育领域。为原中央工艺美术学院院长、杰出的艺术设计家、教育家。

285窟 西魏（535—556）
突出的特点是"褒衣博带"与"秀骨清像"。为方形覆斗顶窟。南北壁下层各开有四个禅室，窟内中央有一方坛。北壁保存有西魏大统年间（538—539）造窟题记三方，为莫高窟早期唯一有确凿纪年的洞窟（图片提供：敦煌研究院）

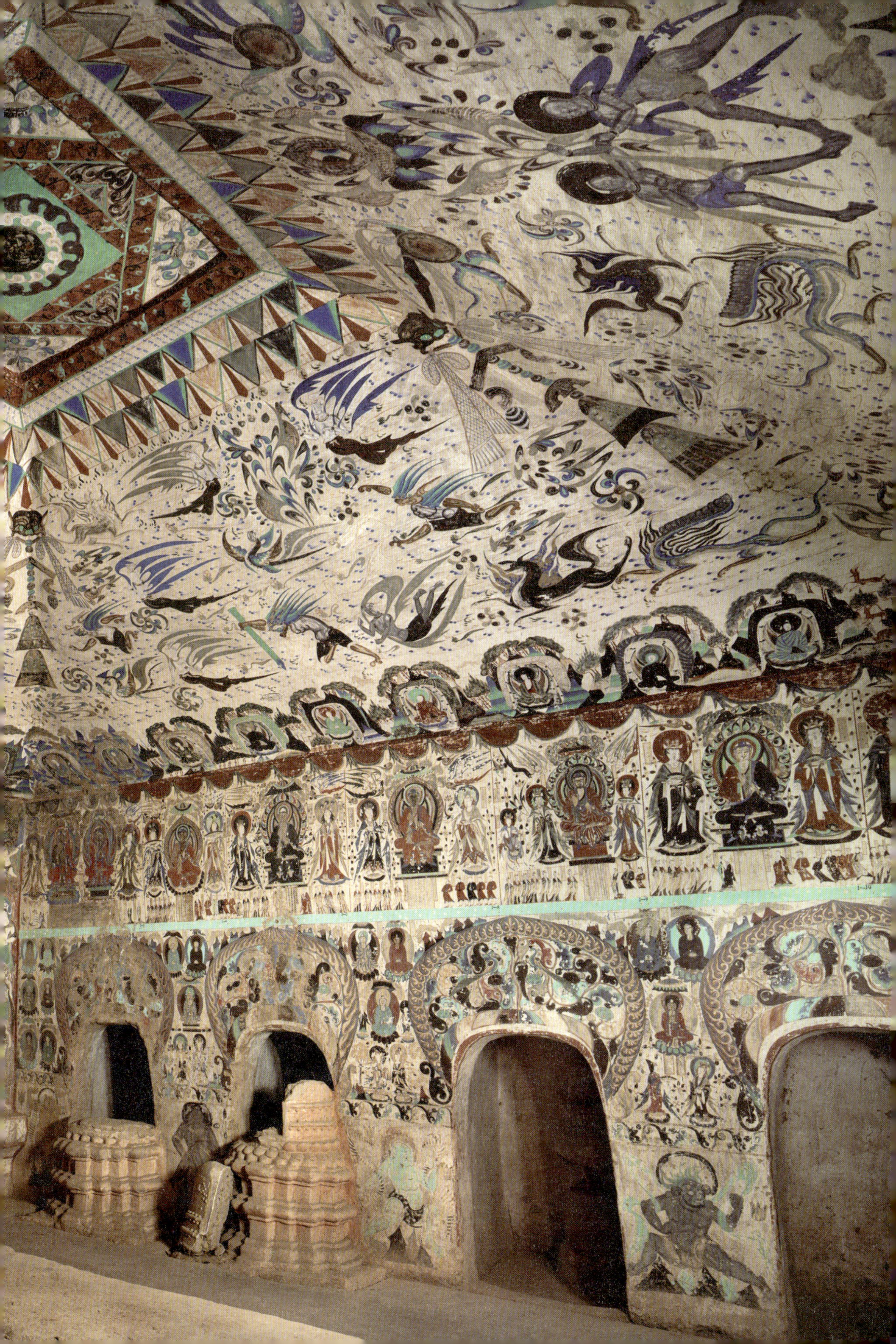

285窟 西魏（535—556）
东披上方画伏羲、女娲，皆人首蛇胸饰日月轮，持规矩墨斗当空飞舞。下画二力士擎摩尼宝珠及开明、飞廉、飞天等（图片提供：敦煌研究院）

众神相遇

二八五窟 × 段文杰 关友惠

在他孤独的记忆中，是否还依然留存着64年前的那个清晨——当他和常书鸿一道，风尘仆仆地出现在敦煌，遍布三危山的那些洞窟，像七百多双眼睛那样注视着他，等待着他。

一

1945 年 7 月，段文杰在快到家门口的时候转了个弯。

他遇到了一个货车司机。这个操着山东口音的热心人告诉他，自己马上就要出发去剑阁。如果段文杰真想去敦煌的话，可以先捎他一程，到剑阁后，段文杰可以继续想办法转车北上。这样的好机会真是不多。

段文杰犹豫了一下，他牵挂着家中年轻的妻子和两岁的儿子。他刚刚从国立艺专毕业，和三个同学结伴回故乡绵阳。他本打算先回家和亲人道别，再找机会去敦煌。

一年前，张大千在重庆举办的临摹敦煌壁画的展览，令学习西方美术的段文杰大为震惊。他从未见过这样的艺术手法，那些奇妙的色彩与线条，那些满面慈悲的神佛整夜整夜地折磨着他。他打算毕业后去敦煌看看，他把这些想法告诉老师们，林风眠和潘天寿都大为赞成，去敦煌的计划就这样定了。

事实上，段文杰对敦煌几乎仍然一无所知。他很难把一片佛教洞窟与一个名叫王圆箓的道士建立关联，对于那些接踵而至的盗宝者，他也只是隐约听到过传闻。尽管早在 1942 年他就看到了西北文物考察团的王子云等画家在重庆举办的"敦煌艺术及西北风俗写生画展"，然而那时，他只是一个刚刚入学不到两年的学生。

令大家感到惊讶的并不是段文杰要去敦煌这样偏远荒凉的地方，而是这个激进的年轻人的突然转变。他一直都不是个安分的学生。参加抗日救亡宣传团、组织学生运动并作为学生代表与校方谈判、参加学生自治会、在公开场合唱金钱板嘲讽教育部不重视艺术教育……他似乎总是和这些事情联系在一起。没有人知道，敦煌还会怎样改变这个年轻人的命运。

发动机将尘土喷溅起来，容不得段文杰继续细想，他下意识地跳上车，对遥远敦煌的想象最终轻易覆盖了乡愁。段文杰知道，尽管自己只是和张大千擦肩而过，并没有说一句话，那个白髯长垂的老人已经在自己心中种下了蛊。不过，他以为自己不会被蛊惑多久，他计划着到敦煌画一年就回来，他这样在歉意中沉沉睡去，在梦里，他并不知道，等他重返故乡时，已经是十年之后了。

二

段文杰有许多次都不确定，自己是否真的还能到达敦煌。

他们在路上遭遇了翻车，终于辗转抵达兰州后，还没来得及彻底欢庆一下抗战的胜利，就被兜头浇了一盆冷水，据说国立敦煌艺术研究所取消了。段文杰不相信这是真的，然而，不久之后，陆续从敦煌返回来的人们证实了这个传闻，董希文、张琳英、乌密风

285窟 西魏（535—556）

285窟为方形覆斗顶窟。南北壁下层各开有四个禅室，窟内中央有一方坛。北壁保存有西魏大统年间（535—550）造窟题记三方，为莫高窟早期唯一有确凿纪年的洞窟（摄影：马岭）

他们给他看自己在敦煌临摹的壁画，以及受敦煌风格影响而创作的写生，他们决定在兰州举办画展，筹措一些路费就从此离开。又过了段时间，段文杰见到了国立敦煌艺术研究所所长常书鸿。常书鸿一家同样行色匆匆，他说要到教育部去斡旋，尽量想办法把研究所办下去。段文杰独自把所有人都送走了，包括与他结伴而来的三个同学，他们都对恢复研究所不抱太大希望，何况抗战已经结束，百废待兴，他们决定南下投身教育。

只有段文杰固执地留在兰州，他遥望着敦煌，却没有任何关于敦煌的消息。在兰州的一年间，段文杰靠做文书维持生计，有时帮社会服务处画些宣传画，每天下班，和十几个人挤在一个房间里，自己到黄河边挑水喝。一年后，他终于等到了折回来的常书鸿。一辆破旧的卡车载着他们，沿着张骞、玄奘和马可·波罗走过的路，开始了1200公里的颠簸。

"一头饿牛闯进了菜园子"，段文杰后来如此描述自己初到敦煌时的情景。他迫不及待地钻进每一个洞窟，开始了精神的历险。他贪婪地希望洞察潜藏在这些壁画深处的所有奥秘，希望把每一个线条、每一种在光阴的力摧下变幻了的色彩都看得更清楚些。然而，对于这些隐秘，千年光阴拒绝作答。

最初的临摹却并不成功。段文杰发现，自己很难完全抛弃已经形成习惯的西方油画技法，更大的问题在于，莫高窟壁画中那些传神的描绘，自己总也表现不出来。这个急躁的年轻人开始读佛经，研究壁画里独特的构图形式。通过分析比较从北凉到元代的千年壁画，他渐渐地开始发现隐藏在这些壁画中的秘密。早期壁画变色严重，"色调清冷厚重，风格朴拙狂怪"；隋唐壁画大半变色，"浓艳华丽，古色古香"；晚期壁画，"温和、深厚而粗疏"。他继而开始研究不同时期壁画所用的颜料、画法，苦练线描、晕染和传神技巧。从1947年开始，抵达莫高窟的年轻人越来越多，史苇湘、李承仙、孙儒僩、欧阳琳、黄文馥……当中国的东部和中部仍在混战，这些血气方刚的年轻人们却开始拎着暖水瓶钻进洞窟，整日整日地临摹壁画，揣摩着1000年前作画者的心境与感动。

三

1400年前落笔时的力道，仍在墙面上微微震荡，"大代大魏大统四年岁次戊午八月中旬造"，"大代大魏大统五年五月二十一日造讫"，墨迹沿着石壁年轮般溢开，在昏暗的洞窟中，段文杰的眼睛里似乎也映照出一圈一圈的漪沦。

早在1947年底，段文杰就和他的同事们用了半年的时间，重新调查测量过莫高窟的所有洞窟，并在张大千和李浴的基础上重新进行编号。他们甚至在清理荒沙时，又发现了6个被掩埋的隋唐和宋代的洞窟。在400多个有壁画的石窟中，285窟是他们能找到的有确切纪年题记的最早的洞窟。

莫高窟尘封的历史，正在他们手中逐渐开解。前秦建元二年（366年），覆盖在敦煌三危山上的佛光，令在困蹇中的僧人乐僔不禁匍匐膜拜。乐僔坚信，他遭遇的奇景"忽见金色，壮有千佛"，一定来自上天的启示。在三危山上，乐僔开凿了第一个洞窟，从此，僧人们开始频繁地在这片戈壁上营建石窟。他们将自己长年委身于逼仄的洞穴中，依靠苦修与冥想，在一片荒芜中开始了对极乐世界的追寻与营造。多年之后，无名画师们也开始频繁地出入洞窟，他们在墙上作画，在窟中竖起佛像。帝国西北边陲千篇一律的黄土中，开始萌芽出各种交错的色彩，沿着寸草不生的戈壁，信仰顽固地攀爬。

乐僔开窟172年后，285窟开始了长达一年的营造。而在1400多年后吸引着段文杰的，不仅是285窟的古老。在这座洞窟中，各种信仰济济一堂，西域的菩萨与中原的菩萨，佛教的飞天与道教的飞仙，印度的诸天与中国的神怪，众神的相遇在壁画上永久地定格。

千年以降，哪些僧人又在这座洞窟中相遇，早已不可考。然而，洞窟中沿着两壁开凿的8个高仅一米的禅室，却暗示着曾有多少僧人共同置身于这片斗室，在塞外肆虐的风沙中沉默着垂首，在冥想中坐成一尊尊佛像。

作为丝绸之路上的重镇，各国商业与信仰在敦煌交会，塑造了莫高窟众神云集的风貌和持续的生命力，而早期的285窟正是其间绝佳的代表。1925年，美国人华尔纳再次携带了大量的胶纸，重返敦煌，他的目标之一就是要全面剥取285窟的壁画。然而，他派出的考察团从进入甘肃后就开始遇阻，在泾川县象山，愤怒的村民们把这些盗取佛像的考察者团团围住，此后，他们西进的行程开始不断遇到各地政府的"保护"，除了购得一件敦煌写本《大般若经》，他们原以为会再度满载而归的旅程最终几乎一无所获。

华尔纳离开后，这座幸免于难的洞窟，又恢复了千年以来的常态，开始了缄默的等待。它慰藉过刚刚抵达敦煌时的常书鸿，他在难以言喻的兴奋中临摹了《五百强盗成佛图》中的局部。然后是段文杰。1951年，常书鸿建议复制一批洞窟，而在段文杰看来，285窟无论是历史、内容还是画风，都是最佳的选择。他和他的同事们，开始了临摹整个洞窟的计划。

作为美术组组长，段文杰提出临摹壁画的新规定，为了保护壁画，禁止把纸拓在壁画上临摹，禁止触摸壁画，禁止使用蜡烛。这更增加了临摹的难度。他们用镜子将阳光折射进洞窟，再借白纸反光，随着不断移动的阳光，每隔一段时间也不得不移动自己的位置。天井上俯瞰苍生的众神、吞噬恶魔的饕餮、三十五身修行的僧侣、身穿胡服和汉服的供养人、南壁上的五百强盗逐一倾注于笔端，开启了一段尘封的传奇。

320窟西龛内北侧（摄影：马岭）

四

1953年后，285窟的5m×12m的整窟原大原色作品先后在北京、上海和日本的东京、京都等地展出，引发了持久的敦煌风潮。不过，段文杰也不得不意识到，在他身边的，是一群曾像他一样并不安分的年轻人，他们或者深受西方绘画技巧影响，不喜欢佛教壁画的线条，或者希望在敦煌找到艺术灵感，进行自己的创作。此后，每个乍到莫高窟的年轻画家，都记得每天晚上在段文杰的带领下描线的经历。关友惠在1953年到敦煌，半个世纪以前的那些夜晚，至今历历在目，"为了节约纸张，第一次用淡墨，第二次用深墨，第三次用浓墨，然后再反过来到背面，这样一直练腕力，练笔力"。这些年轻人都是从艺术院校毕业的学生，立志未来做画家，尽管他们也服从组织的安排，然而，抵触的情绪仍然不时产生，年轻气盛的关友惠也曾如此。关友惠到敦煌时只有21岁，在西北艺术学院毕业分配的志愿中，按照惯例，他也选择了西北五省区中最艰苦的新疆、西藏和青海。所以，当他被阴差阳错地分配到莫高窟时，"虽然吃饭、住房都很简陋，但是没去成更苦的地方，在敦煌也没感觉到苦"。对他而言，物质上的苦不难克服，难以解决的是精神上的困惑。他在学校中学的是油画、木刻技巧，与壁画上的线条有着很大的距离，他总会下意识地用油画技巧去修改它们，最初临摹的几幅壁画都没有画好，总想着自己的创作，"当时刚从学校出来，感觉临摹是工匠的事，我们是搞艺术的，不能做这种事"。

这种困惑直到多年之后才逐渐揭开。1962年，关友惠调到新成立的考古组，20年后，当他重回美术所的时候，从临摹绘画和考古研究两个领域进行对照，他终于意识到，"临摹工作并不是简单地画，它是一种研究工作"。关友惠后来接替段文杰出任研究所所长，"我们提出了一个六字方针：临摹，研究，创新"，他认为，临摹的意义，"一是文物价值，1950年代文化部就把临摹当作一种保护手段，你记录了1950年代的壁画，在1980年代再临摹的，同一幅壁画就记录下不同时代的副本，具有文物价值；二是绘画艺术价值，临摹者的艺术修养、绘画水平，都在临本中反映出来了；三是创作价值，我认为不管是临本画还是一般绘画，都有一个再创造的价值，同一个人临摹同一幅画都不会一样的，这个过程不能重复，也不能再造的"。78岁的关友惠向我们描述这些往事时，就会激动地挺直腰板，他的双手一直在不停地颤抖，对于一位拿惯了画笔的老人，这是一件令人难过的事情。老人已经很难再继续作画了，然而，他的家中还是挂着几幅临摹的壁画，其中一幅是《都督夫人礼佛图》，是他的女儿在段文杰复原临本的基础上再临的。

关友惠每天都会步履蹒跚地在墙边站定，打量着这幅临本，他仍然能从这幅画中发现许多隐藏的秘密："几个人之间的距离再宽一点行不行？后排一共画了9个人，换一下位置行不行？我反复排了多少次，后边只有排9个人才算完整……什么人穿什么衣服，戴什么头饰都很讲究，根据身份和地位，都不一样……前排的都督夫人的小女儿，只有她不拿东西，为什么？古代这是礼仪画像，很严肃的，为什么她不拿东西？这样散漫一点，她可能对礼佛不感兴趣。画家是动了不少脑筋的。"老人刚刚坐下又不停起身，颤抖的手指在那些线条的缝隙间微微地摇晃，那些秘密似乎在瞬息之间就把他的苍老席卷而去，他又像 50 年前刚到敦煌时那样意气风发，他的惊讶和兴奋，仍和 50 年前一模一样。

五

1955 年，段兼善在重庆见到了分别十一年的父亲。段文杰终于获得文化部批准，借探亲回家之际，把妻子龙时英和儿子段兼善一起接到敦煌。段兼善在敦煌度过了少年时代，严厉的父亲时常教他如何临摹壁画，并告诉他，要把临摹壁画时学到的构图和造型技巧，运用到创作中。然而，一家人团聚的幸福没能持续多久，接踵而至的"反右"、三年经济困难时期，以及"文革"，几乎摧毁了段文杰和龙时英的健康。段文杰由于长期营养不良和过度劳累，患了肺病，身体浮肿，而在敦煌城里上学的段兼善每个月只有 18 斤 12 两的粮食定量，龙时英不得不省吃俭用为儿子晒馍干，又养兔子调理段文杰的身体，此后，段文杰被赶到乡下，放下画笔帮农民们分析化学肥料的配方，怎样养猪才能长得更快，县委书记甚至都慕名来见他，称赞画家说："老段，听说你猪养得有办法，我特来看你。"他在田间地头，眼中闪烁的仍是莫高窟的壁画，他早已对那些印在墙壁上的色彩了然于心，闭上眼睛就能看到它们，然而，他又距离它们如此遥远。他开始思考宗教与艺术的关联，寻找莫高窟艺术的源流，在多年后的回忆录《敦煌之梦》里，段文杰轻描淡写地描述着那段苦难的日子和伤害过他的人，却留下大量的篇幅抄录着自己当年在农村记的笔记，密密麻麻的都是敦煌的回忆和对莫高窟隐秘的追索。

段文杰后来继任敦煌文物研究所所长，敦煌研究院成立后又担任首任院长，尽管担负起行政职务，勤奋的老人依然是临摹壁画最多的人。与默默守卫着敦煌的父亲相比，段兼善则在进行自己的创作。20 世纪 80 年代初，段兼善为人民大会堂甘肃厅创作了壁画，少年时临摹敦煌壁画的记忆开始在他心中复活，从此强烈地影响着他的创作。1983 年，段兼善把母亲接到北京，带她去故宫、颐和园四处走走，"她第一次到北京，唯一一次，回来以后就生病了，1984 年冬天就去世了"。而段文杰的身体也每况愈下，记忆力开始下降，离任之后，他搬到兰州，渐渐不能走路，甚至只能躺着，"如果没有'反右'，没有'文革'，他现在应该跟饶宗颐一样，说不定还能到敦煌去，他们一样的年纪"。五年前身体还没这么糟糕的时候，段文杰最后一次回到敦煌，他对儿子说，想回去看看。

如今，93岁的段文杰依然躺在床上，需要67岁的儿子夜以继日地照料。段兼善也已经从甘肃省画院副院长任上退休，当段文杰的老朋友们来访的时候，他必须大声地提示父亲他们是谁，即便如此，老人有时也会认不出老朋友们的面容。往事正从他的脑海中像壁画上的光泽一样渐渐褪去，然而，他依然时常会念叨着"敦煌"的名字，他从来没有因为自己将人生最好的半个世纪年华交付给寂寞的莫高窟而后悔过。那么，在他孤独的记忆中，是否还依然留存着64年前的那个清晨——当他和常书鸿一道，风尘仆仆地出现在刚刚恢复的敦煌艺术研究所门前，遍布三危山的那些洞窟，像700多双眼睛那样注视着他，等待着他。

（本文完成于2010年10月。段文杰先生于2011年1月去世，享年94岁）

（撰文：张泉）

1952年段文杰在莫高窟285窟临摹

段文杰

段文杰（1917—2011），四川绵阳人。1945年毕业于重庆国立艺专。历任敦煌艺术研究所美术组长，敦煌文物研究所所长，敦煌研究院院长、名誉院长，中国美术家协会甘肃分会副主席。临摹敦煌壁画384幅，在国内外多次展出。著有《敦煌彩塑艺术》《敦煌壁画概述》《敦煌壁画中的衣冠服饰》《段文杰敦煌艺术研究文集》《段文杰敦煌壁画临摹集》等。

1966年5月关友惠、欧阳琳在莫高窟16窟临摹

关友惠

1932年生，1953年毕业于西北艺术学院美术系，同年9月到敦煌文物研究所从事壁画临摹、研究工作，临摹品主要有17窟《近侍女》、156窟《张议潮统军出行图》、323窟《张骞出使西域图》、257窟《沙弥守戒自杀缘品故事》、172窟《观无量寿经变》（合作）。论文主要有《敦煌北朝石窟中的南朝艺术之风》《莫高窟唐代图案结构分析》，编著有《中国壁画集·敦煌晚唐》《敦煌石窟全集·图案卷》（上下册）。1993年退休。

无边的梦寐

一七二窟 × 史苇湘 欧阳琳

两个世界的人们,隔着千年光阴,沉默着凝神对望。
通过扎实的临摹,
他们发现了许多书斋学者无从触及的世界。

172窟 盛唐(705—781)
这幅大型《净土变》,通壁巨制,绘制精美。佛经中所描绘的西方净土,十分美好,应有尽有,正如该画面所描绘的那样,天宫建筑雕梁画栋,琼楼玉宇,金碧辉煌,中间主尊佛说法会,菩萨天人两侧听法,个个虔诚礼敬,人物造像均细腻丰润,形象又很生动。各种乐器不鼓自鸣,飞天扬手散花,飘逸飞动。在天宫建筑下面有净水池,池中绿波荡漾,水鸟游乐其中,莲花童子形象可爱。整幅画面结构繁杂,色彩富丽,充分体现盛唐艺术的伟大成就(图片提供:敦煌研究院)

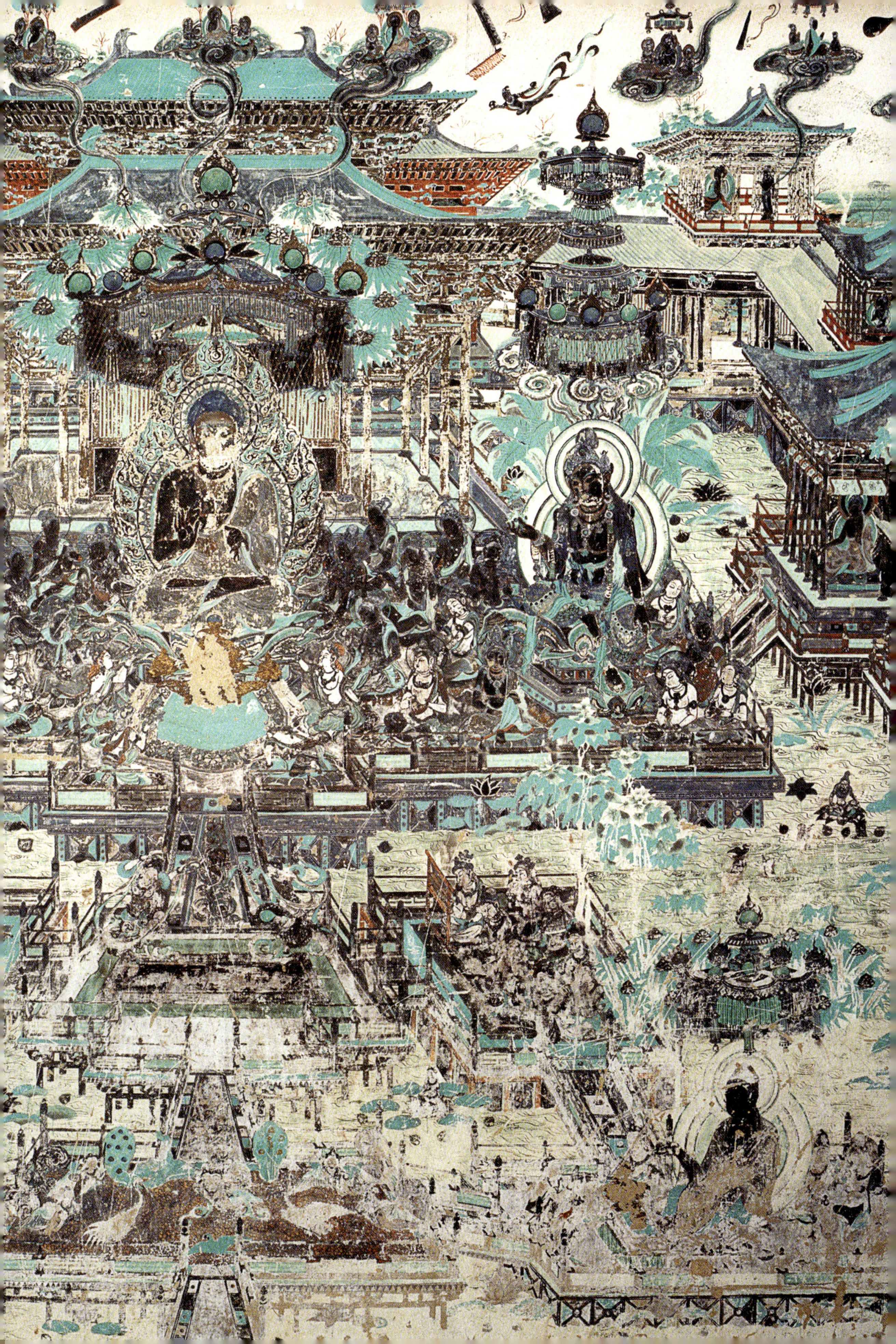

一

　　1943年年末，隆冬时节，游弋在成都上空的日军飞机渐渐地少了。人们不再忙于"跑警报"，步履恢复了巴蜀之地的从容与淡定，茶馆里又变得人声鼎沸，一场画展也开始紧张地筹备起来。

　　四川省立艺专19岁的学生史苇湘，拜访了画展的作者。那个留着长髯的中年人，就是传说中的张大千。张大千刚刚从敦煌满载而归，经过近三年的辗转流徙，临摹了大量敦煌壁画。史苇湘被学校选中，派到张大千身边做助手，帮他布置这次临摹展。

　　一张张雍容的面庞、蜿蜒的山水、熙攘的街市，随着画卷徐徐展开，传说中的"吴带当风，曹衣出水"在手中浮游流动，油画专业的史苇湘屏住呼吸，他有生以来第一次知道，在达·芬奇、莫奈、米勒之外，还有一个如此激动人心的艺术世界。

　　张大千告诉面前这个兴奋的年轻人："要做一个中国画家，一定要到敦煌去。"他并不知道，这句话将影响一个年轻人的一生。敦煌，史苇湘对它几乎一无所知，从地图上丈量，敦煌在成都西北方向，有2000公里之遥。

　　次年1月，展览在成都举办，盛况空前，被陈寅恪誉为"敦煌学领域中不朽之盛事"。史苇湘的同学们同样在画展上流连忘返，那些线条繁复的衣饰、瑰丽离奇的色彩，在年轻人心中播下了一颗颗种子。

　　画展结束，史苇湘并没有去西北2000公里外的敦煌，而是被战火裹挟着，飞往西南方向2000公里外的中印边境。一场残酷的战争，正在那里蔓延。

　　抗战进入相持阶段，日军从东南亚强行突击，试图切断滇缅公路，那里几乎是中国最后的一条生命通道。中国为此组织远征军，赶赴印度、缅甸，与盟军合作抗战，"一寸山河一寸血，十万青年十万军"的口号响彻大江南北，史苇湘也应征入伍，在宪兵独立营担任班长，守卫印度雷多公路。

　　一年后，抗战胜利，幸存下来的史苇湘回到成都，继续学业。中国派出的40万远征军将士，近半数阵亡在异国的土地上。

二

　　参军让史苇湘的毕业时间顺延了一年。1947年，女友欧阳琳先毕业了，在四川省立艺专，她师从沈福文，学漆器工艺，但她并不打算在成都找工作。3年前张大千的那次画展已经让她下定决心，她要去敦煌，寻找属于中国的艺术表达。

　　欧阳琳的母亲去世很早，父亲另娶，很少过问她的生活。她把自己制作的一些漆器卖掉，史苇湘又帮她借了些钱，西行的路费，总算勉强凑出来了。

当年在画展上流连的年轻人都对敦煌心向往之,然而,真要做出前往敦煌的决定,每个人都有各自的顾虑,毕竟,敦煌遥远,前路莫测。最终结伴而行的,只有欧阳琳、黄文馥、薛德嘉和孙儒僩,三个女生,一个男生。

蜀道之难,出入都颇费周折。他们沿路搭车、换车,并不知道第二天自己会身在何处,一切都要靠运气。汽车开到阆中,暴雨接连下了几天几夜,山洪暴发了,他们只好停下来,等待洪水退去,再换车。走过麻风病蔓延的村庄,遇过蛮横的哨兵,他们终于进了甘肃地界,随即沿着河西走廊继续西行,兰州、武威、张掖,一路走走停停。40多天后,张大千笔下的敦煌,终于化为地平线上寂寥的三危山。

此时,国立敦煌艺术研究所已经成立,留法归国的画家常书鸿担任所长。接连一个星期,常书鸿带着这些远道而来的年轻人,沿着被积沙掩埋的崖壁,一个洞窟一个洞窟地看过去。从北魏、北凉、西魏的佛国,到隋唐的山水、人物、建筑,衣袂飘举,光影交错。285窟的壁画,让欧阳琳徘徊不去,伏羲、女娲、力士、开明、飞廉、飞天……各种极富想象力的形象,斑斓瑰丽的色彩,令她震惊。渐渐地,震撼又变成好奇——洞窟里光线昏暗,一千多年前的画工们究竟是怎样一笔一笔创造出这样一片绚烂的神佛世界?窟顶的藻井描绘着莲花变化的形象,一条直线往往有一米多长,却画得特别直,当年的画工们又要下多少苦功,才能一笔就画下如此精准的直线?

多年后的今天,已经90岁高龄的欧阳琳这样形容自己与敦煌的第一面——"又惊讶,又感动",她和她的同学们相信,自己的选择没有错,一路上所受的许多苦,都是值得的。

从老照片上能看到她们当年的模样。这些20多岁的南方姑娘,穿着城里流行款式的裙子、旗袍,在洞窟间穿梭,胡杨树背后,是一望无际的沙漠与戈壁滩。只是后来,薛德嘉和黄文馥相继离开,三个姑娘里,只有欧阳琳留在了敦煌。时光荏苒,60多年过去了。

三

史苇湘抵达敦煌县城时,已是1948年的秋分时节。在东北,辽沈战役早已打响,西北也同样人心惶惶。

夜里,一阵喧闹声惊醒了史苇湘。街上人喊狗吠,乱作一团。店主悄悄地告诉他,当局正在抓人当兵。

史苇湘躲在店里,避过一劫。

到了莫高窟,史苇湘被安排在一间土房子里,从前是寺庙的马圈,据说开庙会的时候,人们会把牲口拴在这里。

夜半时分,他再度惊醒,一股巨大的嗡鸣让他陡然心悸。望向窗外,茫茫戈壁上只有一弯残月,循着声音仔细查看,原来是凛冽的夜风震响了莫高窟九层楼上的铁马风铃。

通货膨胀很快就失控了,上午发了工资,下午已经一文不值。研究所的一位工友存了几个月的工资舍不得花,转眼就变成一堆废纸,一气之下,竟拿这些纸币糊了炕围。

史苇湘却顾不上沮丧与忧虑,能见到梦寐已久的莫高窟,已经让他欣喜若狂。但他发现,敦煌壁画并不像张大千所描绘的那样,显然,张大千在临摹时加入了自己的理解,进行了再创作。

所长常书鸿和美术组组长段文杰为临摹确定了另一个标准,他们希望大家对壁画进行客观临摹,如实地呈现,先从壁画的局部开始,建筑、人物、生活场景、藻井……画一些小画试试。

史苇湘的第一次临摹,就以失败告终。他用了一个星期临摹了285窟的几个局部,自己觉得还不错,同事们却认为,这是西风画线描,史苇湘在临摹时不自觉地运用了油画技巧。客观临摹绝不是想象中的样子,线描是敦煌壁画的基础,也是精髓,手上的功夫容不得半点马虎。

经过细致的临摹,才能真正理解一片壁画,领会一座洞窟。第一次临摹172窟的《西方净土变》时,欧阳琳发现,西方净土三圣——阿弥陀佛、观音菩萨、大势至菩萨的衣饰、璎珞、珠串、眉眼,每一根线条看起来或许平淡无奇,真要落笔时才能体会一千年前古人的良苦用心。这些细微的线条,经过上千年的风沙侵蚀,只在光线很好的时候才能隐约辨别出色彩的复杂层次,以及蕴含其间的微妙动态。于是,趁着天光好的时候,就得抓紧到洞窟里画,错过了光线,只能点汽灯,后来,大家又发明出一个"借光"的方法——放一面玻璃或者一张白纸在洞外,把阳光折射进去。不到一平方米的壁画,往往要临摹几个月。

两个世界的人们,就这样隔着十年光阴,沉默着凝神对望。

张大千对临摹的理解是"将古人的笔法、墨法、用色、构图,通过一张又一张的画作,仔细观察它的变化,并加以了解、领会,深入内心,达到可以背出来的程度。然后经过背临过程,把古人技法运用自如,最后把古人的东西变为自己的"。

这些年轻人都是被张大千的展览激励着来到敦煌,想要寻找自己的艺术之路。于他们而言,敦煌壁画原本也可以只是一个媒介、一种技巧,他们原本也可以以此来推进自己的创作,但他们还是不约而同地选择了另一条路。

艺术家对于自我、个性最为看重,他们却在临摹敦煌壁画时将自我、个性小心翼翼地藏起来,谦卑地去体会一千年前画师们落笔时的构思与喜忧。这条路注定更加艰难,甚至会让他们的一生都默默无闻,他们却义无反顾。在他们心目中,临摹本身也是一种保护、一种研究。史苇湘在临摹壁画时,发现了《大云宝雨经变》等佛教史迹画,发现

1956年9月17日，史苇湘、欧阳琳在敦煌文物研究所美术所修画稿（图片提供：敦煌研究院）

329窟 初唐（618—704）

329窟为覆斗形顶，这是329窟的莲花飞天藻井。中心画莲花，花心呈五色转轮，四身持花飞天，在蓝天中，乘流动彩云，环绕莲花飞旋。边饰卷草、方格、联珠纹样及垂角幔帷，以深、浅红色为主，配以白、赭石、黄丹，色彩热烈，变化丰富，是初唐藻井的代表作之一。史苇湘、欧阳琳都曾进行过临摹与研究（摄影：吴健）。（图片提供：敦煌研究院）

了直辕犁和曲辕犁，首次排比出23个北周窟，纠正了6个唐代窟编年的错误；欧阳琳则在临摹的同时专注于敦煌图案的研究，从藻井、平棋、人字披、边饰、龛楣、圆光、华盖、幡幢、桌帏、地毯、地砖、香炉的图案纹样中，寻找植物纹、动物纹、天人、飞天、佛、菩萨、神灵异兽、龙、凤的独特含义。通过扎实的临摹，他们发现了一个书斋学者无从触及的世界。

四

在敦煌，史苇湘、欧阳琳夫妇迎来了大女儿史敦宇和小女儿欧阳煌玉。

在史敦宇的记忆里，小时候每天随着父亲去洞窟临摹，父亲进入洞窟就像变了一个人，一边握着画笔，一边旁若无人地不断感叹，"这是泥巴做的"，"你看这衣服多美"，像是在给女儿指点，又像是在和一千年前的画师、遥远的神佛说着话。

如今，欧阳琳和小女儿欧阳煌玉住在一起，老人听力衰退，许多问题需要女儿帮忙"转译"，女儿讲普通话，母亲讲四川话，相互补充着当年的生活。

"我有次问我妈，苦吗？她说，水果好吃，也不觉得苦。"

"我们那里有个工人，种瓜，种桃子，我们就去偷桃子，那个桃子真甜呦！瓜也是，简直吃不完！那时用的不是化肥，而是一种草，再加上人和牲口的粪。"

"四川人爱吃。可那会吃饭就是面条白菜，吃不饱。"

"我爱吃水果，他们不爱吃。"

"她爱吃，我爸不喜欢吃，男同志吃不饱。"

"她爸就不喜欢吃，再好的水果他也不吃。"

每天吃的只有白水煮面条、白菜和萝卜，没有油，连四川人最离不开的辣椒也没有。

临摹用的颜料，基本上也是自制的。用大泉河冲刷的细泥加胶水，做成土黄色；用刷墙的红土做红色，用当地的鬼子蓝、鬼子绿做蓝色和绿色。颜料虽然不太好，可是，能够用来描绘壁画上的色彩，把千年光阴留存下来，已是莫大的幸福。

最初整个研究所只有十几个人，白天大家像流沙一样隐匿在满山的洞窟里，夜幕降临，又会聚集在办公室，点上煤油灯，继续练习线描。

画起来就会忘记时间，一直到炉子里的柴火渐渐地熄灭，屋里开始冷了，大家才反应过来，却还是不肯离开。伴着炉火的余温，再画几笔，要把火全都烤尽了再走。因为宿舍里没有炉子，就像一座冰窖。土房子，土桌子，土凳子，睡的是土炕，他们都从南方来，不会烧炕。后来，工友范华帮大家想出一个主意，每天睡觉前，把石头放到灶里烧得滚烫，用旧毛巾包起来，抱着取暖。在张大千临摹展上流连忘返的时候，他们从未料到，自己将用这样的方式度过在敦煌的每一个冬夜。

五

更加残酷的冬天，很快来临。

"反右""文革"接踵而至，散落在中国各地的远征军幸存者，都受到残酷的批判，史苇湘同样在劫难逃。那段为了国家浴血奋战的经历，却成为人生的伤疤。

1970年3月，有关部门勒令史苇湘，必须马上办完户口迁移手续，去敦煌县黄渠公社报到。

清晨，欧阳琳赶着羊群进了山沟，她也在接受改造，不敢给丈夫送行。史苇湘拖着行李，走出寓居了20多年的土房子。史敦宇一直记得，父亲每走几步，就会回头望一眼九层楼，这样走走停停，一直走到下寺。迈出这道门槛，就算是彻底告别莫高窟了。史苇湘突然扔下行李，坐在地上，失声喊道："我不能离开莫高窟呀，请你们告诉我还有什么罪，我一定好好改造，我还不到50岁啊。"

黄渠公社分配给史苇湘的任务也是放羊，他开始研究怎样把羊养得更肥，怎样让自己的羊不要混入别人的羊群里，那个曾在张大千面前踌躇满志的年轻人，蜕变成一个沉默的放羊老汉。

阅读是被禁止的，史苇湘只能凭着记忆，一遍遍重温那些让他魂萦梦绕的壁画。有时，把羊群赶到碱湖滩上，他就会找个土墩坐下来，做些笔记，比较不同时代壁画的异同。

凝神思索的时候，史苇湘发现了一个奇怪的现象。远处有一些农民排着队在挖土，他们用这些土做肥料。过了些日子，挖土人的队形突然改变了方向。史苇湘感到疑惑，一位老农民告诉他，那里有一些很厚的土墙，当地人称为土城子。

史苇湘走到近前仔细查看，一个方形古城池的轮廓隐约浮现出来，他用牧羊的棍子丈量着距离，依稀想起《沙州都督府图经》《沙州地志》里的记载，莫非这里就是传说中西汉时代的敦煌效谷县城？

这个放羊的老汉决定不再沉默，他接连向公社和县里汇报，希望派专家队来考察、保护，于是，毫无疑问地遭到批评。他顾不上自己的处境，又给省里连写了两封信，依旧石沉大海。所幸，史苇湘平时干活积极，为人又谦逊，公社的人都信任他，渐渐地，人们不再去土城子挖土了。

史苇湘在南渠公社蛰伏了3年。3年后，中央要求文化单位恢复工作，史苇湘终于回到莫高窟。敦煌文物研究所很快组成考察组，前往黄渠公社勘察，最终确认，这片遗址，正是人们苦寻多年的西汉敦煌效谷县城。

1959年8月23日，敦煌文物研究所参与创作的全体工作人员在美工室合影（图片提供：敦煌研究院）

六

生活依旧贫乏，食物仍然遭到克扣。

1972 年，欧阳琳和同事万庚育被派到西安，临摹唐代懿德太子墓中的壁画。几个月后，她们回到敦煌，欧阳煌玉差点没认出母亲，"我妈回来变成个大胖子了"。

在西安，她们见到了久违的鸡蛋。于是，一日三餐，每顿饭都吃两个鸡蛋。那已经是她们所能想象的最美好的生活。

女儿却并不知道，母亲险些没能回来。

欧阳琳和万庚育在墓中临摹时，照明烧的是煤油灯，她们画着画着开始头晕，想要走出墓穴，已经没有力气，最后晕倒在地，幸好被人及时发现，才抢救过来。

那已经不是欧阳琳第一次死里逃生。有一年冬天，她和同事李其琼在 420 窟临摹，颜料冻得很硬，只能用煤气来烤，洞窟里通风不畅，两人煤气中毒，紧急抢救才脱离危险。

多年后的今天，当老人被问及这些九死一生的往事，只是淡淡一笑。

七

我第一次听到史苇湘的名字，是在多年前采访甘肃敦煌艺术剧院（前甘肃省歌舞团）的时候。他们在 20 世纪 70 年代末创作、演出的敦煌题材舞剧《丝路花雨》，在全世界巡演 2000 场，成为一个时代的经典。

一切的起点，同样源于与敦煌的相逢。1977 年，甘肃省歌舞团的编导们到敦煌取经，试图创作一部新的舞剧，打破样板戏的模式。敦煌艺术研究所的专家们给了他们非常人的帮助，而在每一位编导和主演口中，都会出现史苇湘的名字。

那时，史苇湘还在负责莫高窟历史资料的整理工作，被誉为敦煌的"活字典"。白天，他和几位研究所的老专家分别带着编导们参观洞窟，进行讲解；而每天夜里，编导们在庙里铺开画纸、临摹壁画、揣摩舞姿时，又会听到脚步声远远地传来，在戈壁空旷的黑夜里回荡。

出现在门外的，仍是史苇湘。60 多岁的老人刚找到一摞新的资料，觉得编导们可能用得到，顾不得天黑，就打着手电筒连夜送来。

接过史苇湘带来的资料，微微的体温在每个人手上传递。那是史苇湘和每一个敦煌人画了一辈子、积累了一辈子的素材，他们却毫无保留地分享着。

《丝路花雨》在北京演出之初，引起轰动，也带来争议。其中有人提出，剧中男配角的身份是强盗，唐代非常富足，丝绸之路上不可能有强盗，这是在污蔑劳动人民。

220窟 初唐（618—704）
220窟窟顶的藻井与千佛。窟顶壁画脱落的部分，就是源于莫高窟壁画常见的病害——空鼓（摄影：马岭）

面对这个莫须有的罪名,又是史苇湘在报纸上撰文,根据敦煌壁画和史料证明,唐代丝绸之路上确实有强盗,编导们的情节设定没有问题。

1981年,史苇湘和段文杰前往日本访问。时隔30多年,他们重新穿上西装、皮鞋,却花了一个星期的时间才终于适应过来。在敦煌近乎与世隔绝的生活,让他们与整个时代产生了时差。

后来,出国讲学、访问越来越多,全世界的学者和游客也纷至沓来。那时造访敦煌的许多海内外学者,都记得有一位戴着黑框眼镜的老人,腰间拴着一大串钥匙,握着巨大的手电筒,带着他们在满山的洞窟间穿梭,上山下山,事无巨细地讲解、释疑。渡尽劫波之后,他急着把那些被时代掳走的时间讨回来,为了自己,也为了敦煌。

八

抵达敦煌之前,或许每个人都想象过无数种与敦煌相遇的方式,却很少有人想象过该如何告别。

史苇湘和欧阳琳在敦煌生活了45年,1992年,退休后的夫妇两人移居兰州。在这座现代都会里,他们却依然过着在敦煌时的生活。每天最主要的工作仍然是临摹壁画、研究、写作。欧阳琳晚年临摹的壁画超过100平方米,有人问她,既不办展览,又不出画册,临摹这么多壁画做什么? 欧阳琳也问自己,究竟是为了什么? 究竟要临摹到什么时候?

这些问题,其实不需要回答。就像史苇湘离开敦煌前所说的那样:"在我三灾八难的一生中,还没有一次可以与初到莫高窟时,心灵受到的震撼与冲击比拟。当时我回忆起1943年在成都为张大千先生'抚临敦煌壁画'展览会服务时,见到那些大幅壁画临本,如何使我动心。大千先生对我说'要做一个中国画家,一定要到敦煌去'。……也许就是这一点'一见钟情'和'一往情深',造成我这近五十年与莫高窟的欲罢难休……"1943年的那次相遇,是缘分的开始,也是命运的转折。

1999年,75岁的欧阳琳摔伤了腿,做手术时神经损伤,她在床上躺了28天,万念俱灰,幸好一位外科大夫强迫她在床上翻身,下地拄着拐杖走路。她看见窗外行色匆匆的人群,踢球的孩子,生机勃勃的春天。老人开始重新走路,虽然没能痊愈,至少渐渐地不再依赖拐杖。

一波未平,一波又起。2000年1月16日,史苇湘去世。

家里藏着一个本子,是欧阳琳在那一年的夏天用毛笔写的,她把自己喜欢的唐宋诗词、敦煌曲子词抄录下来,有王维、李白、李商隐、苏轼……陪伴了她一生的史苇湘离开了,她念了一辈子的那些诗词,也要回想半晌才能记起来,老人把字写得特别大，就是为了哪怕哪一天眼睛花了，还能看得清楚。

苏东坡是她最喜欢的诗人，她和史苇湘的四川老乡，词风旷达豪放。老人说："你喊我背苏东坡的诗词，我还可以背。"

过去的十几年里，老人又大中风三次，小中风三四次，每次都顽强地挺过来了。桌上堆满了杂志和书，她前些天刚刚把莫言的小说全集都看完了，最近在读纳兰词。听力虽然不太好，看书却很快，每天女儿回家，都被母亲追着问，你又给我买什么书了？

80岁时，欧阳琳被迫放下握了一辈子的画笔，老人说："我画不成了，画画费眼力得很。"她开始用另一种方式继续笔耕不辍，她在82岁出版《敦煌壁画解读》，83岁出版《敦煌图案解析》《史苇湘欧阳琳临摹敦煌壁画选集》，87岁出版《感悟敦煌》。她将自己多年来研究性临摹的经验写下来，继续探索并诠释着敦煌壁画的艺术价值。老人说："去年敦煌研究院给我评了终身成就奖。其实，研究院还有很多人比我的贡献大，咋个就轮到我了？我也不知道。"22年过去了，90岁的欧阳琳再也没有回过敦煌，却又似乎从未离开。

（撰文：张泉）

史苇湘

史苇湘（1924—2000），生于四川绵阳。2000年病逝。敦煌学研究专家。1948年毕业于四川省立艺术专科学校，同年9月前往敦煌莫高窟，在敦煌艺术研究所（敦煌研究院前身）从事敦煌壁画的临摹和研究工作。曾任敦煌研究院资料中心主任、研究员。20世纪60年代以前，潜心于临摹、探索壁画艺术，作品曾多次在国内外展出。1961年后，他主持创建了敦煌文献资料为主体的资料库，被同行誉为敦煌"活字典，活资料"，是最早运用艺术社会学理论研究敦煌石窟艺术的学者，敦煌学研究的开拓人之一。2002年出版遗著《敦煌历史与莫高窟艺术研究》，为敦煌学史中里程碑式的著作。

1955年5月史苇湘在莫高窟285窟临摹壁画

欧阳琳

欧阳琳（1924—2016），生于四川彭县。1947年毕业于四川省立艺术专科学校，同年9月前往敦煌莫高窟，在敦煌艺术研究所（敦煌研究院前身）从事敦煌壁画的临摹和研究工作。1986年退休，为副研究员。她所临摹的敦煌壁画曾在日本、法国、苏联以及中国台湾、北京、上海、兰州等地展览过，并被收入日本、法国出版的图录画册《中国敦煌壁画》，主要出版有《敦煌线描集》（合著）、《敦煌图案》（合著）、《敦煌图案临摹本》（合著）、《敦煌图案解析》、《史苇湘欧阳琳临摹敦煌壁画选集》、《感悟敦煌》等。

1955年5月欧阳琳在莫高窟285窟临摹壁画

98窟 五代（907—960）
98窟，在五代宋曹氏归义军统治初期由节度使曹议金主持营建而成，亦即为曹议金的功德窟。98窟为一方形主室有中心佛坛窟，覆斗顶四角四天王，长甬道，敞口前室并修建有大型殿堂建筑。洞窟内经变画多达10幅，底层屏风画达32屏，供养人画像多达200多身，甬道男供养人画像高均为2米以上，窟内女供养人画像高也是近2米。所有这些均为莫高窟洞窟中所不多见者，98窟在各个方面均有着代表性和典型性，是名副其实的大窟。

从1998年至2014年，98窟经过长达16年的修复保护，即将顺利完成（摄影：马岭）

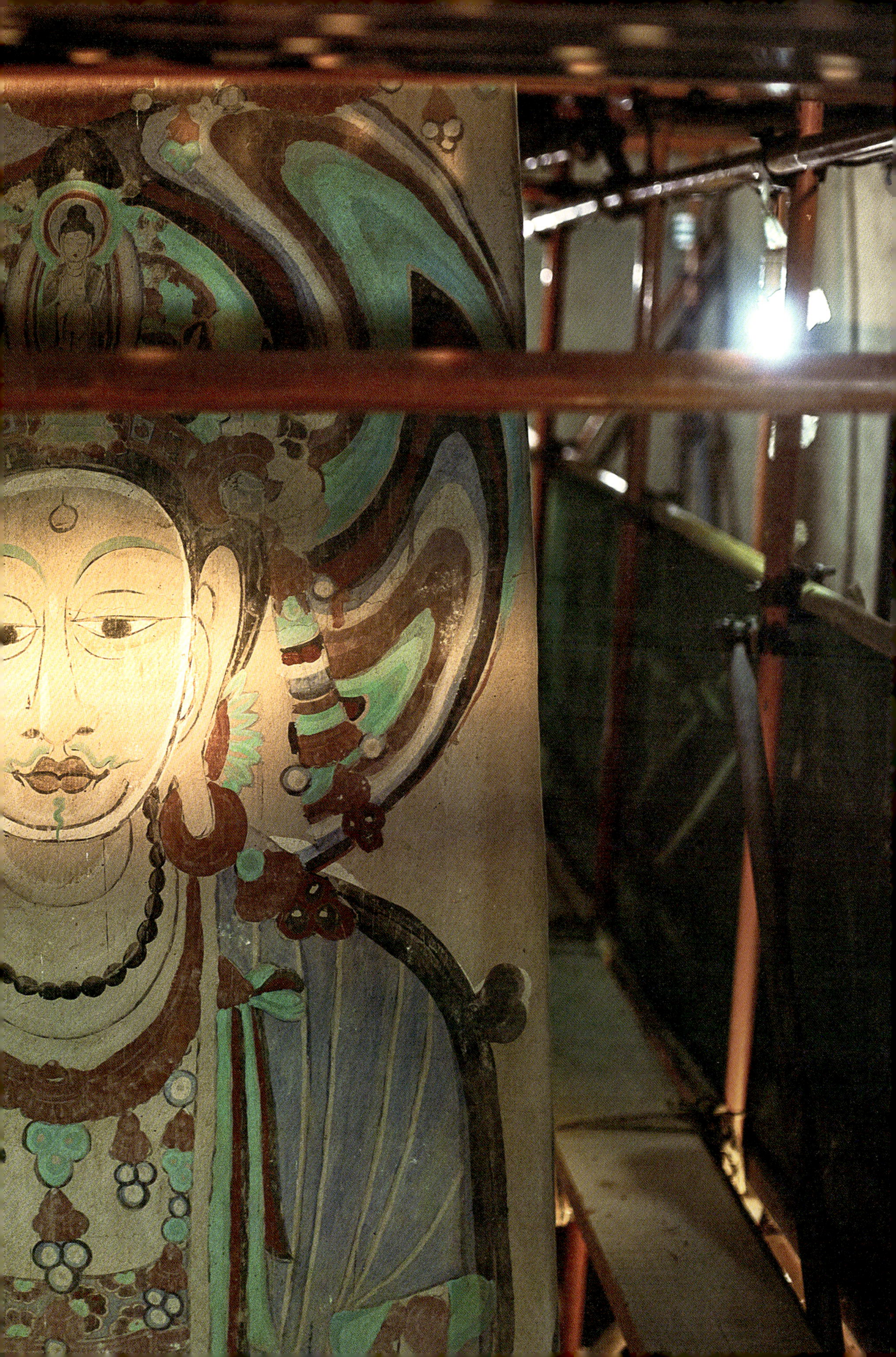

98窟 五代（907—960）
莫高窟最大的供养人——于阗国王供养像。五代时期的敦煌，曹氏归义军政权为了保持敦煌的安宁，分别与回鹘和于阗缔结了姻戚关系，在东壁南侧绘有高达2.82米的于阗国王李圣天供养像，他的身后画于阗皇后曹议金之女（图片提供：敦煌研究院）

青春的纪念

九八窟 × 孙儒僩 李其琼

敦煌的日子就这样日复一日地流逝，轻而易举地，就虏走了孙儒僩的半个世纪。

一

四月初八那天，昏暗的洞窟里传出高亢的秦腔。

1948年，孙儒僩第一次在敦煌见到浴佛节庙会，莫高窟的树林中到处都是牛、马、驴、骡，敦煌的地主、商人和农民们几乎倾城而出，他们在洞窟间穿梭，在许多断臂甚至断头的佛像面前合掌祈祷，或者大声表达着对壁画的疑惑。说累了，就有人倚在壁画上抽一袋旱烟，争吵往往就会在此时发生。

为了保护这些仍处于开放中的洞窟，孙儒僩和敦煌文物研究所的二十多个同事，整日在洞窟间巡视。他们向这些兴奋的村民们宣传保护文物的注意事项，把几年前就贴在九层楼的布告复述许多遍。然而，仍然有不少前来礼佛的老人无法理解，当他们被请出洞窟的时候，就像廊道两侧王道士在几十年前新塑的佛像一样须发偾张。

在这种人们所无法理解的境遇中，23岁的孙儒僩和他的同事们，开始了对敦煌的漫长守望。苦笑、坚持、回甘，以及敦煌的风沙，填满了他的青春。

二

孙儒僩从未想过自己会疯狂到想要放弃工作。

从四川艺术专科学校建筑专业毕业后，孙儒僩生活稳定，衣食无忧。在半年多的时间里，他从成都润记营造厂调到重庆总厂，一直担任技术员。1947年7月，在重庆的酷热中，他突然接到一份成都朋友发来的电报，敦煌艺术研究所在招聘工作人员，要求是建筑专业的。或许是燥热的天气影响了孙儒僩的判断，尽管他对敦煌的一切非常陌生，却突然厌倦了眼下按部就班的生活，决定选择另一种未来。他谎称回家结婚，请假返回成都，他的同学李其琼到车站为他送行，那时，李其琼还不是他的意中人。

在成都，老师辜其一告诉孙儒僩，莫高窟的壁画、雕塑和古建筑都成就卓著，而敦煌艺术研究所所长常书鸿也是著名画家，不妨去搜集一些古建筑的材料，学学画画。不过，老师也建议他，敦煌太偏远，生活又艰苦，工作两三年就可以回来，那时，一定会对未来的专业发展有所帮助。

孙儒僩决定出发了，他和同校学艺术的三个女同学同行，黄文馥、欧阳琳、薛德嘉。四个从未出过远门的年轻人踏上了未知的旅程，他们几乎沿着段文杰在几年前走过的路重走了一遍，一路北上，到兰州，再从兰州西进。

孙儒僩并不知道，会有什么样的未来在等着他。他也不知道，当他对母亲承诺，过两年就回来时，居然从此就是永诀。

四个年轻人在路上颠簸着，遇到过蛮横的哨兵，住过破旧诡异的旅店，甚至在不知情的情况下在麻风病肆虐的村子里分食了几个鸡蛋。

一个多月后，当他们风尘仆仆地出现在莫高窟满山的神佛面前时，最初的想象瞬间变成震惊，孙儒僩已经来不及盘算自己过两年就离开敦煌回家的计划。

三

在敦煌，孙儒僩喝着苦涩的水，开始测绘木结构窟檐，并临摹壁画中的古建筑形象，转眼就到了他计划中的两年后。

1949年敦煌解放，孙儒僩打算回家探望年迈的母亲，却没有钱。国家的货币体制已经崩溃，通货膨胀惊人，孙儒僩到敦煌银行，发现已经根本没有货币，银行直接在本票上拿着10万或者20万的印敲章。家里勉强凑了一些钱，可是，孙儒僩的嫂子不识字，把敦煌艺术研究所写成了东方艺术研究所，孙儒僩不但没能收到钱，等到这笔钱隔了几个月被退回家里时，早已无法使用。

孙儒僩只能留在敦煌继续等待。和同事们一起奉命绘制毛主席像时，他突然很想参军。正准备报名，酒泉地区领导去视察，告诉这些蠢蠢欲动的年轻人，你们哪儿也不能去，你们要革命这就是革命，这就是革命工作。孙儒僩从此留了下来，再也没能见母亲最后一面。

1951年莫高窟第431窟，木加固前石窟外景之状况（图片提供：敦煌研究院）

1978年莫高窟第155窟以北，未加固前之状况（图片提供：敦煌研究院）

1954年莫高窟第111—126窟前，运沙队伍（图片提供：敦煌研究院）

1955年3月莫高窟崖顶，挖防沙渠情况（图片提供：敦煌研究院）

5年后,孙儒僩从美术组调任保管组组长,从此,他的一生都在与流沙和木石打交道。最初长达十多年的时间里,他是莫高窟的唯一一个专业的建筑人才,他必须依靠自己的探索和专业判断,来完成这些史无前例的事情——不断地考虑用各种方法治沙,不断地考察并加固出现危险情况的石窟,甚至在"反右"时也不能例外,白天在工地负责施工,晚上则参加会议,接受批判和斗争。人力有限,他和各领域的专家们不得不亲自去安西塔儿泉搬运石料,一条1米长的石料动辄重达四五百斤,仿佛把他们多年前对敦煌的想象与期待也压在身上。

　　莫高窟的保护从1943年就已经开始,常书鸿在当时主持修建了夯土结构的围墙,长达一千多米,以防止牲畜进入莫高窟区域毁林,同时也象征着这片曾经无人看管的洞窟,已经不容再被亵渎。孙儒僩抵达敦煌的前一年,石窟的山崖边上也开始修建防沙墙,然而,流沙对莫高窟的侵蚀仍然到了难以想象的地步。孙儒僩在详细勘测调查后发现,南区从第131窟到153窟流沙堆积高达四五米,一直淹没到第二层石窟的地面上;而从第129窟到第109窟的流沙,已经直接堆到石窟门口;第108窟到第100窟流沙甚至已经封堵了窟门;最可怕的是从第79窟到第21窟,流沙甚至比下层石窟地面还要高出几十厘米到一两米。孙儒僩和他的同事们进行了各种可能的尝试,他们起初把大泉河的水引到石窟前,用沙土堆积成一个小水坝,等到水面足够高时,放水把积沙冲走。然而,不久他们就发现,这个小小的工程,对于治沙只是杯水车薪。他们不得不继续加固防沙墙,在一千多米外就设置防沙网。每天早上,这些专家就和工人们一起挽起袖子,用牛车运沙。敦煌的日子就这样日复一日地流逝,轻而易举,就席走了孙儒僩的半个世纪。

四

　　在重庆车站为孙儒僩送别时,李其琼并不知道,六年后,她也会做出一个疯狂的决定。

　　孙儒僩的一封信,令学油画的李其琼也辞掉了工作,离开西南军区战斗文工团美术队,前往敦煌工作,并与已经六年没见面的孙儒僩成婚。

　　这封具有决定意义的信,只是孙儒僩在六年间不断寄出的信件中的一封,他向李其琼描述莫高窟的瑰丽与神秘,也描述敦煌令人难以忍受的严寒,早上起床,鼻子上时常会覆盖一层霜,杯子和脸盆里残留的水,则结着厚重的冰凌。

　　然而,李其琼还是义无反顾地踏上了敦煌之路。到敦煌两周后,同事们为他们举行了简单的婚礼,然后,他们开始分享物质贫乏的生活,家中的一切都是土堆的,土炕、土桌子、土凳子、土柜子。每天只能吃两顿饭,基本没有蔬菜。

孙儒僩满头大汗地治沙，加固石窟时，李其琼则迫不及待地钻进阴冷的洞窟，开始临摹。她和段文杰、欧阳琳、关友惠等人面对着同样的问题，学习油画出身，并不熟悉中国画线描的技巧，她甚至并不喜欢自己临摹的第一个洞窟，只不过，285 窟被当成任务分配下来，只能服从。然后，她开始临摹更多的洞窟，贪婪地寻找那些转瞬即逝的光影，那些隐匿在壁画深处的蛛丝马迹。

孙儒僩在信中描述的冬天很快就到了。孙儒僩和同事们到外地考察，回来时却见到了卧床的李其琼。当时，李其琼和欧阳琳在 420 窟中临摹，搭了脚手架爬上爬下，而为了烤软已经变硬的颜料，差点煤气中毒。在艰苦的环境中，李其琼和她的同事们顽强地用手中的画笔保留着莫高窟渐渐褪去的风华。

五

孙儒僩和李其琼原本以为，他们会在敦煌待一辈子。可是，"文革"时，他们还是被打倒了，孙儒僩曾经梦寐以求而不得的故乡，居然阴差阳错地出现在他的面前。夫妇俩一起被遣返四川老家。在三年零十个月的时间里，孙儒僩变得和当地的农民已经没有多少区别，种庄稼，挑着一百二三十斤的粪挑子上山。后来，他开始参加公社水电站的修建，因为学建筑出身，负责施工并不困难，他很快被评为农民中的优秀人物。然而，水电站尚未建好，敦煌的军代表已经赶到四川，尽管当地政府提出让孙儒僩多留一段时间，把水电站建起来，然而军代表态度强硬，要求孙儒僩夫妇在三天内收拾完毕，马上上路。"现在的人很难体会当时从农民的身份要转到吃国家粮食，有多麻烦。我得把现有的粮食卖给国家，国家再决定从什么时候给我供应粮食，发给我粮票。要我们三天把所有事情办好，真难。我就请左邻右舍帮我把家里的粮食挑到船上，船又运了十几公里路到国家粮库卖给国家，然后我开到证明，转户口的时候把粮食全部转走，我才能上路。"军代表拒绝向孙儒僩透露回去敦煌的任务，他不知道在敦煌等待自己的又将是什么，亲戚们同样满是怀疑，不知这次回归究竟是祸是福。

回到敦煌，孙儒僩夫妇才知道，是长沙马王堆汉墓的发现间接解救了他们。国家认为，文物保护工作还是不能耽搁，敦煌的文物建设也被提上日程。孙儒僩仿佛获得了重生，对于那些人们无从下手的洞窟加固工程，他很快就找到症结所在，逐一排解。危险也在不断发生，有一天，他爬到南大佛上的支柱边勘察，次日，正准备继续爬上去维修加固时，他昨天站立的地方却完全垮塌下来。

半个世纪后，孙儒僩向我们描述这些惊心动魄的经历时，语气出奇的平静。我们在采访 98 窟的修复状况时，主持保护修复工作的敦煌研究院副院长王旭东建议我们采访孙儒僩和李其琼夫妇，孙儒僩是保护专家，李其琼则是敦煌研究院除段文杰之外临摹壁画最多的人，98窟的壁画同样也曾在她的笔下焕发生机。如今，孙儒僩和李其琼都已满头华发，为了莫高窟耗尽了一生，至今退休多年仍在做研究与临摹。孙儒僩刚刚经历过两次化疗，却依然满面笑容，他的乐观甚至很容易感染到我们。他不同意我们所说的他对莫高窟保护所起的重要作用，尽管他多年担任着保护所的所长，尽管他用了半个世纪的时间来做这些烦琐而艰难的工作，然而，他却一直说，"如果没有我，也会有别的人来做这些事"。这一代人对自己未来的决断，对理想的坚持，以及谦逊的态度，足以令我们的时代汗颜。千年以降，敦煌曾像一朵孤独而璀璨的昙花，在荒漠中沉默地绽放。千年之后，孙儒僩、李其琼夫妇和所有守望敦煌的人一道，同样沉默，却恪守着自己持久的幸福。

（本文完成于2010年10月。李其琼先生于2012年去世，享年87岁）

（撰文：张泉）

孙儒僩

生于1925年，四川新津人。1946年毕业于四川省艺术专科学校建筑科。1947年到敦煌艺术研究所（敦煌研究院前身）工作。曾任敦煌研究院保护所所长，院学术委员会委员、研究员，甘肃省文物鉴定委员会委员，甘肃省文化厅文物保护专家组成员。在莫高窟工作的46年间，长期从事壁画建筑资料的临摹、整理，建筑测绘，洞窟保护和加固等工作。参与编写了《敦煌艺术全集·石窟建筑卷》《敦煌艺术全集·建筑画卷》及《敦煌学大词典》，其担任课题组长的"敦煌莫高窟环境与壁画保护研究"项目，获得国家文物局1992年科技进步三等奖、1988年甘肃省环保局科技成果三等奖。

李其琼

李其琼（1925—2012），别名李琼，四川三台人。1949年毕业于四川西南美专西画科，同年参加"战斗剧社"美术队，1952年到敦煌文物研究所美术组，临摹壁画。曾任敦煌研究院美术研究所研究员、副所长。壁画临本有《莫高窟220窟西方净土变》《莫高窟220窟帝王图》等。

161窟 晚唐（848—907）

161窟，开凿于晚唐初期。窟顶为五方观音曼荼罗，环壁为三圣观门。20世纪60年代，161窟壁画大面积起甲，濒临毁灭。从1962年到1964年，李云鹤历时两年修复了161窟。这是敦煌研究院历史上自主修复的第一座洞窟，也是敦煌壁画修复保护的起点（摄影：马岭）

一六一窟 × 李云鹤

起点

81岁的李云鹤每年都会专程爬上山，看一看161窟，就像探望一位久违的老友。

50多年前，李云鹤经过两年探索，修复了这座濒临毁灭的唐代洞窟。

这是敦煌研究院历史上自主修复的第一座洞窟，也是敦煌壁画修复保护的起点。

一

唐代洞窟群在莫高窟南区。161窟，占据着最顶端的位置。沿着曲折狭窄的甬道，需要攀登几百级陡峭的台阶。81岁的李云鹤健步如飞，气定神闲。

他已经记不清，在过去的50多年里，自己究竟沿着莫高窟的山麓上上下下过多少回。满山的神佛望着他，从一个清扫积沙的少年、修复壁画的年轻人，变成精神矍铄的老人，时光飞逝有如三危山上的流沙。

161窟开凿于晚唐初期，它的近旁，就是声名显赫的盛唐130窟，人流如织，26米高的弥勒佛南大像就坐落在那里；161窟正下方，则是拥有多幅著名壁画的156窟。与它们相比，161窟平静又沉默。但李云鹤每年都会专程爬上来看看它，就像探望一位久违的老友。

阳光又一次落进环壁的三圣观门，南壁的"文殊变"，北壁的"普贤变"，依然可辨。窟顶的五方观音曼荼罗，在手电筒的冷光中，一寸寸次第绽开。

50多年前，李云鹤第一次走进161窟时，它却完全是另一番模样。那时，满窟的壁画起甲严重，窟顶和四壁仿佛沾满残破的羽毛。人在洞窟里走动，壁画的碎片就会像雪片一样坠落。1962年，敦煌文物研究所（敦煌研究院前身）所长常书鸿对李云鹤说，161窟再不抢修，壁画很快就会全部脱落，你试试看，把这个洞窟死马当活马医吧。

那一年李云鹤刚刚29岁，高中未毕业，也没有受过专业的修复训练，却已经是敦煌文物保护经验最丰富的人。

李云鹤在161窟整整待了两年，修复的结果，远远超出专家们的期待。它是敦煌研究院历史上自主修复的第一座洞窟，也是敦煌壁画修复保护的起点。

那一年是1964年。161窟修复工程完工时，距离敦煌几百公里外的新疆罗布泊上空，升腾起蘑菇云，中国的第一颗原子弹试爆成功。

50年过去了。

二

李云鹤的山东口音依然未改，只是添了些许甘肃人特有的浓厚鼻音，就像大漠风沙的回响。

敦煌，在李云鹤幼年的记忆里，是信封上的邮戳。他的舅舅住在敦煌。1956年，23岁的李云鹤在山东潍坊读到高二，国家号召知识青年支援大西北的行动如火如荼，他也在喧嚣声中启程了，目的地是新疆。临行前，舅舅让他带上外祖父，先将老人护送到敦煌。火车从山东出发，一路开进甘肃天水，那里距离敦煌还有3000里路。他们换乘了几个昼夜的汽车，才抵达敦煌。原本只是在这座边塞小城稍做逗留，不承想，却逗留了一辈子。

在敦煌，李云鹤见到了常书鸿。常书鸿说，何必去新疆？敦煌也需要人才，为什么不留在这里？见李云鹤左右为难，常书鸿让步了，如果你不留下来，你就帮忙从山东动员几个同学过来。结果，李云鹤一个同学也没能动员成功。那时的流行歌曲里，新疆至少还有一些神秘的吸引力——"我们新疆好地方啊，天山南北好牧场，戈壁沙滩变良田，积雪融化灌农庄……"而敦煌，许多人连它的名字都没听说过。

三

和李云鹤前后脚加入敦煌文物研究所的，还有两个年轻人。

研究所规定，新人需要先劳动三个月，再决定去留。

分配给三个人的工作是：烧开水，敲钟；或者打扫院子；或者打扫洞窟。

一个人抢先要求烧开水，敲钟，因为不敢去洞窟，看到塑像会害怕；另一个人马上表态，愿意打扫院子。憨厚的李云鹤一下子别无选择。

三项工作里，打扫洞窟最苦，甚至有些危险。那时莫高窟还未加固，栈道狭窄，坍塌时有发生。李云鹤每天爬上爬下，沙尘却仿佛永远打扫不完，积沙掩埋了许多洞窟，站在窟里，还会有沙子从头顶灌下来。刚清扫干净，狂风又会携着大漠深处的沙尘汹涌而来。

老一辈敦煌人在154窟前清除积沙。这曾是每一个敦煌人每天都要做的工作（图片提供：敦煌研究院）

1966年5月12日,李云鹤在55窟修复菩萨塑像(图片提供:敦煌研究院)

三个月后，研究所开会决定三个年轻人的去留，全所三四十人一起表决，只有李云鹤获得通过，正式分配工作。常书鸿问李云鹤想做些什么，他却不知该如何回答。那时守护莫高窟的，绝大多数都是美术专业出身，研究所里有美术组、考古组、保护组，还有行政和后勤部门。李云鹤不知道自己究竟更擅长做什么。常书鸿想了想，突然郑重地说，小李，我想把你培养成一个文物保护工作者。

当年常书鸿口中的"小李"，如今已经81岁了。

四

敦煌的冬天很快到来，比山东更凶猛、凛冽。大泉河迅速冻结，平时取水，得凿开冰层。夜里，狼的嚎叫会由远及近地传来，研究所不得不分配人手值班，端着猎枪，看守骆驼和羊群。

保护组的工作，以加固洞窟和清理积沙为主，李云鹤却对病害严重的壁画和雕塑产生了兴趣。窟顶的壁画空鼓严重，几平方米壁画会忽地砸下来；起甲的壁画纷纷脱落，一千年前的斑驳色彩落在地上，灰飞烟灭；满窟的塑像东倒西歪，断臂中露出古老的麦秆和谷草……李云鹤想要做些什么，他叫上两个年轻工友，到洞窟里调查病害原因，摸索修复方法。"当时没有方法，没有材料，更没有技术，真是一穷二白，什么都没有。我说，咱们试吧，硬着头皮试了。"

美术组临摹时给颜料调色，需要用到胶，李云鹤就尝试着用它去修复起甲的壁画。但是，怎样才能把胶水准确无误地送到壁画和墙壁中间？他尝试了毛笔，也用过滴管，效果都不理想。

几个月后，一位捷克专家受中国文化部之邀，来到敦煌，他叫戈尔。1957年，戈尔选择了474窟，做修复实验。李云鹤主动在一旁帮忙，留意着戈尔的每一个动作。他发现，戈尔使用的工具，不是滴管也不是毛笔，而是用针筒注射修复材料，再在壁画上铺好纱布碾压。困扰了李云鹤好几个月的问题迎刃而解。

他也很快发现了注射法的问题。针对四壁的壁画起甲，可以注射；但是，要解决窟顶的起甲问题，注射是无法完成的，因为修复材料会流下来。

李云鹤把针筒揣在兜里，日夜琢磨。有一天，一个同事的孩子在玩一个血压计上的小打气囊，李云鹤突然灵机一动。他用糖果换来这个打气囊，把它装在针筒上，把针筒中原本有的玻璃塞管取掉，这个新"发明"，非常方便耐用。

他还注意到，戈尔修复过的壁画上，印着深深浅浅的布纹痕迹。纱布的纹理太大，并不适合修复壁画。李云鹤反复比较，选择了裱画用的纺绸，既吸水，密度也大，不会留下痕迹。

工具的改良，让整个修复过程事半功倍。

五

一个关键的环节，却始终难以"偷师"。壁画的修复材料，戈尔严格保密。敦煌条件异常艰苦，戈尔很快离开，修复材料，变成难解之谜。

1961年，国家文化局邀请水文、地质、古建筑、文物保护等多领域专家组成考察团造访敦煌，其中文物保护领域的专家是胡继高，他刚从波兰学习回国，便介绍了波兰修复壁画时使用的材料。李云鹤央求胡继高，帮忙从北京代购一批原材料，同时，进行修复实验，看看能否做出适合莫高窟的修复材料。

那时敦煌没有任何仪器，连烘箱都没有，只能用最原始的方法，把材料放到炉子上烤、蒸，再做比较分析。心思细致的李云鹤还在考虑更多问题，这种修复材料在室内、室外不同环境下，耐久程度如何？他仍然采用了最原始的方法，先在屋里、灯下做实验，又到山顶的气象站，把修复材料涂上去，看昼夜的巨大温差会不会对材料造成影响，"都是土办法，但是通过比较，就有数了"。

修复材料终于实验出来了，专家们认可了，李云鹤还是不放心。他担心万一日后材料出现老化，会不会反而给壁画带来后遗症？他把修复材料带到广州，请老化材料研究所的专家帮忙鉴定，广州的专家告诉他，"回去放心使用吧，你使用的比例很小，即便以后材料老化，也不会带来负面影响"。

多年以后，敦煌研究院与日本展开合作。对于这些用"土办法"做成的材料，日本专家不屑一顾。为求谨慎，李云鹤专程把它带去日本检验，"实验结果出来以后，日本专家非常惊讶，也特别高兴，一定要请我们吃饭。他说，没想到这个材料应用到起甲壁画上，效果这么好！真的没想到！"

六

1962年，常书鸿将161窟的修复任务，交给李云鹤。

修复壁画，是一个极其精细的工作。不仅要有耐心，更要细致入微。

注射黏结剂以前，必须先把壁画表面的沙子和灰尘清除掉，否则不但无法将壁画贴到原来的位置，还可能造成新的破坏。李云鹤想出的，仍然是"土办法"——用嘴吹。他制作了一个吹气的工具，像听诊器一样挂到脖子上，一厘米一厘米地吹掉壁画上的灰尘，这个工作要掌握好方向，还得把握住力度，不能影响起甲的壁画。蹲在地上吹得久了，站起来腰酸背痛，头也开始晕眩。

50多年来,李云鹤每年都要爬上山,来看看161窟,每次他都发现,161窟仍然是修复结束那天的模样,他就放心了(摄影:马岭)

将一小片壁画的灰尘吹干净，才能开始注射。工友们觉得，注射一次，把壁画粘住就可以了。李云鹤却说，至少注射三次，把胶吃透，而且，壁画表面绝对不能沾上胶。工友们渐渐吃不了这份苦，李云鹤开始独自进行这座洞窟的修复。

洞窟里光线很暗，李云鹤采取了和美术组一样的方法，在洞窟外摆放一面小镜子，将阳光折射进来，过一段时间，随着太阳的移动，再出来把镜子的位置也相应调整一下。有时，连镜子都没有了，他就又"发明"出新的替代物——在木板上钉一张白纸，用白纸来"借光"。

借助折射的微光，李云鹤历时两年，修复了161窟。从那以后，他修复了许多洞窟，但他仍然对161窟情有独钟，每年都要爬上崖顶，看一看它。50年过去了，161窟仍然是修复结束那天的模样。他就放心了。

一座1000多年前的洞窟，一次长达2年的孤独探索，一场50年之久的执着守望。在敦煌，时间有时是一个过于微妙的概念。时间的长度，很难准确地界定——1000多年，50年，2年，究竟哪个更漫长，哪个更短暂？对茫茫大漠、满山神佛来说，千年光阴实在只是瞬息；而对一个人来说，2年夜以继日的修复、50年不离不弃的守望，却已经足够奢侈，足够漫长。

七

161窟修复完成，"小有成就"的李云鹤又闯进常书鸿的办公室，他提出了一个让常书鸿很惊讶的要求：他想学绘画，学雕塑。李云鹤觉得，做修复工作，如果不懂得壁画的线条起承，不了解塑像的结构，终究还是做不好的。

常书鸿很高兴，李云鹤就跟着史苇湘学了一年画，又随着孙纪元学了一年雕塑。美术组每天去洞窟临摹，李云鹤也跟着去，从起稿、调色、描线这些基本功学起；晚饭后大家仍然聚集在院子里，一起练习线描手法，李云鹤也不甘落后。手上的功夫让他知道，敦煌壁画上色并不是平涂，而是晕染，

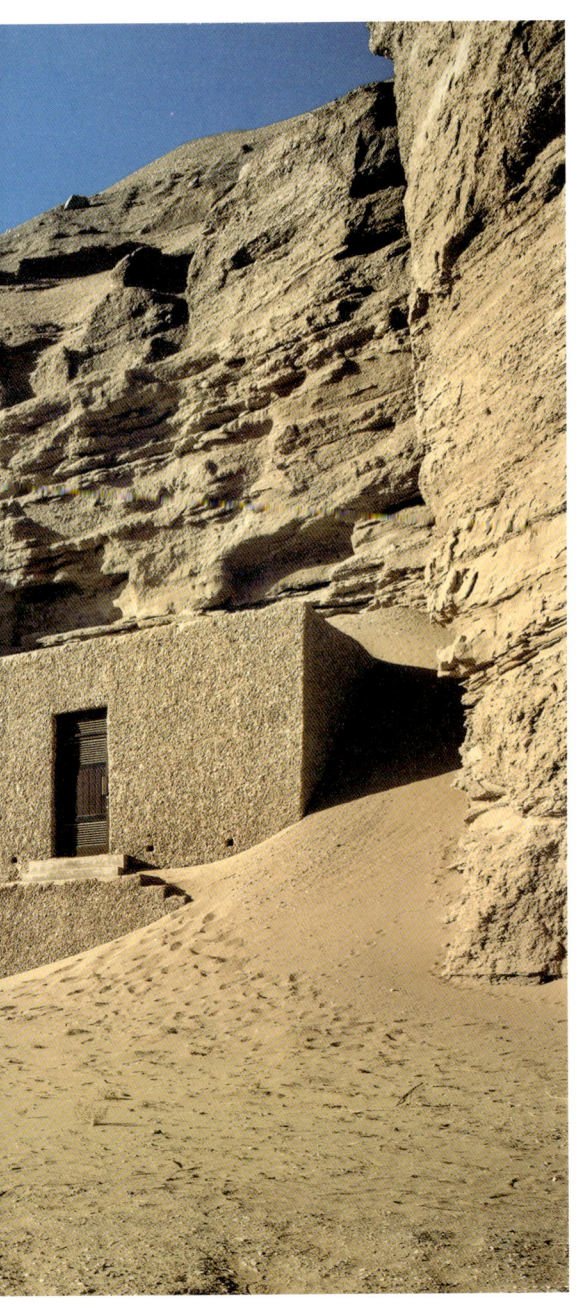

西千佛洞有两个石窟，距离敦煌50多公里，壁画和塑像都病害严重。李云鹤将它们分解搬迁，复原到莫高窟北区石窟。从未有人做过这样的尝试（摄影：马岭）

这一组照片呈现的，就是李云鹤从西千佛洞复原到莫高窟北区的两座石窟。进入这两座洞窟，没有人能想到，它们竟来自几十公里外的戈壁滩上（摄影：马岭）

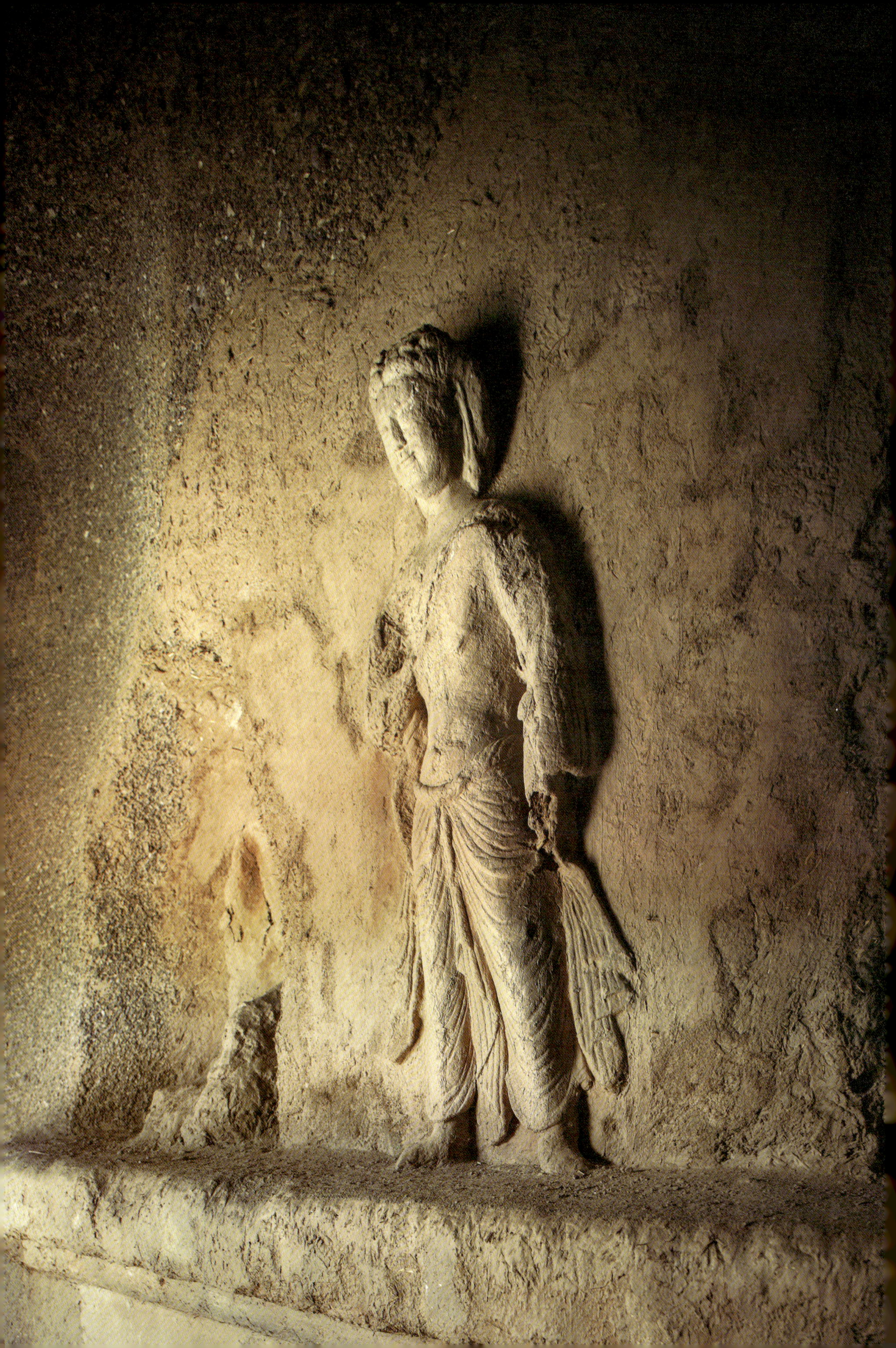

他还学会了调配各种复杂的混合颜料。掌握了基本原理，修复工作更加得心应手。

多年以后，李云鹤应邀到温州，帮助修复了30多身塑像。人们没想到，李云鹤竟然对雕塑也如此在行。塑像的内部已经腐烂成木炭，他将塑像剖开，重新进行填充。经过调查后，他选用的是敦煌的红柳木，红柳是戈壁上耐寒的植物。临行前，李云鹤特地留下一段红柳木，他说，很多年后，如果后人再修复或者研究这些塑像，他们会知道，这种材料来自大西北，来自敦煌。

八

有时候，李云鹤就像是一个魔术师，人们想都不敢想的种种修复方法，他都信手拈来。这个身形高大的老人，又会让人联想起武侠小说中那些绝世高手，艺高胆大，天马行空，带着些许隐者的神秘，又难掩铮铮傲骨。

220窟，20世纪40年代曾有人将表层西夏壁画剥去，露出唐代壁画。220窟的甬道表层，也是西夏壁画，下面藏着的壁画，则来自五代后唐同光二年（924年）。李云鹤对甬道壁画进行了整体搬迁，将表层的西夏壁画外移，续接在五代壁画旁边，两个时代历经千年在同一个平面上重逢。从未有人做过这样的工程，人们惊讶地发现，藏在后面的五代壁画，线条依然清晰，色彩鲜丽如旧，历史的遗迹已经令人惊讶，李云鹤的技艺更令人叹为观止。

"石窟搬迁，除了我，也没有人做过。"西千佛洞有两个石窟，距离敦煌50多公里，那里的壁画和塑像都病害严重。经过周密的调查，李云鹤向国家文物局提交了两个方案：第一个方案是就地修复保护，但弊端是需要派专人管理，日常维护成本很高；第二个方案人们则闻所未闻，李云鹤提出，

西千佛洞有两个石窟，距离敦煌50多公里，壁画和塑像都病害严重。李云鹤将它们分解搬迁，复原到莫高窟北区石窟（摄影：马岭）

可以将这两个石窟分解搬迁，复原到莫高窟，听起来匪夷所思，但是，李云鹤详尽的规划，打消了国家文物局专家们的顾虑。如今，这两座洞窟已经安置在莫高窟的北区石窟，进入这两座洞窟，没有人能想到，它们竟来自50多公里外的戈壁滩上。

这座石窟，来自遥远的西千佛洞。为了保护的需要，著名文物保护专家李云鹤老先生将它分解拆迁，搬到莫高窟的北区石窟来，修复手法巧夺天工，完全看不出搬迁的痕迹（摄影：马岭）

如今的李云鹤，更喜欢"挂壁画"。青海塔尔寺的大殿中，有140多平方米壁画，当时墙体非常脆弱，需要拆掉，李云鹤应邀去主持修复。按照惯例，应该把壁画一块一块地剥离下来，等到墙体重新砌好，再把壁画一块一块地贴回去。李云鹤在现场勘测了很久，他发现，如果把壁画锯成很多块，140多平方米的壁画，至少要损失5平方米。经过反复论证，李云鹤认为，可以对壁画进行整体剥离。这个计划又把所有人吓了一跳。

李云鹤的工程有条不紊。他根据墙体制作模型，固定好，施工人员一边拆墙，他一边剥壁画，并把壁画固定到模型上。墙拆完了，壁画也全部贴到模型上了。他用钢架把模型固定起来，等到墙体砌好，再把壁画整体挂上去，固定好。整个过程，同事们看得胆战心惊，李云鹤却平静地一笑："我心中有数。"

修复工程结束，塔尔寺的阿嘉活佛在大殿里走了一圈，疑惑地问，壁画没有修嘛？李云鹤大笑，我太喜欢这句话了！如果能看出修复效果，壁画被锯成一条一条的，不是很大的损失吗？修得再好，也是修上去的，不是原来的。

挂壁画，同样经过深思熟虑。李云鹤担心，如果以后墙体又坏了，或者发生自然灾害，再拆一次，壁画就会受损。现在把壁画挂上去，以后可以把它拆下来，而且，挂起来的壁画，不会受到墙体里水分的侵蚀，保存时间也会延长。

作为中国文物修复界的泰斗，李云鹤多年来走访了全国多家文物保护单位，帮助进行修复、保护和指导。81岁的老人每次都坚持亲自待在现场，他想多做些工作，也想多教几个徒弟。李云鹤的儿子一直跟随着他，孙子在澳大利亚学了5年装潢专业，毕业了，李云鹤很希望他也能继承这项事业，他和孙子商量，"文物保护多重要！我也不逼你，你先跟着我看一看，实在觉得不合适再改行"。孙子答应了。

在莫高窟，一路陪着李云鹤的修复人员，有的称他"老师"，有的开始称他"爷爷"，一代一代，正是这样传承着。李云鹤会告诉他们："不要那么容易就感到满足。我去年在河北曲阳主持修复北岳庙壁画，又看到有五六种新的空鼓现象，我还在思考解决方案。学无止境，要走的路还长。"58年前来到敦煌的时候，他也是这样对自己说的。

（撰文：张泉）

李云鹤

著名文物修复保护专家，1933年生于山东潍坊，1956年来到敦煌，敦煌研究院研究员，曾任保护所副所长，多年来致力修复研究古代壁画、塑像。在壁画修复方面，从对壁画的起甲、大面积空鼓、酥碱、烟熏等病害的修复以及壁画的分块揭取与复原，发展到对壁画做整体揭取与复原，石窟壁画的搬迁与复原。在塑像修复方面，从修复"糟朽塑像""四肢断裂""倾倒塑像"等到大塑像复原，总结了不同的修复方法。近年来同时帮助全国多家文物保护单位进行文物的修复和保护工作。

61窟 五代（907—960）

61窟为方形背屏式覆斗顶窟。西壁为巨幅壁画《五台山图》，图长13.45米，宽3.42米，以绘画形式立体地展现了山西省五台山至河北省镇州（今正定县）的山川、寺院、商贾、行旅，是研究我国古代历史、地理、佛教以及民俗文化的珍贵资料（图片提供：敦煌研究院）

甘苦之间

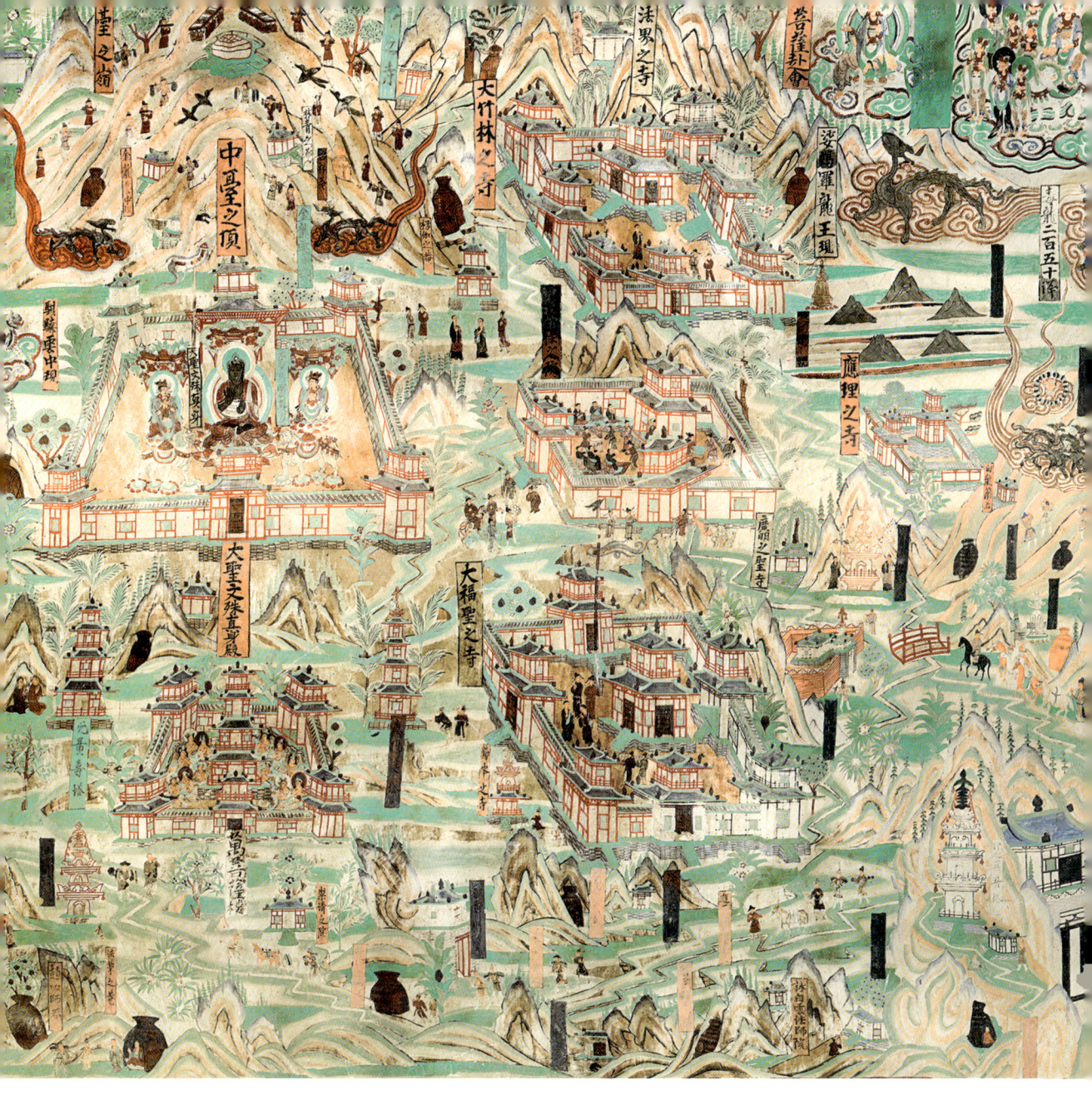

六一窟 × 李贞伯 万庚育

与敦煌相遇之初的惊喜与悸动，最终变成背负在肩上的使命感，支撑着他们度过所有的苦厄，像壁画上描绘的佛教经典中的主人公，历经九死一生而矢志不渝，终究苦尽甘来。只不过，这份苦是由自己担着，甘却留给了敦煌。

一

　　92 岁的万庚育老人坐在沙发上微笑。几年前那次中风来势汹汹，老人坚强地挺了过来，却几乎再也说不出话，握了一辈子的画笔，也只能搁下。

　　儿子李宏和儿媳李国华围在母亲身旁，帮助老人一起回忆那些逝去的敦煌往事。老人安静地听着，有时点点头，有时叹口气，有时眼中闪烁着光芒，有时会跟着大家一起会心地笑出声。也有的时候，她迫切地想要说些什么，可是喃喃低语了片刻，终究还是无法准确地表达，也只好再笑一笑作罢。

　　李宏是父母最小的儿子。60 年前，李贞伯、万庚育夫妇带着三个儿女，坐了八天八夜的吉普车抵达敦煌时，李宏只有 1 岁。从他记事起，一家人就聚少离多。父母每天都忙于在洞窟里拍摄、临摹，满山奔波，有时很晚才会到食堂吃几口饭。后来，"反右""文革"接踵而至，李家成为重点批判对象，一家五口人散落在五个地方，连除夕夜都无法团圆。李贞伯、万庚育夫妇一生低调，晚年也很少对子女提及过往，所幸生性开朗的儿媳是个有心人，断断续续地与老人们聊过许多往事。这些记忆的碎片，最终勾勒出的是一个家庭的悲欢、一个时代的轮廓。

　　家中藏着一块褪色的绸缎，签满了中国近代艺术史上诸多显赫的名字 —— 徐悲鸿、廖静文、吴作人、戴泽、李苦禅……这是 1948 年李贞伯与万庚育结婚时，参加婚礼的嘉宾们的签名，当时，李贞伯和万庚育都在北平国立艺专（中央美术学院前身）任教。

　　李贞伯抗战时从国立中央大学国画系研究生肄业，专攻花鸟画，与徐悲鸿亦师亦友，内迁重庆时，两人曾在美术馆的两个展厅内同时举办画展，"文革"前，李贞伯家中还收藏着不少名家字画，而在他自己创作的花鸟画上，徐悲鸿留下了不少题跋。万庚育则是徐悲鸿的学生，毕业于国立中央大学油画专业，同班只有 8 个同学。抗战胜利后，徐悲鸿前往北平，接收于国立艺专，李贞伯、万庚育也一道同去。

　　这块绸缎原本是喜庆的粉红色，"文革"来临时，绸缎上的名字都成为不可告人的"罪证"。万庚育担心它在抄家时被搜出来，就一遍一遍地清洗，想洗掉那些名字，不料，墨迹安然无恙，绸缎的颜色却先褪去了。那些年，李贞伯带着儿子李宏悄然烧掉所有珍藏的书画，后来每每提及他都痛心不已。而这块绸缎却奇迹般地躲过一次次风波，保存至今。

　　徐悲鸿与李家是世交。徐悲鸿在国立中央大学艺术系任教时，李贞伯的父亲李证刚担任文学院院长，这位佛学研究大家，也是敦煌学的首创人之一。李贞伯很少对儿女说起家族的显赫往事。李宏前些年才发现，自己的家族原来是文化世家，先祖中，有两广首富李宜民、诗人李秉礼、画家李秉绶、收藏家李宗瀚、学者李联琇。母亲同样出身望

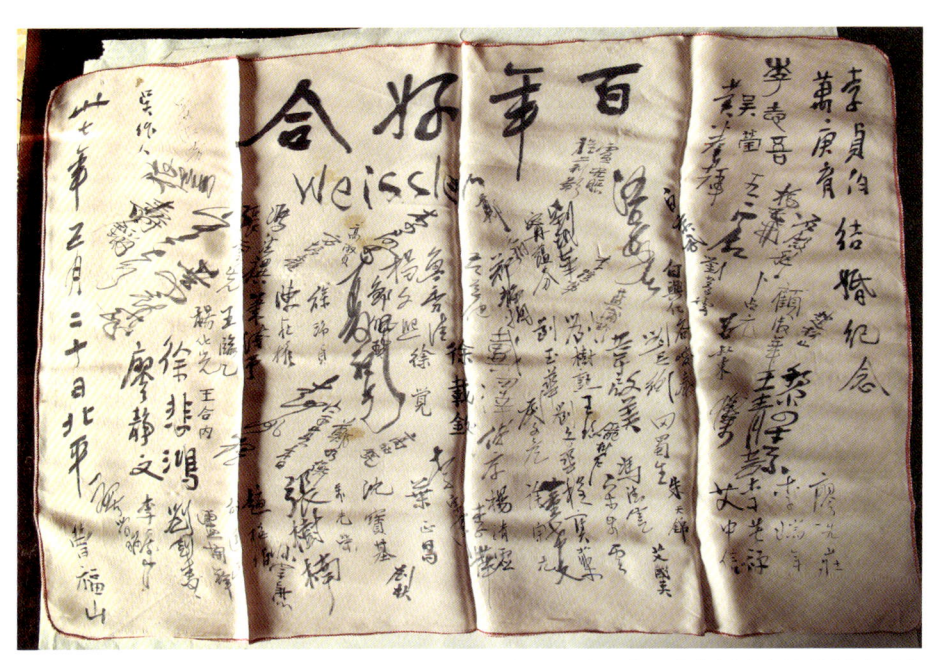

这是1948年李贞伯与万庚育结婚时来宾们签名庆贺的绸缎。留在这块绸缎上的,是中国近代艺术史上诸多显赫的名字。这块洗得褪色的绸缎,侥幸地躲过了"文革"的一次次风波,奇迹般地保留至今。1954年,来自敦煌的邀请,改变了一家人的命运(摄影:张泉)

族,母亲的外祖父张昉曾留学日本东京政法学校,参加了孙中山在东京主持创立的中国同盟会,任主盟。孙中山任中华民国临时大总统时,他是农林部次长,后因宋教仁被刺杀一事,气极而患脑出血逝世。母亲的伯父万声扬同样是早期同盟会会员,民国时期曾担任汉口市市长。

北京平静的生活,在1954年出现了戏剧性的转折。敦煌文物研究所(敦煌研究院前身)所长常书鸿前往北京,要为莫高窟寻找一位能进行石窟摄影的人才,文化部推荐了李贞伯。

与常书鸿见面,李贞伯才知道,彼此竟是亲戚。常书鸿的续弦李承仙,是李贞伯堂兄的女儿。

那时的北京,正被革命激情持续地催动,百废待兴,人们热切地期望着能亲手开创一个时代,风尘仆仆的常书鸿却带来了另一个遥远而迷人的世界,绵亘千年的敦煌壁画、雕塑,让李贞伯怦然心动。

带着三个年幼的儿女,李贞伯、万庚育踏上西行之路。进入甘肃,窗外的山麓开始急剧变化,从郁郁葱葱的茂林,到奇石嶙峋的祁连山脉,又一个黑夜过去,满眼只剩下荒凉的戈壁沙漠,一直追随着转动的车轮,仿佛永远没有尽头。地平线上,海市蜃楼升腾起来,又隐遁下去,与洞窟里的神佛世界遥相应和。

1956年8月,榆林窟第25窟,李承仙、欧阳琳等临摹《弥勒经变》(图片提供:敦煌研究院)

1965年9月30日,星期天,敦煌文物研究所职工徒步列队进城(图片提供:敦煌研究院)

二

全长 9 米的《敦煌莫高窟全景图》，曾于 1956 年在北京展出，后来收藏于甘肃省博物馆，可惜原件在"文革"中下落不明。如今，只有甘肃省档案馆还存着一份胶片底版，是用多张照片拼合而成的。

那是对莫高窟史无前例的一次全景式描绘。万庚育绘制这幅长卷，是在来到敦煌的第二年。

初到敦煌的万庚育，和美术组的同事们面临着同样的困惑。她学的是油画专业，而莫高窟的壁画临摹需要线描功底，是选择东方还是西方？是该创作还是临摹？这问题每个人都需要面对。白天到洞窟里临摹壁画，晚上则聚在一起练习线描，体会不同时代的画师们起笔、收笔时风格的差异。大家乐此不疲。

繁忙之余，万庚育却突发奇想，她试图记录下莫高窟整体的状况。没有人要求她这样做，她却像一千多年前那些发愿建造洞窟的居士那样，在工作的间隙，用了半个月的时间调查、绘制，为 20 世纪 50 年代的莫高窟留下忠实的记录。

敦煌已然远在边陲之地，莫高窟更是几乎与世隔绝。住的是土房子，每天吃的只有水煮面条、白菜萝卜。倘若不小心生了大病，只能用驴车架着担架，去 50 里外的敦煌县城医治。万庚育曾形容待在这片风沙肆虐的戈壁滩里，"就像给自己判了'无期徒刑'一样"。

美术组的工作以临摹壁画为主，万庚育却又接下另一个看起来几乎无法完成的工作 —— 整理莫高窟的石窟档案。这需要一个洞窟一个洞窟地仔细勘测、记录，工程浩大，细节烦琐，旁人避之唯恐不及。

有一次，肖华到敦煌参观，走进洞窟时，正发现万庚育坐在一个小板凳上，专注地观察、书写，完全没注意到有人走进来。肖华悄然在她身后看了许久，终于忍不住问，这个工作这么烦琐，你着急吗？万庚育告诉他，不着急，着急也没有办法，这是我的任务。

如今，每当人们看到这部石窟档案，都会对那些印刷体般的字体、详细的记录、准确的表述而啧啧称奇。几年前老人身体还好的时候，时常有学者到家中拜访，对于莫高窟的 492 座洞窟，所有的壁画、雕塑、题记、破损位置的分布状况，万庚育都了如指掌。那是她用无数个晨昏昼夜丈量过的千年时光。

三

曾经意气风发的李贞伯，却变成整个敦煌文物研究所最熟悉的陌生人。

61窟甬道南壁的《炽盛光佛》（摄影：吴健）（图片提供：敦煌研究院）

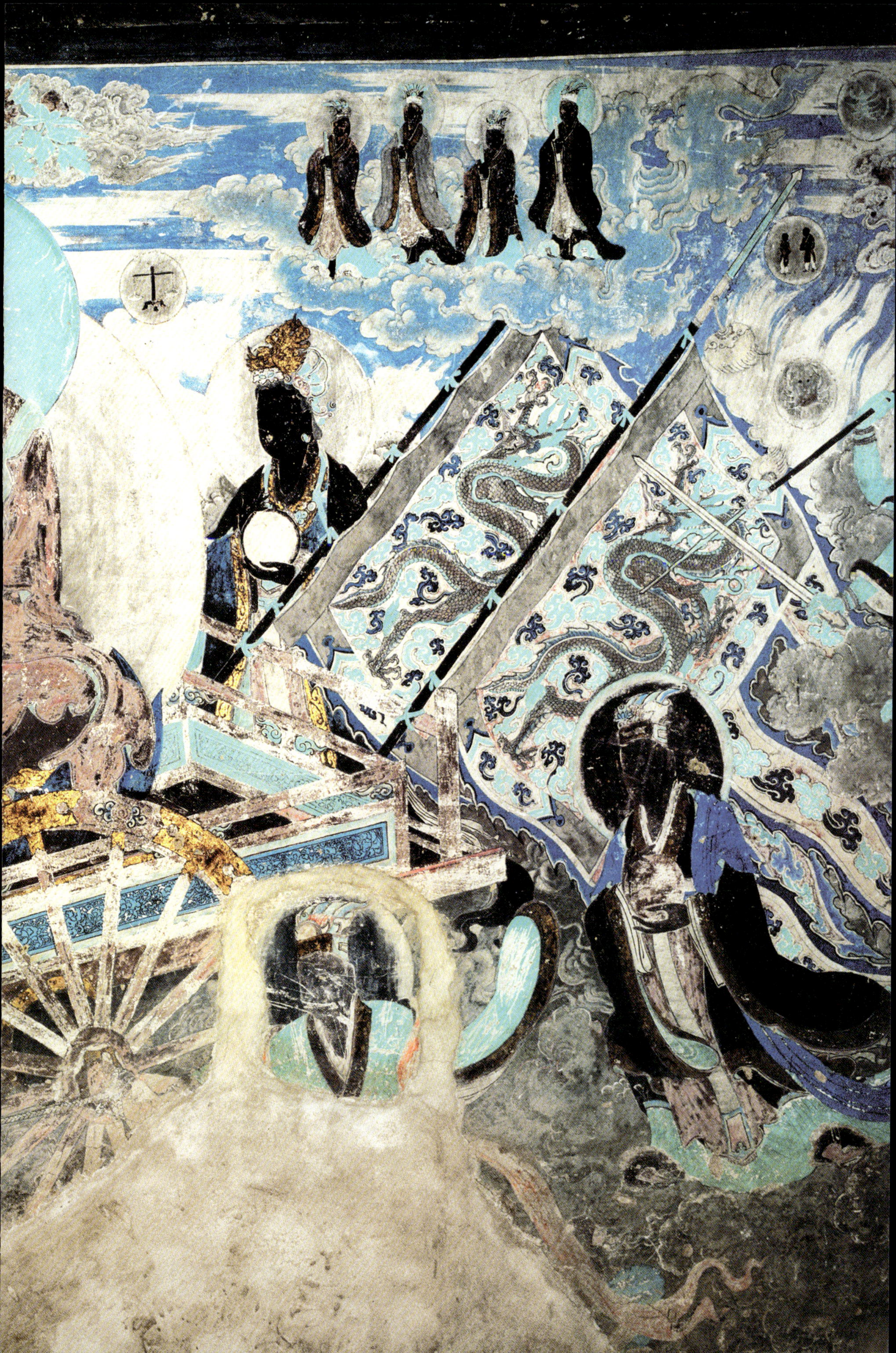

晚年退休移居兰州，有一家电视台的节目组到家中拍摄。李宏介绍说，父亲当年曾在重庆与徐悲鸿同时举办画展，李贞伯的同事们都感到难以置信。在他们的记忆里，李贞伯一直都只是那个背着相机乐呵呵地满山奔波的中年人。没有人知道他竟然擅长国画，竟然有着很高的学历。除了完成正常的拍摄任务，他还要尽量满足其他同事的要求。大家要临摹壁画，他就去拍照，做成幻灯片，在纸上放到原大，方便大家对照着描线。有人想了解某个洞窟局部的状况，他也会不辞辛苦地去拍摄。

20世纪50年代的敦煌，条件简陋，设备短缺，在那些或大或小的洞窟里，"半路出家"的李贞伯孤独地探索着最合适的拍摄方法，尝试着自制轨道，架设相机，利用镜子反射的方法，解决等距离拍摄接片和洞窟拍摄采光的问题。起初，一台海鸥牌125相机是他唯一的器材，后来，有了一台上海牌130相机和一台笨重的德国机器。每天清晨，他就会搭起蜈蚣梯，背着沉重的器材爬上三危山，随即就在某个转角，被漆黑的洞窟吞噬。

莫高窟的许多黑白照片，都是李贞伯拍摄的。然而，对于他，人们所知甚少。高尔泰在《寻找家园》中讲过李贞伯的点滴往事："李贞伯说他抗战时在山西喝过一种酒，叫'女儿酒'，当地风俗，谁家生了女儿，亲戚邻居就送一些米作为贺礼，主人用送来的米做成酒埋在地下，直到女儿长大出嫁时才挖出来请客。'这样的酒你哪里也买不到。'他说，'我喝过一次，通红透明，像胶一样稠，用筷子挑起来，丝拉得很长，有这么长。'"这个从前中央大学的高才生、北平艺专的教师，一个极懂得享受生活的人，却放弃了优裕的日子，来到边陲之地，毫无怨言地"为他人作嫁衣裳"。

在北大考古学教授马世长的回忆里，也曾闪烁过李贞伯的影子："我个人的那篇习作《新发现的北魏刺绣》发表于《文物》1972年第2期，是1964年完成的。那些刺绣残块，是李贞伯先生帮助清洗、熨平、拼对起来的。"一直以来，李贞伯都是那个热心而勤恳的摄影师，以致许多人误以为，那是他唯一的身份。

四

并非没有离开的机会。

1960年的大饥荒，让敦煌文物研究所陷入困顿。常书鸿放了几个月的假，请大家各谋生路，等到情况好转再回来。

李贞伯、万庚育带着三个孩子去了江西，他的堂兄李世璋当时在江西省担任副省长。夫妇两人都是大学毕业，又有专长，很快被安排在宣传部工作。李贞伯的父亲在南昌还留下了一套住宅，有花园，叫作抱朴楼。据说当年蒋介石曾点名要求李贞伯的父亲去台湾，李证刚被迫从重庆上船，船行到九江，老人用拐杖敲击着甲板，要求下船。

1956年8月，敦煌文物研究所的工作人员在榆林窟临摹壁画间隙做早操
（图片提供：敦煌研究院）

1955年10月，李贞伯用气灯拍摄220窟壁画（图片提供：敦煌研究院）

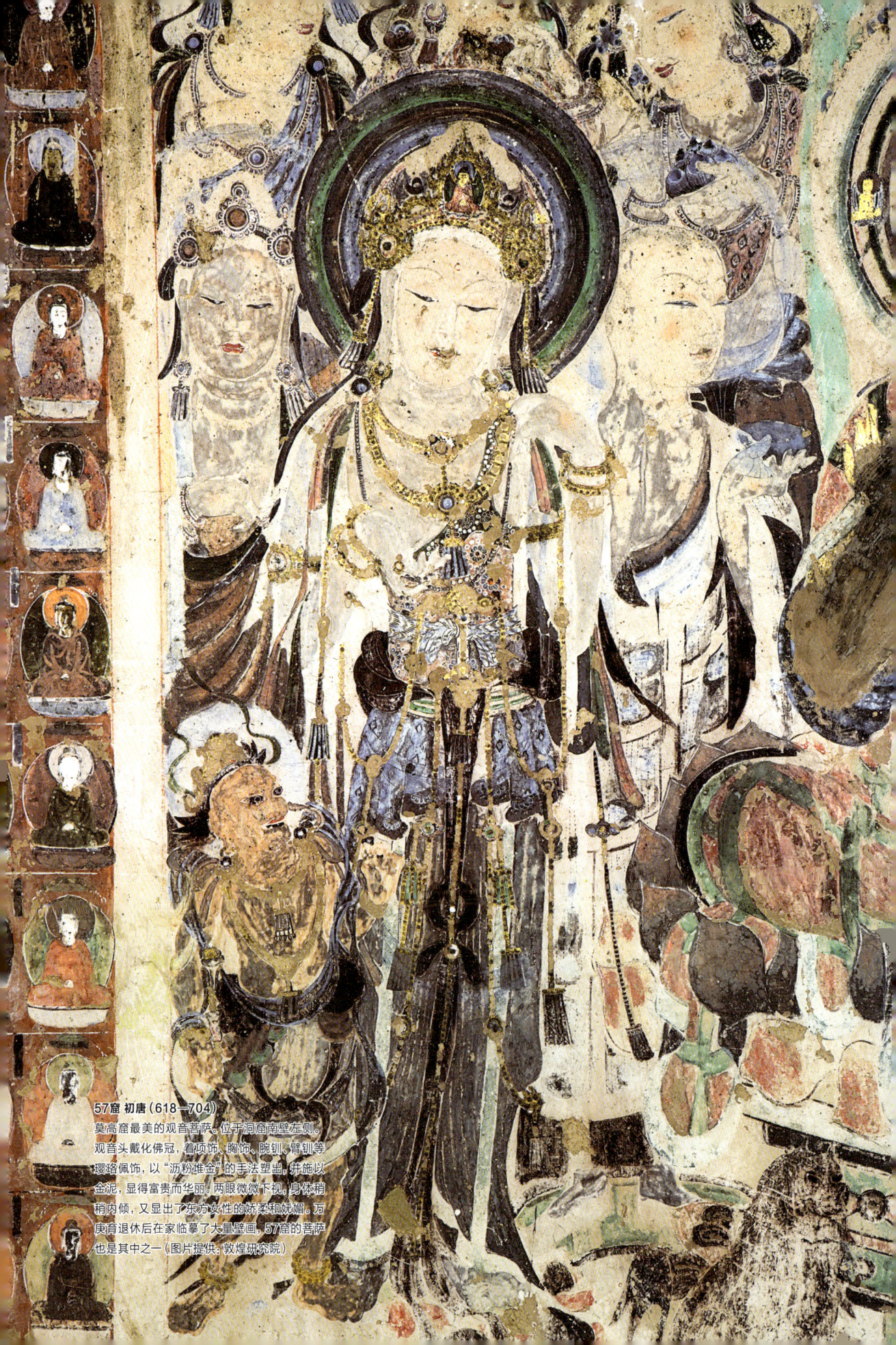

57窟 初唐（618—704）
莫高窟最美的观音菩萨。位于洞窟南壁左侧。观音头戴化佛冠，着项饰、胸饰、腕钏、臂钏等璎珞佩饰，以"沥粉堆金"的手法塑出，并施以金泥，显得富贵而华丽。两眼微微下视，身体稍稍内倾，又显出了东方女性的娇柔和娆媚。万庚育退休后在家临摹了大量壁画，57窟的菩萨也是其中之一（图片提供：敦煌研究院）

最终，船停在九江码头。老人在船上感染了风寒，却固执地只肯吃中药，不肯吃西药，1949 年后，他住到南昌，做过江西省政府参事和江西大学客座教授，可惜，病情未能好转，不久就去世了。

南昌的生活，让一家人的脸色又重新红润起来，几个月后，假期已满，李贞伯和万庚育却做出一个出人意料的决定。他们终究还是难以割舍那片千年洞窟。

没有想到，回到敦煌，接踵而来的却是灾难。

李贞伯被认为有海外关系，夫妇二人都遭到批斗，被隔离开居住，各自放羊，不能见面。不久，三个子女也全部被安排下乡，一家五口人，分散各处。李宏有一次偷偷地去看望父亲，发现狭小的房间里只能放进一张床，连门都关不住。

分配给万庚育的工作，更加不近人情。她要放羊、喂猪，照顾寓居在下寺的两位老喇嘛，直到他们去世。有一次，她甚至被安排进一个工作队，在夜里挖掘一片坟墓。

在戈壁滩上，独自放羊的万庚育时常能看到密密麻麻的狼的脚印。

几年前身体还好的时候，万庚育写过回忆录，厚厚的一摞稿纸，老人亲自誊抄、修改，字迹工整娟秀。她这样回忆那段惊心动魄的往事："每次我都会不停地用石块击打肩上的铁锨，想吓跑那些饥饿的狼，听人们说狼最害怕声音。现在想想，根本就不管用的，如果狼要真来了，再敲出声音都没用的，只不过给自己壮壮胆罢了。有时还能碰上大雕，凶猛的雕总会扑下来抓羊，这时候我不停地抛起铁锨，直到把雕吓走为止。"

进入腊月，李宏下乡的乡村已是冬闲时节，农民们都休息了，造反派却还是安排民兵押着他继续劳动，春节也不允许回家。除夕夜，李宏忍不住逃回家，早上 5 点多，他偷偷地敲开了母亲的房门，但他没能见到父亲，父亲还在山沟里放羊。造反派很快就发现了李宏，把他关进中寺，关了两天两夜，要求交代父亲是如何收听敌台的。这完全是子虚乌有的事情，造反派却说，就算你不知道，你睡着了以后，你父亲也可以收听敌台。

1972 年，万庚育率先被"解放"了。陕西西安懿德太子墓发掘，文化部要求敦煌文物研究所派人去临摹壁画。万庚育恢复了自由。50 岁的万庚育心有不甘，问道，你们把我批斗了这么多年，我到底有什么问题？得到的回答却是，没有问题。

在西安，万庚育和同事欧阳琳终于见到了鸡蛋，她们每顿饭吃两个，想补补身体，体重迅速增长。墓穴里阴冷潮湿，她们戴着护膝，烘着炭盆取暖，不料竟煤气中毒，晕倒在墓道里，幸好被人发现，才抢救过来。

当儿媳说起这些往事，老人在一旁听着，哈哈地笑了起来。

五

多年前，万庚育一直有一个心结。

当年整理敦煌石窟档案时，在61窟主室南、北壁后半段经变画下部以及西壁《五台山图》下部，还有33面屏风壁画。这些屏风画，一直让她感到迷惑。逐一数来，45.9平方米的壁画上，出现的人物竟然有1457人之多！这些人物形体虽小，但是造型和比例都很合理，用游丝线描勾勒五官，用粗线描绘衣纹与山水，非常讲究。壁画的色彩也别具一格，以石绿色为主，以赭色、黑色为辅，显得淡雅，这与同处一座洞窟的十幅大型经变的程式化结构和风格迥然不同，生活气息非常浓厚。可是，这些壁画究竟出自何处？其间的含义又是什么？万庚育却不得而知。当年，工程浩大，她也只能在61窟的记录中留下一段遗憾。

1983年，万庚育开始细致地调查研究，再次辨认壁画上字迹模糊的128则榜题，翻阅大量文字艰涩的经书文卷，试图破解这幅壁画的秘密。

在老人誊写的回忆录里，这样写道："虽是炎热的天气，进窟时间长了还必须穿上棉衣……我用手电筒蒙上一层黑布，以极其微弱的亮光，站在三级凳上一字一字地寻找那些隐隐约约的字痕，每当认出一个字的时候，心里好像探险家发现宝藏一样喜悦。然后对照佛经，我翻阅了《佛说太子瑞应本起经》(吴月支优婆塞支谦译)、《修行本起经》(竺大力、康孟祥译)《普曜经》(西晋月支三藏竺法护译)《异出菩萨本起经》(西晋聂道真译)、《佛所行赞》(北凉县无谶译)、《过去现在因果经》(宋天竺三藏求那跋陀罗译)、《佛本行集经》(隋天竺三藏阇那崛多译)、《方广大庄严经》(唐地婆诃罗译)，终于找到屏风画的内容是根据《佛本行集经》创作的。"万庚育断定，这座五代大窟中的33面屏风画，是用佛传的方式表现社会生活，是中国的佛教壁画连环画。

在此之前，人们对61窟的认知往往都是佛坛后的巨幅壁画《五台山图》。1937年，梁思成和林徽因就是根据这幅壁画的提示，找到了唐代木结构建筑佛光寺。万庚育的发现，让61窟拥有了新的意义。

六

退休后回到兰州，李贞伯才重新提起画笔。水墨勾勒出来的花鸟，曾经让他声名鹊起，后来却成为他与孙子交流的方式。儿媳李国华记得，老人在世时最爱吃海鲜，有一次买了几斤螃蟹，放在盆子里。80多岁的老人看见了，突然兴致勃勃，铺开宣纸，信手画出一幅惟妙惟肖的水墨画。

有一年，朋友送来一本挂历，老人翻开，突然发现，其中的一张国画竟是从前一位老师的作品。一年过尽，老人特地把这本挂历留下来，虽然只是印刷品，在老人看来，已是不菲的纪念。

2000年，万庚育在兰州举办了敦煌壁画临摹展，盛况空前。这些壁画都是她退休后在家中临摹的，画板前的工作，曾经占据了她大部分的生活。一些观众想要高价收藏，被家人婉言谢绝。

在李宏的记忆里，父母晚年在家闲聊的话题，除了和徐悲鸿在一起的时光，谈论最多的还是敦煌艺术，莫高窟的壁画、雕塑、色彩、线条……敦煌的山山水水，一草一木，早已成为难以磨灭的人生印记。

倘若当年留在北京，或者至少留在南昌，李贞伯和万庚育的命运，或许都会大为不同。然而，他们还是选择了另一种生活，就像那些曾经盘桓在禅窟中虔诚苦修的僧人，又像那些曾经执着绘画而又淡泊沉默的前朝画师。与敦煌相遇之初的惊喜与悸动，最终变成背负在肩上的使命感，支撑着他们度过所有的苦厄，像壁画上描绘的佛教经典中的主人公，历经九死一生而矢志不渝，终究苦尽甘来。只不过，这份苦是由自己担着，甘却留给了敦煌。

（撰文：张泉）

李贞伯

李贞伯（1914—2004），生于江西，1941年国立中央大学艺术系研究生肄业，专攻国画。1940年参加全国美术展览，入选作品油画5幅、国画5幅，中央教育部购买油画一幅作为鼓励奖。1945年曾与徐悲鸿同时举办个人画展，展出国画百余幅。1946年任教于国立北平艺专（中央美术学院前身），1953年曾参与人民英雄纪念碑美工组工作。1954年前往敦煌文物研究所，从事石窟艺术拍摄研究工作，为副研究馆员。主要完成了《敦煌画库》（12册）、《敦煌彩塑》（1册）、《敦煌壁画》（1册）、《中国石窟·敦煌莫高窟》、《中国敦煌》、《中国遗书书法选》、《敦煌艺术丛书》（6册）等出版物图片和新华社敦煌艺术1300多张彩色图片摄制任务。拍摄的部分敦煌艺术图片曾在北京中国美术馆展出。2004年6月在兰州去世。

万庚育

1922年生于湖北，1946年毕业于国立中央大学艺术系油画专业，曾任教于国立北平艺专（中央美术学院前身）。1954年前往敦煌文物研究所，从事壁画临摹和研究工作，为名誉研究员。曾绘制《敦煌莫高窟全景图》，整理敦煌石窟保护档案300多窟。1957年，发现张大千早年为莫高窟分期时定为北魏的428窟东壁南侧第二身供养人题名，经过考证，为北周人。由此，为此洞窟断代提供了宝贵线索。同时根据洞窟的艺术风格，划分出15个北周时期的洞窟。多年来临摹了大量敦煌壁画，在国内外多次展出。1972年临摹陕西乾陵懿德太子墓主室《宫女图》，甬道《仪仗图》、《宫女图》入选"中华人民共和国汉唐壁画展"，临品现藏于陕西省博物馆。她还发表过多篇重要的学术论文和专著。曾当选全国"三八红旗手"。

卷二

220窟 初唐（618—704）北壁舞乐图（局部）（临摹：谢成水）

民族的阵痛

莫高窟北区石窟（摄影：马岭）

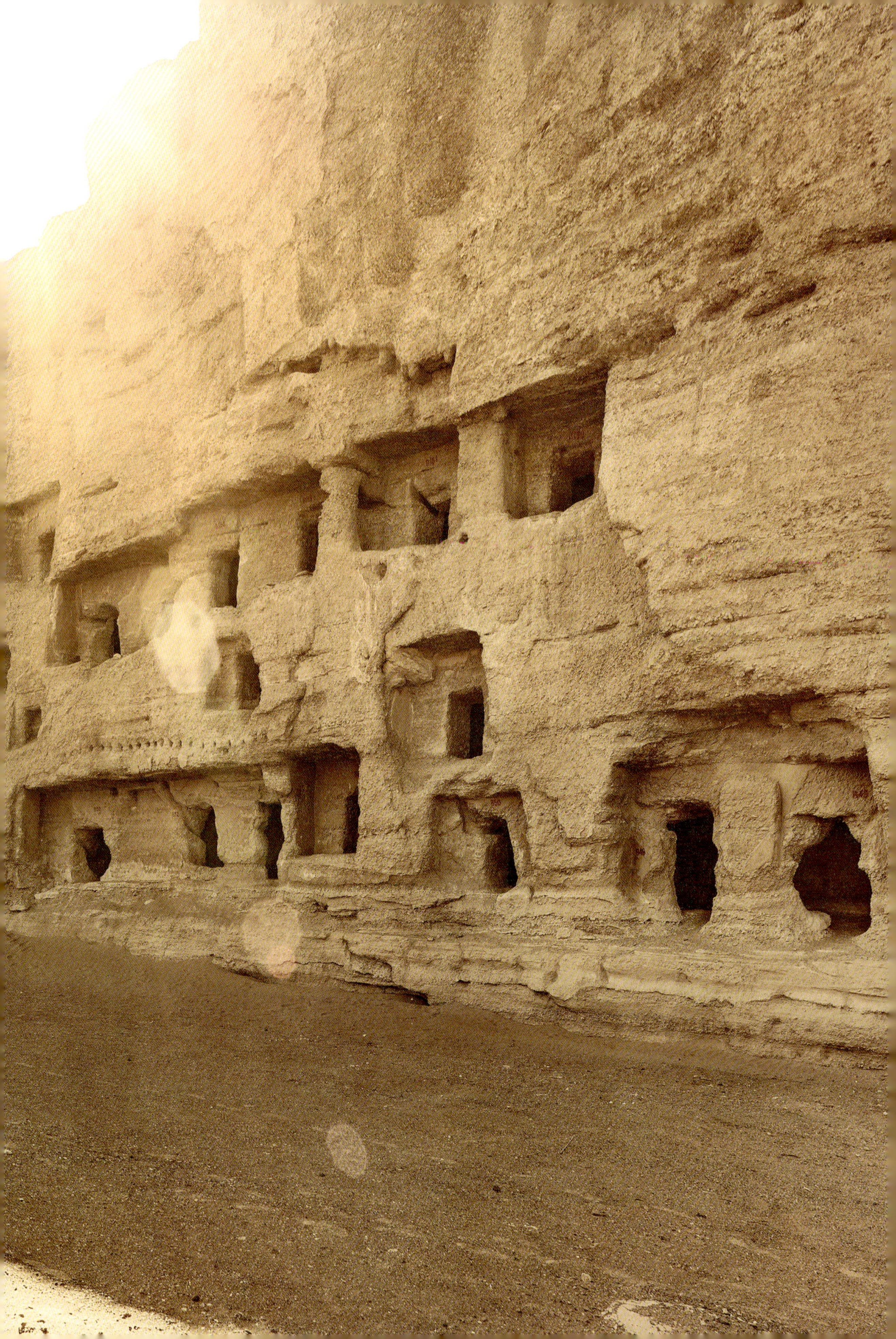

女十三娘供養

一三〇窟 × 向达
仆仆大漠先行者

朝夕徘徊于诸窟之间，纵观魏、隋、李唐以及五代、宋、元之名迹……神游艺苑，心与古会，边塞行役之苦，尘世扰攘之劳，不复关情，平生之乐无逾于此也。

——向达

都督夫人太原王氏一心供养

130窟　盛唐（705—781）
是大像窟，古称南大佛，27米高。南壁绘有乐廷瑰夫妇供养像。乐廷瑰夫人头饰抛家髻，身穿绿衫红裙，着巾帔。身后有二女和侍女九人，或半臂衫裙，或幞头男装，显示出供养者的虔诚和富有（此图为段文杰复原临摹图）（图片提供：敦煌研究院）

斯坦因　　　　　　　　　　　　　伯希和

1900 年，英国人马尔克·奥莱尔·斯坦因（Marc Aurel Stein）穿过克什米尔进入新疆，在远远看到维吾尔语中的"冰山之父"慕士塔格峰时，他兴奋不已，意识到"已经进入要进行研究的地区"。

当时，古文字学家赫尔勒关于中国塔克拉玛干沙漠附近抄本残片的研究文章发表，暗示了该地区历史的复杂性。瑞典人斯文·赫定则在塔克拉玛干沙漠验证了塔里木盆地埋藏着古代城市的推断，带回了大量实物。这一系列事件让野心勃勃的斯坦因看到了在中国西北出人头地的希望。

斯坦因的第一次考古之旅在丹丹乌里克、尼雅和拉瓦克大有斩获，由骆驼和矮种马组成的运输队驮着数量惊人的珍贵文物离开。1906 年的第二次考古之行则令他意外地收获了敦煌的无价之宝。

之前斯坦因已得到消息：莫高窟的王道士在一个秘密石窟里发现了满满一屋子古书且已被官府下令封存，由王道士负责看管。斯坦因马上前往敦煌。在精明的中国师爷指点下，他打算利用王道士"虔诚、无知而又执着"的性格，"采取审慎、缓慢的行动"

伯希和于1908年拍摄的莫高窟96窟外景（图片提供：敦煌研究院）

得到这批文物。斯坦因发现"王道士尽管对佛教知之甚少，但却对唐僧顶礼膜拜"，所以他总是在王道士面前把有关玄奘的记载和他漫长旅途的风土人情描述得细致入微，竭力让王道士相信将这些来自印度的佛经运回它们的故乡一定功德无量。最终，闭塞无知的王道士接受了斯坦因开出的条件，以40锭马蹄银的代价出卖了所有被斯坦因选中的经卷和帛画，并且追加了60捆汉文写卷和5捆藏文写卷，双方约定这些银两为"功德钱"。

王道士把藏经洞文书经卷及艺术品交给斯坦因，也因之交出了敦煌一度辉煌的历史。从汉武帝起，汉朝的版图扩大到河西，随后在张掖、武威、酒泉、敦煌设河西四郡。长城一直修筑到敦煌以西，设立起玉门关和阳关，从此敦煌成为由西域进入中原的大门。藏经洞里秘藏千年的文书、经卷、典籍、方志、信札、契约、户籍、账簿、曲子等都是印刷术使用之前的手写珍品。这些文书的书写时间从5世纪至11世纪不等，除汉文、藏文外，还有大量已不再使用的古老文字。世界上影响深远的文明体系有四个，为中国、印度、伊斯兰和希腊，季羡林先生曾说，这四大文明唯一的一个交会点，就是敦煌和新疆地区。因此，谁得到了敦煌及西域的文书文物，谁就能有机会复活中国及世界许多被忘怀的往事。

二

斯坦因造访敦煌36年后，著名考古学家、历史学家，以研究中西交通史闻名的向达随西北史地考察团前往敦煌。他精力过人，敦煌相关学识之富，堪为国内考察人员之首选。1943年，向达作为西北考察团历史考古组组长再赴敦煌。两次珍贵的敦煌之行让他得以深入西北，日后他在《西征小记》《莫高、榆林二窟杂考》中写道："自安西至敦煌旧为四站，二百八十里。三十一年尚无公路，汽车即循大车辙道，顺三危山取西南向，在戈壁上行，道颇崎岖。"

那时的中国正处在对日战事最艰难的时光，国家与民族的希望日渐黯淡与渺茫，但西北的世界却如同世外。身为学者的向达一行身在西北，更身在历史活灵活现的存在当中。过往的那个世界中有一个民族强大而深厚的存在，那是一种静默无声的生机与力量。

经过汉代玉门关及阳关遗址时，向达一行如入古城，如游墟市。沿途所见胡杨成林，汉唐烽燧掩映其间，薄暮时夕阳斜照烽燧以及土阜之上，反射后呈黄金色，似蜃楼，又似海市，令人心疑此身不在荒漠之中。初见莫高窟令向达感慨万千："六朝诸窟，素朴庄严，李唐诸窟，雍容华丽。唐窟诸供养女像最佳，面容丰满，仪态万方，几欲拜倒……"至西千佛洞，向达瞻礼北朝遗迹，徘徊不忍去。其后，他"朝夕徘徊于诸窟之间，纵观魏、隋、李唐以及五代、宋、元之名迹……神游艺苑，心与古会，边塞行役之苦，尘世扰攘之劳，不复关情，平生之乐无逾于此也"。向达这些考察所见，后来都形成言简意赅、内容丰赡的记录。他在两次敦煌之行中亲自进行考古发掘，做古窟调查、美术史分析、写本文献考释，以科学考古与文献相结合的方法对敦煌石窟进行了开拓性的研究。

其实，向达早年翻译《斯坦因西域考古记》时就与敦煌结缘。1935年秋，他更因"于经典夙有研究"而被派往英国影印及研究英伦博物馆所藏敦煌写经。

在斯坦因之后，来自世界各地的考察队从中国西北荒凉沉寂的地方不断传出惊人消息，埋藏在那里的汉简、罗马金币、波斯银币和文书上的多种文字都牵涉到久远的时代，并暗示出被丢失的记忆。当时在这块土地上密集地来往着各种探险队、考察队、测量队，从1876年起，50年间进入中国西北、名目不一的考察队大约有42支。法国的伯希和、日本的吉川小一郎和橘瑞超、俄国的奥登堡等人也接踵而至，捆载而归，敦煌文物大量流散海外。

向达先在素以收藏东方善本书籍著称的牛津大学"鲍德里图书馆"考察。1936年秋转赴伦敦，在大英博物馆东方部检阅敦煌写卷、汉籍及俗文学等写卷。1937年末，又访问了巴黎、柏林、慕尼黑等地，考察了来自中国西北地区的壁画、写卷。在巴黎期间，还着重研究了法国国立图书馆收藏的敦煌写卷。

莫高窟第130窟，大佛，盛唐（摄影：吴健）（图片提供：敦煌研究院）

事实上，英国人把大量敦煌经卷拿走数十年，却连一个起码的目录也未能编写出来。向达在国外抄录整理，留下约一二百万字的材料，重要的卷子还拍了照片。后来，他据此撰写的《伦敦的敦煌俗文学》和《伦敦所藏敦煌卷子经眼目录》等为国内新兴的敦煌学提供了极为丰富的第一手资料。此后，藏经洞文书在中国亦成就一门敦煌学，这与向达的相关研究和考古工作密不可分。

三

当年王道士把藏经洞遗书交给斯坦因，并非简单的愚昧、贪婪所能描述的。从1900年6月22日王道士发现藏经洞到斯坦因到来，数年中已有不少经卷通过王道士之手散落到地方官绅手中。藏经洞被发现之后，王道士曾向地方官报告，也为他们送去了宝物，却未获重视。从1907年到1928年，外国考察队几乎未受任何限制地从藏经洞带走文物，而中国的官绅文人对这些文书价值的认识并不高于王道士。地方官潘震看着斯坦因把一箱箱文物运走时询问对方："为何要把这些古代资料运到西方？"斯坦因沉默不答。

伯希和的考察团在100多年前拍摄的敦煌旧影（图片提供：敦煌研究院）

直到1910年清政府才做出决定，清点藏经洞的劫后残余并把剩余卷子运往北京。但在运送路途中文物又一次严重流失，几乎每到一处就失窃一部分，无非是被拿去求官、卖钱，或是纳入私囊。

陈寅恪曾经如是说："敦煌者，吾国学术之伤心史也。"藏经洞义物的流散对中国学界实在是个警醒，从此，中国关于历史学的概念发生了现代转化。

王国维把殷墟甲骨文、汉简、清内阁大库档案及敦煌藏经洞唐人文书视为中国现代历史学四大发现。但在这些历史文献被发现之初，中国学人大多反应迟缓。最早收藏甲骨的人只知秘藏而从未想到刊布于世以供研究。清内阁大档刚被翻出来时险被焚毁，罗振玉听说后把它弄到学部保存，辛亥革命后又移到历史博物馆，后因经费短缺，其中3/4的档案被卖了废纸，又是罗振玉在街市看到被贩卖的档案后，追到纸场用3倍的价钱才买回来。

美国大都会博物馆博士吴欣说："中国过去的历史着重考据，主要依靠正史。但随着20世纪考古的发现，需要从考古的方向重新认识中国历史，这就是王国维所说的二重论证法。敦煌文献就证明了二重论证的重要性。它提供了二十四史中没有的、鲜活的社会各方面的细节和毫末。能最直观地反映社会的真实生态。"可以说，正是敦

1948年敦煌艺术研究所职工合影（图片提供：敦煌研究院）

煌文书的出现改变了中国历史研究的情况，从此，中国的学者可以通过文本与实物去复原历史的原貌。

四

当向达于1942年到达敦煌时，张大千一行与另一个画家王子云所率的考察团已待在那里有一段时间了。

张大千于1941年到达敦煌，率子侄门生与工匠历时近三年，在敦煌莫高窟、安西榆林窟临摹壁画大小270余幅。由王子云任团长的教育部西北艺术文物考察团也以临摹为主，王子云说："我们目的是为了保存现有面貌，按照原画现有的色彩很忠实地把它摹绘下来。而张大千则不是保存现有面目，是'恢复'原有面目。他从青海塔尔寺雇来三位喇嘛画师，运用塔尔寺藏教壁画的画法和色彩，把千佛洞已因年久褪色的壁画，加以恢复原貌，但是否真是原貌？还要深入研究……"可见身为艺术家的张大千在对待文物的态度上亦颇为"艺术"。

张大千在陪同于右任参观张编第20窟（今编号130窟）时，曾揭掉表层的宋代壁画，露出盛唐时画的乐庭瑰及夫人太原王氏供养人像。于此事，从张大千自己早年的记录来看其并不以为意，他说：第 20 窟"甬道两壁画，几不可辨，偶于残破处，隐约见内层朱色粲然，颇以为异，因破败壁，遂复旧观"。

这种轻率的做法当然会激怒向达，他在 1942 年 11 月给傅斯年、李济的信中指出：张大千"盘据此间，已历年余，组合十余人，作临摹工作，任意勾勒原画，以便描摹，损坏画面，毫不顾惜"，"张氏崇拜北魏、隋、唐，遂以为宋以下无一可取，凡属北魏、隋、唐原开而经宋元重修者，辄大刀阔斧，将宋元壁画砍去，以求发见隋、唐作品或年号、题识，唯日孜孜，若恐不及"。随后，向达在《大公报》撰文呼吁将千佛洞收归国有，由学术机构管理。这个呼吁日后渐成舆论。

其后，甘肃省政府主席谷正伦致电敦煌县长："张君大千，久留敦煌，中央各方，颇有烦言。敕转告张君大千，对于壁画，勿稍污损，免滋误会。"

向达在敦煌所居的中寺，与张大千居住的上寺就在隔壁。《大公报》文章发表后不久，双方关系随之颇为紧张。直至最后，两人在榆林窟考察时仍有不愉快的遭遇发生。到 1943 年 5 月，张大千离开敦煌时几乎是被赶走的。

对于向达而言，敦煌所有的一切，都是中国及世界历史的一部分，是公器而非私物，是民族精神、人类文明的命脉之所在，更是学者不惜一切代价要护持的神圣之物。正如向达所指出的那样，在没有十分把握的情况下，张大千的行为太过"率尔从事，徒然损坏遗迹，见讥识者，而于学术曾无补益也"。张大千并不具备现代学术的知识概念和相应能力，经他剥离的外层壁画被完全破坏。这违背了基本的保护文物法则和学术道德，绝不能相容于学者。

五

向达可以说是第一个真正从考古学意义上提出敦煌保护的人。当年他身在敦煌时曾遥想西千佛洞当日之庄严华丽，又感慨所见之毁坏崩塌，向达这样写道："……故自西千佛洞至南湖店，沿觉河北岸，为风剥蚀，崖壁裂成深沟，形同峡谷。"除却自然之力，人为的破坏更令人痛心疾首，《西征小记》处处可见这样的记载："……不知是何妄人思欲以刀子截去，以致残损……"，"……题记一方，为张大千所剥离，临行以赠敦煌艺术研究所，不知原在窟内何处……"

新中国成立后，向达曾欢欣万分："敦煌千佛洞设立了研究所，石窟里面装上电灯了。西自天山，东至于海，所有的石窟寺都由国家进行保护了。敦煌发现的俗讲文学的话本也已汇集起来即将出版了。回想以前埋首伏案于伦敦、巴黎的图书馆中摸索敦煌残卷，以及匹马孤征，仆仆于惊沙大漠之间，深夜秉烛，独自欣赏六朝以及唐人的壁画，那种'摘埴索涂''空山寂历'的情形，真是如同隔世！"然而，他的个人命运却正走至令人悲伤的拐点。

新中国成立后，向达说社会活动过多，"几乎要 abnormal（不正常）了"。又说自己八个月来未有一日安坐于书桌之前，大有倦勤之意。1957年2月，全国政协开会，据郑振铎的日记所写，座谈会上向达牢骚甚多。向达的"倦勤"和"牢骚"，应该都与1949年后政治运动过频的社会氛围相关，当然也与其个性相关。他自恃毕生独立治学，一向出言无忌，秉性狷介。邓嗣禹就曾目睹向达在时任北大校长的胡适面前出言质问图书经费一事，他当时表情严厉，完全不留余地。

1949年后我们对知识界预设的隔膜，乃是用积久的成见所筑起，国家对知识分子的政策也时紧时缓。从来天意高难问，向达不明其究竟，天真地认为："我们现在要监督执政党，使它做得好，不让它变化。"他在1957年被划为史学界第二号大右派，罪行中有一条是"文教部门的一些党员领导人员无不被他诬蔑谩骂，和他接触过的四五十个共产党员中除两人以外，都有遭受过他恶意攻击"。加之其曾建议认定"土家族"而被诬为"搞民族分裂主义和破坏民族团结"，致使向达在政治上被彻底打倒。在运动中不知所从的向达后来交代说，自己早年从欧洲回国乘船过南海时，俯看海水碧蓝，有此是归宿处的感觉，而迄今彷徨茫然，既不甘落于朝代，又难舍弃治学生活，时时觉人生如同朝露。

1966年，"文化大革命"开始，向达被下放劳动，因身患尿毒症却不能得到及时治疗而去世，时年66岁，这正是一个学者的黄金时代。

也是在那一年，筹划多年的《敦煌莫高窟全集》被迫终止。远在西北大漠中的敦煌格外沉寂，那些久远丰美、记载着人类文明的荣耀正黯淡失色。

（撰文：阴牧云）

向达

向达（1900—1966），字觉明，笔名方回。湖南溆浦人。1924年毕业于南京高等师范学校，曾任商务印书馆编译所编辑，北平图书馆编纂委员会委员，着重于敦煌俗文学写卷和中西文化交流等领域的研究。1935年秋赴欧洲，访求中西交通史、敦煌写卷、汉籍及俗文学写卷等重要资料。1938年，携带数百万字资料回国，先后任教于浙江大学、西南联大、北京大学。1942年，参加国立中央研究院西北史地考察团，考察了莫高窟、万佛峡。1943年，作为西北科学考察团历史考古组组长，再赴敦煌，完成大量学术考察与著作。1949年后，向达任北京大学教授、北大图书馆馆长、中国科学院历史所第二所副所长兼学部委员。主要著作有《唐代长安与西域文明》《中西交通史》《蛮书校注》。

220窟 初唐（618—704）
这是220窟的《舞乐图》。此画是敦煌壁画中规模最大的舞乐图。人物众多，场面宏伟，色彩绚丽，线描豪放，神采生动（图片提供：敦煌研究院）

燃灯传世

二二〇窟 × 平山郁夫　胡伟　侯黎明　娄婕

山川异域，风月同天。
——［日］长屋王子

一

平山郁夫一直追逐着那道熹微的光亮，他在阴冷的空气中揉着眼睛，以为自己眼花了。然而，双目阖上的时候，脑海中依然清晰地印着那幅奇妙的壁画。

他熟悉那幅壁画上的每一处落笔时的起势与转折，菩萨像上每一根线条的走向，就像他从学校走回家的路一样熟悉而亲切。他清楚地记得，十年前在日本法隆寺，他用了一年时间临摹过的那幅金堂壁画，与220窟的这一幅何其相仿，他在笔记中写道："两处壁画的观音像从画风到肌肤的颜色、线条、花纹、璎珞的颜色完全一样。"

记忆在刹那间重叠在一处，两张相隔4000公里的壁画慢慢地融合起来，从每一根线条，到每一种色彩，仿佛失散多年的孪生姐妹。平山郁夫经过考证后发现，这两幅壁画应该是根据同一个底稿画出来的，都来自唐朝的长安画坊。此后，其中的一幅渡过沙漠与戈壁之海，西驰抵达敦煌；另一幅则远渡重洋，被遣唐使带到日本奈良。它们就此失散，长达1300余年。

这个发现令平山郁夫喜出望外。他试图通过自己的努力，把这些离散千年的记忆重新续接起来，然而，他不知道自己究竟能完成多少，就像他从来都不知道，自己的生命会在哪天戛然结束一样。

人的一生会有许多转折的节点，对平山郁夫的艺术之路而言，节点有两个——战争与敦煌。

1945年，在广岛，平山郁夫从原子弹爆炸的声浪中奇迹般地生还。这个15岁的孩子从老师与同学们的尸体堆中站起来，沿着街道惊恐地奔跑。他不断地掠过那些肢体残缺的幸存者，顺利地抵达军需厂。然而，核辐射还是从此纠缠了他一生。

22岁从东京美术学校日本画科毕业时，平山郁夫羸弱不堪，身体消瘦，面色苍白，白血球的数量仍在逐年下降，一度降到平常人一半以下。这个在艺术界寂寂无闻的年轻人对生命并不存幻想，他只有一个菲薄的愿望，"临死之前要画一幅令人称心的画，哪怕一幅"，因为他从来都不知道，死神曾经松开的手何时又会将他紧紧攥住。

1958年，常书鸿携带了大批敦煌临摹壁画抵达东京，平山郁夫在狂热的人群中看完了这次"中国敦煌艺术展览会"，隐藏在遥远中国的这些神秘记忆，刺激着彷徨中的平山郁夫。后来回顾这次展览，他满怀感激地说，常书鸿先生是把敦煌的香火送来了。一年后，平山郁夫创作的《佛教传来》震惊日本画坛，画面中玄奘一直指向远方的手，似乎同样在指向他自己遥不可及的未来。在佛教绘画的影响下，他开始勤奋地创作，举办展览，逐渐奠定了自己的艺术风格。通过画笔这根拐杖，这个羸弱的年轻人，似乎终于跑赢了死神的脚步。

平山郁夫第一次到达敦煌就惊叹不已，"我看到的是一座宝山，珍贵的文化遗产。

石窟中的一切，使我如同触电一样原地不动地伫立着"。那时已经到了1979年，平山郁夫见到了阔别多年的常书鸿。然而，这次敦煌之行依然困难重重，洪水冲毁了县城的招待所，几经争取，平山郁夫住进敦煌文物研究所的办公室，这里被临时改成了接待室，年过古稀的常书鸿亲自到月牙泉钓了一条鱼，才解决了他们并不丰盛的晚餐。莫高窟的瑰宝与艰苦简陋的环境，形成巨大的反差，11年前的记忆从平山郁夫心中复活起来，他知道，自己遇到了人生中的一份难得的礼物，在日本的佛教壁画之外，他找到了古老的根源——敦煌的天空。

平山郁夫开始频繁地重返敦煌。1988年，在他的建议下，日本首相竹下登访问敦煌，并决定援建敦煌莫高窟文物保护研究陈列中心。平山郁夫带头捐赠了200万美元，还把个人画展收入的2亿日元也捐赠给敦煌研究院，成立中国敦煌石窟保护研究基金会。通过平山郁夫的推进与促成，日本政府最终援助的捐款达1000万美元。作为联合国教科文组织亲善大使，平山郁夫的身份一分为二，他既是著名的艺术家，佛教艺术创作成就卓著，更是世界范围内文化遗产和慈善行动的发起人。战争毁灭了他的童年，他却试图用自己的艺术与情感，回馈这个曾对他异常残忍的世界。

莫高窟与法隆寺的双生壁画，只是历史上的一袭剪影，平山郁夫则是其间最重要的桥梁。中国古代壁画由遣唐使带到日本，在平山郁夫的时代发扬光大。平山郁夫从敦煌壁画中汲取到精神内核，又把这些来自中国的礼物重新回馈给他的中国弟子，回馈给中国。这条频繁往来的精神之路，跨越国界，将敦煌的衣钵传承至今。

二

1987年，胡伟拿着母亲的病危通知书，不知所措。他已经被平山郁夫录取为研究生，一个月后就要启程前往东京，然而，他还没来得及高兴几天，母亲多年的骨癌突然转移到肺部，病情加剧。胡伟战战兢兢地给平山郁夫写了一封信，希望导师能够通融，暂时延缓他去日本的时间。不久，胡伟收到了平山郁夫的回信，老师对素未谋面的学生说，学业固然重要，但是留下来照顾母亲是儿子应尽的义务，你可以安心留下，我们也随时都欢迎你来。

三个月后，母亲的病居然奇迹般地好转，胡伟终于可以放心地前往日本。对于这位网开一面的老师，胡伟多年前就在《三彩》杂志上见过他的作品。20世纪80年代，日本《三彩》杂志在中国的广泛传播，如同"文革"时苏联的《星火》杂志，这本杂志完成了日本绘画对中国年轻人的最初启蒙。第一次见到平山郁夫，并没有出乎胡伟意料，在他面前的是一个和善严谨的中年人，不苟言笑。多年来，老师保持着这样的表情，平和安定，喜怒不甚形于色。

220窟，维摩诘（图片提供：敦煌研究院）

然而，在东京，陪伴胡伟的是长达六七年的困惑。困惑不仅在于语言的障碍，异国生活的差异，更在于艺术理念本身。在去日本之前，胡伟已经给自己设定了坐标。当时，他对矿物色的应用有一些基本的掌握，天然矿物质颜料如石青、石绿、朱砂，在中国传统绘画中也会使用，箔也是如此，不过，并没有经过烧制，也没有深入地拓展。日本绘画对箔的应用则非常成熟，通过硫黄配合矿物色，出现的奇妙效果令中国画家为之倾倒，许多画家东渡后，学习箔技法一度都是他们最感兴趣的首要目标。

然而，在日本很长一段时间，无论是临摹还是创作，胡伟都舍不得放弃多年来形成的习惯。出国前，胡伟画过一大批工笔画，也尝试过各种可能，无论是中国画，还是一些西画的技巧，他都进行过一些探索和生发，他的《李大钊、瞿秋白、秋瑾》是"八五新潮"的代表作之一。对于自己秉承多年的艺术之路，胡伟很难接受它被无情地打断，于是，他在画中仍然会习惯性地试图表现墨色，传达中国画的书卷气。然而，在日本待得越久，对日本绘画了解得越深入，他就越发现，这些曾经苦求的中国传统概念和技法的积累，如今反而成为负担。胡伟一时无所适从，他不舍得放弃这些传统技法，又不可能像那时的一些带着傲慢与偏见的中国画家一样，只看不体验，担心受到日本画的"污染"与"腐蚀"。这两条路似乎都走不通。

胡伟带着这些困惑直到硕士毕业。随着创作与探索的深入，以及国际交流的增多，有一天他突然发现，自己其实已经自然而然地有了立场，也有了态度。"这个立场就是没有立场的立场，这个态度就是先进行广泛的吸收。当然，这种立场和态度也会有困惑，因为好东西太多了，以前有坐标是不累的，现在反而很累。不过，后来发现这样还是不错，收获非常大。回国后更加豁然开朗。在中国的土地上，我在画画的时候，觉得已经没有概念我是在画什么画了，是中国画，日本画，还是西画？这个概念没有了，我只是在画画。因为看过很多，体验也很多。这种状态极佳。"在日本师从平山郁夫学习的十年，令胡伟在艺术之路上脱胎换骨，也使他进入了创作的高峰期，"我觉得理想的状态是，进行过对各种技法的学习与尝试后，最终将这些技法都燃烧并熔化在思想的追逐中，把技法杀死了。这是所有艺术家都在追求的，有了这种追求，立场和态度就很容易去选择和把握"。

回国后，胡伟在中央美院任教，现为中央美院中国画学院副院长。他像平山郁夫那样建立了自己的工作室，带领学生进行创作。对于自己带回中国的这种新的艺术形式，他有着明确的界定，"中国美术家协会成立艺术委员会，由我来主持。在国外，画种的概念当然也有，但是半个多世纪以来，画种概念下的融通互渗，是一个自然而然的过程，画种的边缘早已模糊，只有中国似乎还在严守，尤其是国画。所以我说，我们就叫综合材料绘画吧，很朴素，大家都能明白。学术定义是，单画种材料技法的演进，多画种或多种材料技法的互渗融通"。

2008 年 11 月，胡伟最后一次见到平山郁夫。当时汶川地震已经过去半年，无论是在中国还是在日本，都很少有人知道，平山郁夫除了呼吁日本政府捐款，还亲自为汶川地震募捐，筹集了大笔资金，建造了上万个临时房。

胡伟有一天翻看与老师近年来的合影，突然发现，老师的身体一直在慢慢萎缩。原子弹的后遗症，以及过度操劳，还是在不可避免地吞噬着平山郁夫的生命。2009 年 12 月 2 日，平山郁夫在日本去世。他一直没有搁下他的笔，然而，他的笔还是跑不赢时间。

三

1989 年抵达东京的侯黎明，面对过同样的困惑。他是平山郁夫所教的第二个来自中国的学位研究生，也是最后一个。

学油画出身的侯黎明与日本画的距离，比胡伟还要大。按照多年来形成的艺术观念，他最初甚至觉得日本绘画的技术并不高明。

让侯黎明震惊的是日本绘画对颜料的应用。在敦煌研究院工作时，侯黎明也不乏临摹敦煌壁画的经历，研究过前辈们的临摹，"他们是在中国体系下对壁画进行理解，他们非常注重画面的完整、气韵的贯通，线要流畅、有力度。日本画从气息上看，和敦煌壁画十分接近，但是更有质感"。福井爽人教授手把手教侯黎明临摹，平山郁夫还安排了两位讲师给他做助手，带他到当地的材料店里，告诉他每一种材料的做法和用法。当画材店老板告诉他，日本的很多材料来自中国，并拿出《芥子园画谱》中的描述给侯黎明看时，侯黎明在震惊之余，曾经有些波动的心才渐渐平息下来。

多年以来，侯黎明一直记得老师们对自己的关爱。刚刚到达东京时，平山郁夫就把他叫到办公室，语重心长地告诉他，在日本专心画画，有什么困难可以找我，我毕竟是你的监护人。

考试时要交四张画，这时，老师们就会非常严厉甚至苛刻。轮到侯黎明时，他望着在前排就座的平山郁夫、加山又造等先生们，一时汗如雨下。"事先胡伟已经用日语教过我了，老师们可能怎么问，我该怎么说。我都写下来，全背下来了。结果平山先生一问，一紧张，全忘了。加山先生会一点中文，他就很和善地告诉我，平山先生是问你，你的这幅画是怎么构思的。我这才反应过来，后来 40 分钟也很顺利。结束后同学们说，你这小子玩得太大了，加山老师都成你的翻译了。"中国的传统礼教，学生对教师的尊敬，教师对学生的慈爱，那些从中国社会逐渐流失的精神，在那时的日本仍被坚决地秉承着。

然而，侯黎明的困惑仍然没能开解，一直延续到回国前，当他开始回望自己几年来负笈求学的经历时，他才悟出许多从前未曾留意的道理，自己从平山郁夫那里学到的是画精神，而不是画技术，"我从日本回来后更加了解了日本"。

侯黎明回国后，同在敦煌研究院工作的妻子娄婕开始动身前往日本，她同样在平山郁夫的工作室学习与研究。此时，平山郁夫年事已高，曾经手把手教侯黎明的福井爽人成为娄婕的导师。不过，平山郁夫开创的传统，仍在日本坚定地延续着。娄婕经历了和侯黎明相似的惶惑与震惊，当画材店的老板给她看《芥子园画谱》时，当老师们教她制作材料与创作的技法时，娄婕突然愈发想念敦煌，她希望把这些传统的技艺带回敦煌，因为它们的根源在那里，还有很多工作在等待着她们这一代人来完成。

　　回国后，侯黎明和娄婕把敦煌壁画的技法与日本画的技法结合起来，各取所长。侯黎明刚刚回国时，就经常进行一些演示，教大家使用一些矿物质颜料，研究院的老先生们也非常支持。他们很快开始继续45窟的整窟临摹工作，剩余的那些尚未临摹完成的壁画，基本上都是用矿物质颜料完成的。然后是榆林窟第29窟作为一个项目，开始整窟临摹。

　　2007年，平山郁夫到中国见到了临摹完成的榆林窟第29窟，他对已经出任敦煌研究院美术所所长的学生说，我很满意，这正是我的初衷。3年后的今天，侯黎明叹息着告诉我："那时我们也布置了一些岩彩展，但是做得不是很好，把工笔重彩也加到里面了。很遗憾。如果平山先生还健在，能看到这次在广州的'东方色彩 中国意象'的展览，一定会很高兴。"

（撰文：张泉）

2007年8月，平山郁夫参加"敦煌壁画艺术继承与创新国际学术研讨会"期间在莫高窟写生

平山郁夫

平山郁夫（1930—2009），生于日本，毕业于东京美术学校（现为东京艺术大学）。1959年以《佛教传来》在日本美术界崭露头角，其后相继以《入涅槃幻想》《大唐西域壁画》等佛教题材的画作，成为日本最顶尖的画家。他沿着丝绸之路到中亚以及印度等地考察和写生，创作了大量具有中亚地方风情的作品，这些色彩深厚、手法独特的作品中，表现了独特的宗教情怀和审美眼光。1975年起频繁访华和举办个人画展。1984年任日中文化交流协会副会长。1986年被中国中央美术学院聘为名誉教授。1992年任日中友好协会会长，热心于协助中国保护敦煌文物。出版有《丝绸之路素描集》《敦煌——历史之旅》等。被授予"中日友好使者""文化交流贡献奖"等。在中日民间，平山郁夫被誉为"当代唐玄奘"，为中日文化交流做出了巨大贡献。

解读敦煌本

一七窟 × 石塚晴通

收容了汉字汉文形成现代文化的日本，在这一漫长的历史过程中将汉字简化成自己固有的文字，敦煌本作为汉字字体的历史源头和地域变迁的线索，对日本人来说是无可取代的重要文化财富。

17窟 晚唐（848—907）
17窟是闻名中外的藏经洞，1900年6月22日由住在莫高窟下寺（即三清宫，今藏经洞陈列馆）的道士王圆箓发现。关于藏经洞封闭的原因和时间，未留下确实可依的文字记载，学者们根据各种资料提出了许多假说，如避难说、废弃说以及书库改造说等，其中最有影响的是伯希和提出的为躲避西夏进攻的避难说。石塚晴通先生认为，17窟对他的人生和学术影响非常大（图片提供：敦煌研究院）

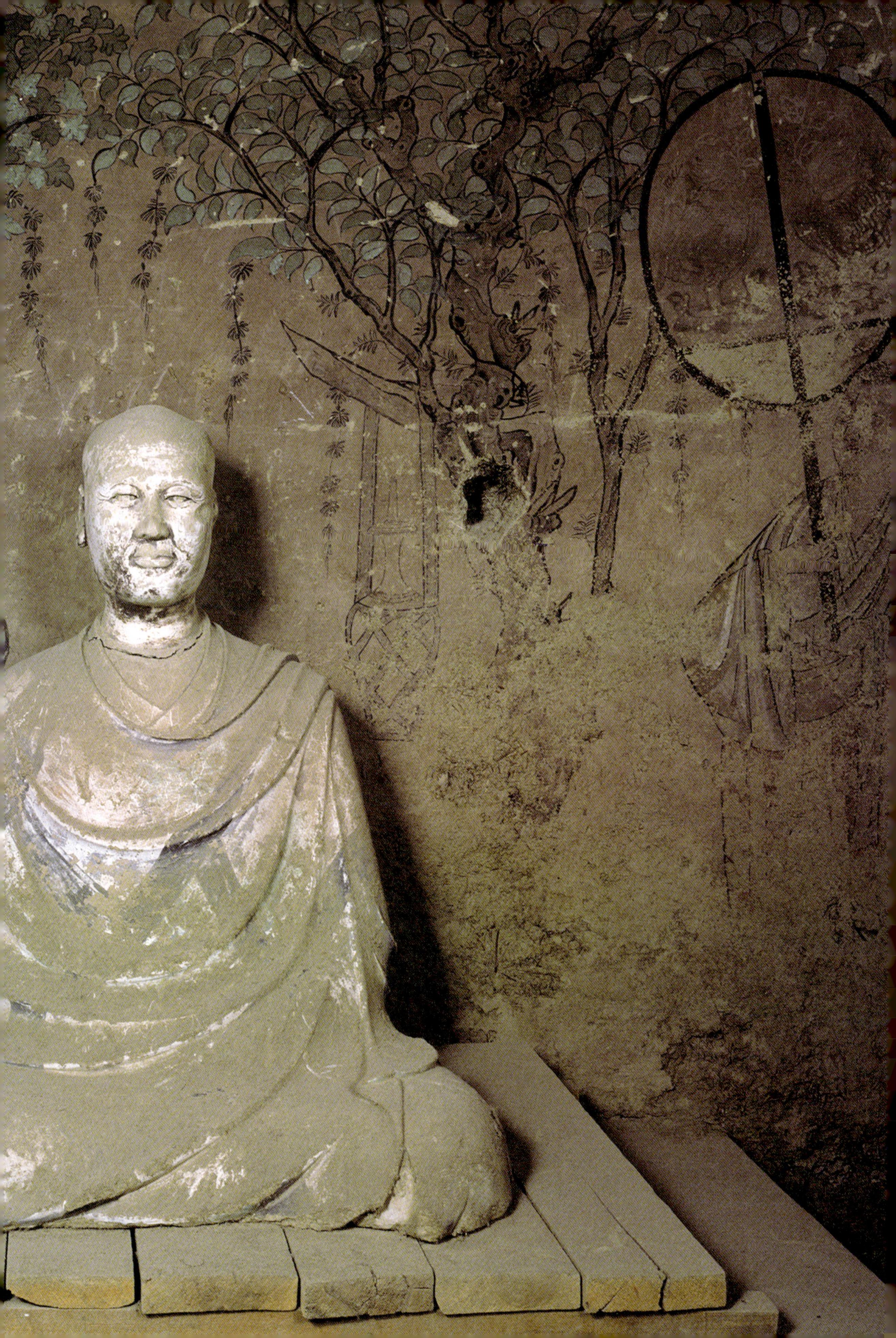

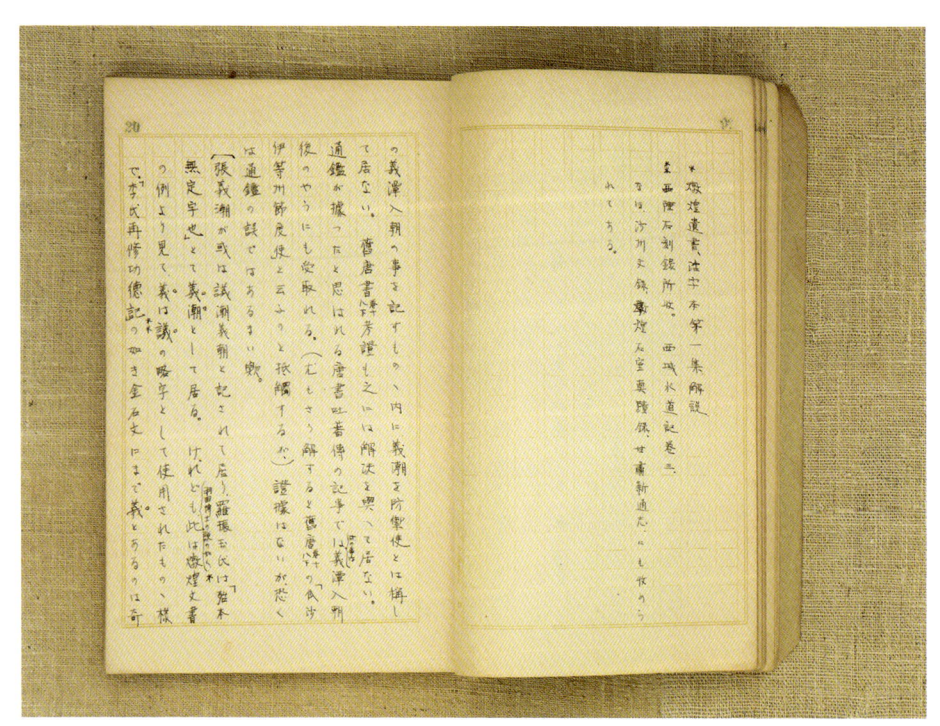

石塚晴通先生的岳父、著名敦煌学家藤枝晃先生（1911—1998）亲笔写于20世纪30年代的关于敦煌研究的学士毕业论文《归义军节度使考》（摄影：田渕睦深）

　　三月末的北海道大学校园，路边还有一米多高的积雪。著名的敦煌学教授石塚晴通的研究室里堆满了一摞摞纸箱。"像我这样退休10年还在大学做研究的人在全日本都算'另类'，学校很难给我分配研究室，有时一到年末就得转移到别的房间，所以屋里经常堆着箱子。北海道大学校园又广阔，我曾经要把200多箱资料运到一公里外的地方。"石塚教授迎接我们时笑着说道。

　　在数量庞大的资料中，有几本特意为采访准备的书已经摆在桌子上了。最先吸引我们的是用古老的书纸制成的藤枝晃的著作。藤枝晃（1911—1998），日本有名的东洋学者，被称为敦煌学及西域出土古抄本①研究的第一人。1981年他在天津南开大学讲授敦煌学时，曾有学者发出"敦煌在中国，敦煌学却在国外"②的赞叹。而他也是石塚教授的岳父。这本《归义军节度使考》一书，是藤枝晃亲笔写于20世纪30年代的关于敦煌研究的学士毕业论文。

　　"书里写有'昭和六年（1931年）京都帝国大学入学'的字样，因此可以说藤枝是第一个创立敦煌文献学雏形的人，我沿袭了他的系统脉络继续着这项研究。我曾经从事的是《古事记》和《日本书纪》等日本奈良时代的文献研究。包括它们使用什么样的纸、如何制作，采用什么样的体裁、如何阅读等都会涉及。特别是阅读方法，在解读敦煌本时，我们会采取标注训点（训读符号）的方法，因此日本的训点学也离不开敦煌本。日本的训点是在用日语阅读汉文时应运而生的，这门学问至少涉及两种语言。在研究过程中我们还要牢记不光是日本人，还有其他一些国家的人也曾用自己的语言——如维语、越南语——来阅读汉文。敦煌本对于这类研究来说是非常重要的实物资料。我很幸运，能在年轻时就亲眼见到渡来日本的大量敦煌原本，包括保存在正仓院[3]、京都国立博物馆、东京国立博物馆、高山寺及其他大寺中的众多原本。而流散在其他国家的敦煌本，在没有见到实物之前我是从东洋文库的照片开始研究的。但当时由于学生运动引发东大纷争[4]，导致研究室一片混乱，留在日本也无法潜心研究，我便去了欧洲。在那里，我获得了进入大英博物馆斯坦因藏馆[5]的机会，当时该藏馆的副馆长与藤枝关系很好，对我也非常照顾，早上9点帮我开门，下午5点来接我。我每天都能在类似日本正仓院一样的地方待上一整天，那段日子真像做梦一样。他们还说我可以带自己的相机进去，因此我拍下了无数斯坦因藏品的照片。另外在巴黎期间，法国国立图书馆东洋写本部部长也对我这个20多岁的青年学者非常亲切，同意我在那里拍下了大量的照片，这些照片直到现在都是非常珍贵的资料。"

1970年发行的一本名为《墨美211》的小册子便是将石塚教授在大英博物馆特别许可下拍摄的照片以实际尺寸印刷而成的。从20世纪60年代后期至今的40多年里，从看到敦煌原稿的第一眼开始，石塚教授就再也没停止过对它们的观察工作，这也让他成为饱览敦煌原稿的稀有人才。

"那时，每天一踏出法国国立图书馆东洋写本阅览室的大门，我就和住在巴黎的吴其昱老师、香港的饶宗颐[6]老师以及台湾的潘重规老师三个人去咖啡馆喝茶，讨论今天又有什么新发现。藤枝虽然年过半百才得以目睹敦煌原稿，但他和这三人及当时的一批学者却是系统研究敦煌书稿的元老。在这种背景下，对书稿的正式调查终于在20世纪60年代启动，藤枝写于1966年和1969年的两篇论文是当时仅有的对于敦煌书稿的概述。"

从17窟流向海外的多数原稿石塚教授都曾亲眼看过，据他所述，藏品数量最多的国家是英国和俄罗斯，但藏品质量较高的则是法国。"伯希和[7]在洞窟中待了三个月，仔细确认了书稿的内容后才带回法国，因此敦煌学的经典著作大多保存在巴黎。相比之下斯坦因的收藏就较为粗枝大叶了，不过也正因为他带回的书稿没有局限在特定的学术标准下，所以能够反映当时的社会情况。比如斯坦因在第三次探险时购买的书稿中有很多伪造本，人们在敦煌周边或和田、克孜尔一带制作这些赝品，并带到敦煌去贩卖。这些伪造本和原本对比来看很容易分辨。"

斯坦因藏品是世界敦煌本两大收藏系列之一，同时也是研究敦煌本的基准。藤枝晃和石塚晴通经过研究得出：斯坦因藏品中含有很多赝品——这一结论公布于1997

年的大英图书馆研讨会。由于能够高价卖给海外探险队，所以当时有大量的伪造本涌入敦煌。类似的，通过博览和对比众多原稿得出的结论还有很多。

"敦煌本大部分为佛教圣典，纵观4—11世纪间的4万多部汉文书稿，能够看出它们背后时代的推移和文化的变迁。敦煌书稿反映中国中央文化的时期非常短暂。隋朝以前，北朝的手抄佛经是主流，其中混有少许南朝的佛经。它们的字体、用纸、用笔都各不相同，一看就能识别出来。这些经文反映出隋以前的北朝文化与南朝文化有所不同。7世纪后半到8世纪中期，敦煌开始普及唐中央文化，初唐的正统宫廷手抄经文就有40多部。还有少许《论语》《汉书》《文选》等典籍的抄本。之后，由于吐蕃的进攻，中央文化开始淡出敦煌。唐朝的张议潮以武力镇压后，通晓汉藏双语的人才成为主流文化人，使得汉文典籍稍有复活，但敦煌再也没有反映过中央的文化。'四书五经'只在7世纪末到8世纪初，以及9世纪中期张议潮的年代出现过。在吐鲁番等地一带，断断续续出现过《史记》等中国古典著作的隋前手抄本，但在敦煌则没有出现过。另外，吐蕃占领之后的敦煌抄本在用纸、用笔和学风方面都与中央文化产生了很大差异。相比来看，中国中央文化在日本保留得更多。奈良时代的日本与长安紧密相连，在长安写成的经文马上被遣唐使送入日本。因此对比正仓院中的经文和敦煌的经文就会很有意思：长安出现的经文多数都会出现在正仓院中，而敦煌与长安对接时间很短所以相差甚远。初唐宫廷抄写的《五经正义》的正式本也没有在敦煌出现过。像这样总结各个时代的抄本特征，对于鉴别那些时间不详的敦煌抄本有很大帮助。确立敦煌抄本标准流变的工作，从藤枝开始已经进行了50年。"

石塚教授初访敦煌是在1990年。"1987年，来自中国、日本、法国、美国的学者齐聚香港，打算一起研究敦煌学，时间是在中国成立敦煌吐鲁番学会后不久。当时，藤枝的妻子突然因故无法同行，我替她陪同藤枝一同前往。当时我在布达佩斯担任日本学讲师，藤枝正在加利福尼亚讲学，我们在上海会合一同前往敦煌。与来自台湾的潘重规老师会面后，来自北京的常书鸿还在当时敦煌的自家院子里做了两只乌鸡招待我们，我还都记得。1994年时，中国社会科学院也与日本有过交流，我们一同前往敦煌3周。我拜读了甘肃省图书馆的敦煌本藏品，但毕竟斯坦因和伯希和的藏品是一手资料，因此我们优先研究了那些资料。但是第一次见到敦煌17窟的时候，感觉这里能够保存经书真是一个奇迹。这里寺院众多，可见此地在佛教中的地位之重。初唐宫廷的正式抄本能够千里迢迢从长安运到这里，也正说明这里是重要的文化圣地。"

石塚教授先是从形态上将敦煌抄本作为日本《古事记》和《日本书纪》的根源进行研究，现阶段开始提出Codicology（包括印刷之前的手抄本与印刷本在内的典籍学）理念。具体来说，Codicology是一门涉及手抄本、印刷本、拓本的文理兼容的学科。以石塚教授为代表的国际研究项目"汉字文化圈中典籍的聚集、国际传播以及继承相关的实证研

绢画《阿弥陀佛西方净土图》五代，10世纪初（现藏于法国吉美博物馆）

究"在龙谷大学古籍电子档案研究中心的全力协助下，已经开始利用贵重仪器分析书稿的用纸。

"敦煌抄本用纸的制作方法是藤枝最后想做却没来得及做的研究。我想代替他进一步明确这项研究的脉络。比如初唐宫廷的手抄经用的是麻纸，我们就认为唐代手抄经用的都是麻纸，但用200倍和500倍的显微镜拍摄后才发现，只有一些非常特别的正式经文使用了麻纸，大部分的普通经文用的则是楮纸。中国和朝鲜半岛使用天然生长的梶树树皮造纸，日本则为了造纸特意栽培了楮木。公家与私家抄本的用纸不一样，使用的文字也根据时代和地域的不同在变化。这些观点我曾在20世纪70年代提出过，但在最近才被科学地证明了。汉字字体因时代和地域的不同，规范也不同，这一设想也是基于敦煌本产生的，现在总算能够开始将它们数据库化〔汉字字体规范数据库（HNG）〕并重新分类。在制作假名时，朝鲜半岛与日本的做法都是将汉字笔画的一部分拿出来，而越南语则是给汉字增添笔画后创造出独特的字体……这些发现都逐渐明朗起来。现在好不容易将材料收集齐了，之后我会梳理这些资料，只是不知道在我有生之年能不能完成。作为一个年轻时曾仔细阅读过原稿的人，这些工作是我的使命，大英图书馆IDP的Susan Whitfield（魏泓）等人也这样对我说。拿写书来说，现在只是将图鉴和照片收集齐，完成了目录。今后我还会向不同领域的专家讨教，深化每个领域。将作为Codicology的敦煌学进一步体系化，并用富有弹性的方法概括出来。"

石塚教授在日本学会志中第一次发表关于敦煌本的论文是在1967年，从那时起到退休为止，他发表过的文章全部汇总在《敦煌学·日本学：石塚晴通教授退职纪念论文集》中。这本书的中文版出版于2005年，曾是中国的学者和学生都翘首以盼的一本著作，现在已经绝版，很难找到。而他本人却还在北海道大学和年轻的中韩两国学者一起，继续着对敦煌本的研究。"汉字字体的标准和汉字读音等，从唐代的标准变为日本的标准，在长期的演变中才得以固定下来，因此想要追溯日本文化的源流非这一时期的敦煌本不可。"

收容了汉字汉文形成现代文化的日本，在这一漫长的历史过程中将汉字简化成自己固有的文字，敦煌本作为汉字字体的历史源头和地域变迁的线索，对日本人来说是无可取代的重要文化财富。

注释：

①抄本：特指以手抄方法代替印刷出版的书本。即使在雕版印刷术普及之后，仍有不少读书人以抄写古籍为业，所以传世古籍中有相当数量是手抄本。

②有说此言出自南开大学历史研究所所长吴廷璆。

③正仓院：藏品包括从唐代中国、新罗等地运来的各种精品，甚至还有从波斯而来的文物，被称为丝绸之路的终点。

④东大纷争：也叫东京大学事件，1968年夏至1969年初，由东京大学学生发起的一场学生运动。

⑤斯坦因藏馆：该馆藏有著名英国考古学家、探险家马尔克·奥莱尔·斯坦因收集的众多文物，包括在考察中国新疆和甘肃期间收购的大量敦煌手稿。

⑥饶宗颐（1917—2018），国学家，大紫荆勋贤，字固庵、伯濂、伯子，号选堂，生于中国广东省潮安县，在中国研究、东方学及艺术文化方面多有成就。

⑦保罗·伯希和（Paul Pelliot，1878—1945），法国语言学家、汉学家、探险家。1908年前往中国敦煌石窟探险，购买了大批敦煌文物运回法国，今藏于法国国家图书馆。

（撰文：美帆　翻译：武岳）

石塚晴通

北海道大学名誉教授。东洋文库研究员。研究语言学、敦煌学、文字学。汉字字体规范数据库（HNG）编辑委员会会长。著书、编著《墨美201-楼兰 敦煌的加点本》（1970年墨美社）、《汉字字体史研究》（2012年勉诚出版）等。中文编著《敦煌学·日本学：石塚晴通教授退职纪念论文集》（2005年上海辞书出版社）、《敦煌学·日本学续编》（2013年上海辞书出版社），该书题字者为中国著名的作家、画家冯骥才。

石塚晴通先生在日本北海道大学，2014年3月
（摄影：田渕睦深）

17窟 晚唐（848—907）

北壁画双树，树上挂书囊和水瓶，树下画近侍女与比丘尼像各一身。近侍女着圆领长衫，腰束带，一手持杖一手托巾。（图片提供：敦煌研究院）

藏经洞的前世今生

一七窟 × 吴芳思 魏泓

> 从我学习中文的第一天开始，我的内心真正充满了愉悦，中国的文化很深厚、很有趣也很多样，游览这座博物馆，我从未感到疲倦。
> ——吴芳思

一

关于在一座名为敦煌的古城外藏匿着众多隋唐时代的经文古董的流言，使得刚从吐蕃探险归来的斯坦因心心念念想要再次踏上东行之路。

英国人斯坦因出生在匈牙利首都布达佩斯。他曾在印度苦学梵文多年，获得古波斯语和印度学的博士学位后在印度政府部门就职。1902年，在斯坦因第一次于中亚考古探险途中，他得知了敦煌莫高窟的存在。他四处游说，希望能赶在其他欧洲探险家之前抵达莫高窟。

终于，在1906年初，在印度政府和大英博物馆的资助下，斯坦因终于再次启程，于当年3月16日到达了他日思夜想的莫高窟。

斯坦因快速地巡视了诸多洞穴，"成排的佛像，炫目的工艺和壮阔的景观"，让斯坦因深为震撼。但他知道在未得到当时自愿守卫着洞窟的王道士的许可之前，他不能久留。斯坦因来敦煌的主要目的，是众多的古代手稿。他听说其中很多被藏匿在一个狭小的洞穴内，只有那名姓王的道士才确切知道其位置。"众多手稿正在洞穴内等待我去发掘的念头，像一块磁铁般把我带回千佛洞。"斯坦因这一等便是两个多月。

斯坦因，以及他雇用的蒋师爷，为了说服王道士可谓不遗余力。当斯坦因一再援引唐玄奘的故事，声称自己是沿着其足迹追溯到此地，希望将大唐的遗物带回大英国潜心研究时，受到当地政府漠视而心灰意冷的王道士终于同意将部分经文出售给斯坦因。

斯坦因记录了他第一次进入隐匿在一座洞穴一侧堆满了经文的洞穴的经历："眼前的景象让我睁大了双眼，这九英尺见方的洞穴内，密密麻麻地堆满了经文（后来将其摊开测量，约为五百立方），剩余的空间只容得下两人站立。"

这就是后来举世闻名的藏经洞。连着七夜，蒋师爷一人将洞内的经文驮到斯坦因的帐篷内，斯坦因写道："箱子日益变得沉重，最终不得不分批搬送。"

离开藏经洞后，斯坦因带着几十大箱的手稿和绢画，先到了甘肃安西县（现已更名为瓜州县）避暑。同时，蒋师爷开始辨认部分手稿。随后斯坦因向北行来到了嘉峪关，由此向西一路到了和田一带。此时已是1908年的夏天，距离他离开敦煌已逾一年。斯坦因终于决定结束他的第二次探险，取道印度折返伦敦。

在1908年7月15日的手记中，斯坦因写道："终于打包完毕……总共有30箱手稿和木刻，蒋大概只完成了三分之一的整理工作。"

1909年1月，在经历半年的长途跋涉之后，斯坦因终于将他在敦煌搜集的宝贝运抵英伦。在他为这批远东"来客"四处奔走寻找落脚地的同时，这几十个箱子被暂存在伦敦西南面的自然历史博物馆。终于在几方沟通下，大英博物馆答应为其提供一处藏所。斯坦因兴冲冲从牛津赶回伦敦，却不由得勃然大怒："这地下室……显然是之前用来藏旧报纸的，室内根本没有充裕的光线，由不得人来好好研究这些经文。我在探险途中工作之地，都比这地窖要强！"斯坦因最终还是在一战结束后被迫同意将30箱文献暂存在大英博物馆的半地下室内。

二

这30箱手稿文献曾在二战期间被挪送至英国南部的威尔士躲避轰炸，战后又被送回伦敦藏于大英博物馆内——直至1973年，大英图书馆从大英博物馆剥离出去，斯坦因从敦煌带回的文物中所有文献、手稿、经文等书卷类藏品都交由大英图书馆负责保管。

大英图书馆独立后的第四年，吴芳思（Frances Wood）来到大英图书馆工作，已经有着相当好的中文造诣的她被安排去分类中国文献。有一天，她被领到一堆蓝色鞋盒面前。这7000个鞋盒里装着的，正是70年前斯坦因费尽心机从敦煌买来的文献。她开始小心翼翼地将一卷卷手稿从鞋盒中取出，放入一个个特制的柜子内——吴芳思当时还不知道，她将与这万余册敦煌文献结下一生之缘。

吴芳思之前在英国剑桥大学学了四年中文。她后来在书中写道：在当时，学中文就像是学习一门已经死去的语言——似乎永远都不会有机会在中国使用它。但是1971年夏天，吴芳思被幸运地选中随"英国革命青年代表团"访问中国。可惜后来她才发现，她与代表团中的左翼学生和古怪工人们丝毫谈不到一块去，每到一个城市经过打听

今存于大英博物馆的藏经洞经卷（摄影：Gabriel Fraga de Cal）

之后总被告知"博物馆还未开放"，各色革命功绩讲座倒是听了不少，吴芳思的第一趟中国之行被她描述为"很是无聊"。

这"无聊"的中国行至少让吴芳思再次被英国文化协会选去中国交流学习时，比同往的九名英国学生更对当时生活的艰苦有思想准备 ——1975 年的北京让来自英国的年轻人感到惊奇 —— 票证往往比人民币值钱；班上有好些上了年龄的学生，还常常比老师更神气；走到哪里都有大喇叭在广播，一入冬天蔬菜就只得连吃四个月大白菜；这些英国留学生经常被邀请去使馆晚宴，大使总对学校里新写的大字报特别有兴趣。

吴芳思和其他留学生们从北大毕业的庆祝旅行因突然发生的唐山大地震而草草结束。地震使得全国交通陷入一片瘫痪，也让吴芳思南下香港的计划泡了汤 —— 香港的朋友家早已挤满了避难客，吴芳思最终靠穿越西伯利亚的欧亚铁路返回了伦敦。一年后，已经学会阅读古文的吴芳思被领到了藏于大英图书馆的敦煌文献面前。

自从这些手稿经文抵达英国以来，斯塔因一直希望能让有天赋的语言学家来破译其内容。为此，斯坦因曾将手稿大量邮寄至欧洲各地由学者在闲时研究。甚至他早年东方探险时的竞争对手，比他迟了一年抵达敦煌的法国汉学家伯希和也曾收到过一袋邮自伦敦的包裹。

几经人手，这些一千多年前的文献难免被留下痕迹，甚至出现残破。英国人于是将这些手稿一一装裱上衬垫予以保护。"殊不知，这恰恰是对东方纸张和卷轴缺乏了解而犯的错误！"吴芳思在说起六七十年代英国保存敦煌文献的方法时仍然一副痛心疾首的样子，"后来添加的衬垫都是西方纸张，跟东方的质地完全不一样。这样一来，一幅卷轴被阅读的次数多了，往往就会从衬垫上不均匀地脱裂开来……直到20世纪70年代有日本文献保存专家来访图书馆，我们才明白要用质地相同的东方纸张才能真正保护这批文献"。从此，吴芳思在大量归类整理敦煌文献的工作之外，更要协助文献保存的手工匠人们来重新修补被装裱过的文献。

从剥离旧衬垫、选择合适的纸张，到拼贴粘补，修补每一份文献都是一项耗时持久的工程。藏品中最珍贵的文本之一《金刚经》，是有日期记录的最古老的印刷本——"为了恢复和保存这本文献，我们的首席修正师马克·伯纳德（Mark Barnard）花了整整7年时间"，刚说完，吴芳思的话锋突然一转："只可惜，迫于一些压力，马克要走了……大英门外可排满了等待机会的年轻实习生，但已经没有人会再愿意为一本文献花上7年的时光了。"当沉静的图书馆都充斥着喧闹的尘嚣时，在伦敦守候着敦煌30余年、已经两鬓斑白的吴芳思脸上透着一种无奈，"从我学习中文的第一天开始，我的内心真正充满了愉悦，中国的文化很深厚、很有趣也很多样，游览这座博物馆，我从未感到疲倦。"她直视着我，说得自然又平静。

多年来，作为大英图书馆的中文部主任，吴芳思在30年内招待了众多前往伦敦的学者。拜访当日，她在自己用几千册书籍堆积起来的角落里打趣道："两年前，我本想把这几十年来堆起来的书摆好好收拾完就该退休了，结果，书反倒越来越多，到现在我还是没能退休。"

三

魏泓（Susan Whitfield）是在20世纪90年代加入大英图书馆的。

在1993年一次由英、法、德、俄、中、印多国策展人和文物保护专家参加的会议上，年轻的历史学者魏泓提出一个相当大胆的建议：将古老的敦煌文献全部数码化归档，并上传到互联网上与全球学者共享。在电脑和互联网远未普及的当年，面对数目巨大的文献库，这提议听上去多多少少有些类似天方夜谭。

但魏泓还是四处奔走，坚持将这一想法兑现。1994年，在一个基金会的资金支持下，国际敦煌计划（International Dunhuang Project）终于挂牌上马。最初的四年内，项目工作组的成员只有一人——光杆司令魏泓。

"从80年代开始，中英两国的文物保护专家进行互访、交流。我们与欧洲及日本的专家也早已由早年的竞争到了今日的合作。正是在各国专家的启发和帮助下，我们才得以将敦煌文献数码化归档的计划一步步实现。"魏泓回忆道，"这项跨国项目的初衷是结束敦煌文献、藏品四散世界各地的局面，让全球对敦煌感兴趣的人士都有权免费、无限制地浏览这批珍宝。"

经过十余年的整理、翻译、注释和电子化过程，一组相当成熟的英、中、法、德、日、俄跨国的线上敦煌文献库已经可供使用。"其中包括大英图书馆 2 万件藏品的 10 余万张图片，而由 14 个机构的藏品组成的中国站也已开放。"魏泓介绍道。

研究中国历史出身的魏泓为推介中国以及中亚的历史、文化不遗余力。2004 年，由她策划的名为"丝绸之路：商途、旅途、战争"的展览吸引了平均每天 1200 余人次前来参观，是大英图书馆有史以来最为成功的展览之一。

而现在，刚开完会讨论关于国际敦煌项目下一个五年计划的魏泓，正在酝酿一个更大的野心 —— 让敦煌离开学界，成为寻常人家的饭后话题。

（撰文：殷贝贝）

吴芳思（Frances Wood）

英国人，现居伦敦。曾在英国剑桥、伦敦和北京学习中文，1972至1988年之间曾在中国多次旅行。目前，她是大英图书馆中文部主任。她广受好评的《马可·波罗是否到过中国》曾被改拍成纪录片。她最近出版的《没有狗和中国人：1843到1943年中国租约关口的日常生活》被《泰晤士报》评论为"一级棒……写得精妙"，《伦敦傍晚标准报》评论为"妙"，《周日泰晤士报》评论为"出奇"，《每日邮报》评论为"生动，风趣，引人入胜"。

魏泓（Susan Whitfield）

英国人，曾学习中国古代历史。从1993年起在大英图书馆主持"国际敦煌计划"（International Dunhuang Project），让学者和大众可以在网络上查询超过5万件收藏于世界各地的11世纪之前的丝绸之路文物原稿，其中包括著名的斯坦因爵士在敦煌所取得的资料。她经常造访中国，著有《中国——一部文学指南》，并发表多篇有关中国题材的文章。

156窟 晚唐（848—907）
156窟是经变画数量最多的洞窟之一。开凿于咸通年间，是张议潮的功德窟，画《张议潮统军出行图》和《宋国河内郡夫人宋氏出行图》（图片提供：敦煌研究院）

一五六窟 × 柴剑虹

交流，才能互以幸福相交换

民族与民族的了解，人类的真正情感交流，乃至真正的和平共处，是在互相了解，了解的一个最重要也最基本的法则，是交通。所以敦煌可以有希腊、罗马、印度、小亚细亚诸式的艺术，正是这些交流。有了这些交流，才能互以幸福相交换。这也有同于中国丝与纸使欧洲人增加了人生的幸福一样。这是文化的最高价值，这是文化的最高点。

——姜亮夫

七十岁的柴先生已经按期退休十年。但这十年里他的大部分时间被中华书局返聘，工作量丝毫不减于退休之前，也仍然是每天早上 8 点半之前就到了办公室，下午 5 点以后才离开——也是他长年养成的习惯。目前他最为忙碌之事是，作为《中国地域文化通览》系列卷本的审读小组成员，其中甘肃卷、青海卷、西藏卷这些其他人较难挖手的，很自然地就落到了他身上。作为从业超过 30 年的老编辑，他的目光必是挑剔和锐利的，也只有经过这样的目光审订才能放心付梓。

中华书局的楼宇装饰，完全不似其名字那样带有古风，编辑室一派现代感，紧邻的图书馆提供现煮咖啡，负责的年轻人娴熟地报出各式咖啡的名字，柴先生便笑着补充："这里的咖啡煮得很地道，来这儿的人也都称赞。"于是联想柴先生的身份，他兼任中国敦煌吐鲁番学会的副会长兼秘书长多年，一定在这里接待过众多敦煌学专家吧。交谈下来，有感柴先生的不易，在繁忙的编辑工作之余所做的敦煌学研究，也基本是在"打杂"的状态下进行，一方面承担中国敦煌吐鲁番学会秘书处和敦煌学国际联络委员会干事的各类杂务，一方面应文化交流与学术普及的需要做些必要的宣传，常写一些学术短论和感言、书评类的文章，二三十年下来积攒成《敦煌吐鲁番学论稿》《敦煌学与敦煌文化》《敦煌学人和书丛谈》等专著，足窥他对于敦煌研究的一颗热心。

说起来，这离不开他的恩师启功先生。

1966 年，22 岁的柴剑虹从北京师范大学中文系本科毕业，志愿到新疆工作，从 1968 年初夏到 1978 年深秋，柴剑虹在天山北麓的乌鲁木齐教了十年书。或许是因为对西北边陲有一些切身体验，当他再度踏入北京师范大学中文系就读研究生时，选择了以唐代岑参的边塞诗作为论文题目。这当然也受到导师启功先生的影响。那时启功先生已为这个班上的九名研究生讲解过"唐代文学"。启功先生讲课风趣而透彻，因为教研部门仍按老办法将中国古代文学分成先秦、汉魏、唐宋、元明清四段，让教师各讲一段，学生亦各攻一段。启功先生很不赞成这种"分段教学法"，认为不科学、局限大。他对柴剑虹这九名学生说，文学的发展，常常随着历史的标志为标志，某朝某代，什么初盛中晚，前期、中期、后期。其实文学和历史，并非双轨同步。文学家们，并非在开国时一齐下凡，亡国时一道殉节，因此清代袁枚就反对把唐诗分成初盛中晚。启功先生主张，一个作家和作品的上下、前后、左右都不是孤立的，要弄清就需要非常丰富的知识、深入的探索、精炼的选择和扼要的表达。因此，启功先生在课上不仅常常有意突破"唐宋"这个小框框，还常常突破"文学史"这个大框框，深受大家欢迎。在良好互动中，启功先生感到言犹未尽，就主动提出每星期到宿舍来讲一次课，于是在狭小的宿舍里，启功先生为这九个研究生继续讲了明清诗文和《书目答问》等。"我觉得正是这些轻松的杂谈、对话式的授课，开拓了我们的学术视野，丰富了我们的专业知识。"不仅如此，有时在宿舍讲完课，先生便当场为一位同学写一幅字。启功先生总共在他们宿舍讲了七次课，柴剑虹在第七次讲课后得到一幅启功先生自作评苏东坡绝句的书法。

虽然新疆离敦煌不远，但柴剑虹在新疆的十年中没有机会到敦煌一游。1980年初，柴剑虹写了一篇《胡旋舞散论》请启功先生指点，先生看后说："我不懂舞蹈，介绍个老师指点你吧。"启功先生提笔给北大阴法鲁教授写了封信，把柴的文章连信一起寄给了阴先生。不久，柴接到阴先生的来信，约去他家面谈。阴先生对他的习作提出了修改意见，还将他的文章推荐给《舞蹈艺术》发表，后来又介绍了文化部艺术研究院舞蹈所的老师们给他认识，介绍他去听课，再后来柴剑虹被推荐参加编撰《中国大百科全书·音乐舞蹈卷》，撰写、整理与研究敦煌舞谱残卷的文章等，从这里开始，柴剑虹与敦煌结下缘分。

论及导师，柴剑虹自是非常感恩。从1979年秋到1981年秋研究生毕业，几乎每月柴剑虹都要去小乘巷启功先生住处三四次，无论是带着学业上的问题求教，还是陪先生待客及闲谈，或听先生讲说诗文书画，耳濡目染，其间领受的教益无穷，师生间的感情也逐渐加深。1981年夏，在柴剑虹硕士论文答辩顺利完成后，面临工作去向时，启功先生特地向中华书局推荐了柴剑虹，并交代说："书局举办的《学林漫录》二集已经发表了你的文章，傅璇琮先生又参加了你的论文答辩，已经对你有所了解，到书局也有利于你继续做学问。"

当时中华书局是要培养学者型的编辑。柴剑虹被分在文学编辑室，刚去不久，一位副总编辑推荐他去兰州参加敦煌文学座谈会，这是"文革"以后全国第一次关于敦煌的学术会议。当时要求书局的编辑每年参加一次学术讨论会，而且必须写相关的论文，柴剑虹就利用先前对敦煌写卷的一些了解，写了关于敦煌卷子中唐人诗歌的文章，获得好评。会议召开是在1982年夏天，会后安排代表参观敦煌，这也是柴剑虹第一次到敦煌。

"那时候没有铁路直达敦煌。我们坐火车到了柳园。柳园这个车站我很熟悉，因为去新疆也会经过这个站。但这个车站离敦煌还有120多公里，得再搭长途班车，但班车一周只有两三趟，我和南京大学的一位教授，最后找到一辆运煤到柴达木盆地的卡车，跟司机说，把我们捎去敦煌。我们坐在卡车里颠簸了四个小时，有一段搓板路非常颠，脑袋都要撞到车顶上了……那是我第一次看敦煌，很震撼……"

在我们的访问中，屡次遇到这样的情形，关于人们相遇敦煌的第一印象，大都非常深刻，至于形成深刻印象的那些具体内容，哪幅壁画，什么形象，却不怎么记得清楚。柴剑虹找出了1982年8月2日清晨写于莫高窟前的诗作为辅证：

莫高窟之晨

当羲和驾车从三危山顶驶出之时，
多情的青鸟展翅飞向了人间。
当莫高窟披上一身灿烂霞装之际，
活泼的飞天睁开了惺忪睡眼。
踏进这些珍藏无价之宝的洞窟时，
我眼前展现出神秘而绚丽的世界。
清晨的鸣沙山是静谧的，
夏日的宕泉水是平缓的，
我的心却追溯着历史长河，
翻卷起无法平息的波澜……

让柴剑虹印象深刻的还有两点，那时的洞窟普遍开放；那里工作人员的生活很是艰苦，但研究院的同人却能几十年这样地坚持下来。

因为有了1982年的基础，1983年召开全国敦煌学研讨会时，柴剑虹积极撰文参加。那次会上成立了中国敦煌吐鲁番学术研究会，季羡林先生被大家一致推举为学会会长。柴剑虹成为该会的第一批会员。

敦煌学形成初期，由于藏经洞文献一面世就遭劫掠而流散海外，学界首先要花费大量精力在资料的收集整理上，所以理论、体系上带有先天不足。老一辈专家学者筚路蓝缕，或远赴英、法等国搜寻珍物，或潜心整理留存国内的劫余写本，比勘考订，编制目录，在敦煌文献研究上取得了初步的成果，然而十年浩劫，又致使研究停顿，落后于日本及欧洲一些国家，及至20世纪70年代末，有学者称，"敦煌在中国，敦煌学在日本"。彼时状况是总数不足百名的学者，各自为战，国内唯一的敦煌学研究机构敦煌文物研究所也在经过"文革"后元气大伤，季羡林先生在这时尽心竭力地联络与团结学界同人，争取各级领导支持，经过近一年的艰苦筹备，终于在1983年创建了中国敦煌吐鲁番学会。会后，季先生、常书鸿等22位专家联名写信给邓小平等中央领导，制订了近期敦煌学研究的六项具体任务，提出：我们完全有可能用较短的时间迎头赶上和超过海外的学术水平。

之后，中国几乎每两三年都举办敦煌学国际学术讨论会；在北京和敦煌建立了两个敦煌学资料中心；创办了多所相关的研究机构；设置了专门的博士点和硕士点，培养了数以百计的专业人才，发表的专著与论文举世瞩目；与国外同行的交流合作也取得极大进展。1988年，季先生在北京研讨会的开幕式上提出："敦煌在中国，敦煌学在世界。"

407窟三兔飞天藻井（图片提供：敦煌研究院）

"这已经是不争的事实。"在柴剑虹的印象里，季先生对学生后辈的教育既严且慈，平实简明，他和学生谈话，总是要言不烦，往往寥寥数语即点拨迷津。

1983年研讨会会下，季先生对柴剑虹等几位年轻人说："你们跟我学梵文吧。"柴剑虹问季先生需要多长时间学会。答，最少五年吧。其实柴剑虹上研究生时曾学过三个月的梵文，觉得实在掌握不了——当时只有俄文教材，要通过俄文学习梵文，痛苦不堪的他只好打了退堂鼓。这次季先生提出要求，柴也直接地说，那还是算了吧。季先生也没再说什么。但季先生对中西文化交流的重视、对年轻人才培养的重视是显见的，这次会后，季先生要求柴剑虹协助他做学会的一些协调组织工作。因为柴剑虹常年在北京，中国敦煌吐鲁番学术研究会的秘书处也在北京，季先生便推荐柴剑虹担任学会的副秘书长。当时柴不算最年轻的，但是最年轻的那批会员之一。至今柴剑虹也不将自己归为"学者"，他与敦煌学的关系，用他自己的话说，"自己感到，我写的一些文章基本上还适应敦煌学普及与研究的需要"。

柴剑虹著述颇丰，涉猎范围也广，虽然他说喜欢敦煌飞天，赞美敦煌飞天，却于绘画是外行，但在他的论文里，对于线描造形、空间表现、色彩装饰等均有精确到位的评述。就在他刚发表于《敦煌研究》的《壁画丝踪——兼及观瞻斯里兰卡石窟得到的启示》一文中,他细腻的发现着实令人吃惊,"在隋唐洞窟的一些飞天壁画里,细观其飘带的形态,应该可以看出它们的材质均系家蚕丝丝绸"。这个经验的获得最早源于柴剑虹的父亲。他父亲是一位专门研究丝绸技术的工程师。20世纪60年代中有一次父子到民族文化宫看演出,远处有几个舞蹈演员挥舞着绸带,父亲就说,这个绸带不是真丝的,是尼龙绸的。柴剑虹就奇怪,问父亲:你怎么知道是尼龙绸的?父亲说不同材质的飘动感是不一样的。柴剑虹恍然悟出,对比西方教堂里带着很大翅膀的天使,我们的飞天飞得漂亮轻盈,也因为穿的是真正中国的丝绸,画工们在画中融会了生活的实际体验。

虽然中华书局培养的是学者型编辑,但对于学者而言,编辑却具备将专业语汇吸纳转化、使之方便传播的能力。这必然跟职业训练有关,因此作为学会的密切沟通者,柴剑虹自觉不自觉地加入到了敦煌学研究的队伍中。向内检视,一方面无外乎是缘于对敦煌本身的喜爱,另一方面则由于对恩师情谊的珍重。

"佛教里讲因缘,对我来讲也是。常书鸿先生是杭州人,樊锦诗院长也是,包括更早的比如罗振玉、王国维、蔡元培等先生。我觉得江浙一带,在资产阶级民主革命初期,一方面他们继承国学的好传统,另一方面他们不保守,乐于接受新的文化学术思想。受此传统影响,作为我个人,我也始终觉得自己与敦煌、与佛教文化有一点缘分。"柴剑虹于是谈起他在杭州就读的普化小学,就开办在断桥附近的昭庆寺里。

其实学会里要负责的琐碎之事相当多。近年一些老先生相继去世,常常都要由柴剑虹发一个唁函或打电话,通知学会的理事们。一些学术活动需要出面协调。"比如今年8月我们要在敦煌开研究院成立70年纪念大会,我要协调一下,哪些代表去;比如明年1月要在日本京都开会,14位大陆代表名额,哪些人去,都要一一征求意见。还有民政部每年3月底前的年检,商量写小结,都是特别日常的、为大家服务的工作。"说至此,柴先生话锋一转,说,"但是,这些付出也是应该的、值得的。我一直有个想法,我们这一代人,对于我们老师辈,启功先生、季羡林先生等等,他们的学问我们今天无法企及,但我们已经得益了很多,他们的道德文章已经启迪了我们很多。另一方面我们也应该将老一辈的道德文章传给下一代。我过去带过很多年轻学者去看望季老、启功先生,思考怎样让更多年轻人感受到老一辈的风采。学问,是非常复杂的,你不可能什么都学到。能够学到他们的十分之一、百分之一就很不错了。说到底我们是承上启下的。所有做的这些都是应该的。就算有的年轻人有这样那样的不足,我们不应该埋怨他们,是我们自身没有尽到责任,没有尽力把老一辈的好学问传给他们。"近些年来,柴剑虹积极参与了《季羡林全集》《启功全集》和冯其庸《瓜饭楼丛稿》的编辑工作,认为理当为学术传承事业尽一份责任。

半个多世纪之前,人们对敦煌学的认识还模糊不清。姜亮夫先生在《敦煌——伟大的文化宝藏》中的论述，极为简明扼要地概括了何为敦煌学：

"自从莫高窟六朝、隋、唐写本藏经发现之后，敦煌学已成为六十年来在国际间享有盛名的中国学术之一。因为它的造型艺术，与许多古文化之邦如希腊、罗马、波斯、印度的画法作风，乃至题材，有多方面的相互关系与影响……""民族与民族的了解，人类的真正情感交流，乃至真正的和平共处，是在互相了解，了解的一个最重要也最基本的法则，是交通。所以敦煌可以有希腊、罗马、印度、小亚细亚诸式的艺术，正是这些交流。有了这些交流，才能互以幸福相交换。这也有同于中国丝与纸使欧洲人增加了人生的幸福一样。这是文化的最高价值，这是文化的最高点。"

柴剑虹将目光重新凝聚在壁画中最多姿多彩、动人心魄的敦煌飞天上，想象它们作为佛教文化的使者，从古老的印度起飞，曾在阿富汗、尼泊尔歇脚，越过巍巍昆仑，经新疆到敦煌，接受华夏文化的洗礼，飞遍神州大地，又飞向更远的东方、西方，为全人类所认同、鉴赏。"如果我们细心观察，就可以从中体味到众多不同的和谐统一：生与死，人与神，内与外，灵与肉，瞬间与永恒，静止与流动，细腻与粗犷，严肃与活泼，单纯与繁杂，平淡与奇妙，阳刚与阴柔，轻薄与厚重……我以为，这就是敦煌艺术乃至整个敦煌的魅力所在，这就是充分展现了人文精神的天人合一的境界，这就是世界文明的象征。"

（撰文：夏楠）

1982年初在故宫，启功先生为柴剑虹等讲解

柴剑虹

浙江杭州人，1944年出生。1966年毕业于北京师范大学中文系，后志愿赴新疆乌鲁木齐市任教十年，1978年考回北京师大做中国古代文学方向研究生，师从启功、邓魁英等教授。1981年进中华书局，历任文学室编辑、《文史知识》副主编、汉学室主任。现为中华书局编审，中国敦煌吐鲁番学会副会长兼秘书长，浙江大学、中国人民大学等高校兼职教授，敦煌研究院、吐鲁番研究院兼职研究员，首都师范大学特聘教授。曾多次应邀赴俄、法、德、英、日、韩等国及我国台湾、香港地区参加学术研讨；在国家图书馆、天津博物馆、炎黄艺术馆等文化机构及北大、清华、首都师大等30余所高校做学术演讲。著有《西域文史论稿》《敦煌吐鲁番学论稿》《敦煌学与敦煌文化》《我的老师启功先生》《品书录》《敦煌学人和书丛谈》等书，主编《中国历史宝库》《走近敦煌》等丛书。自1993年10月起享受国务院颁发的政府特殊津贴。

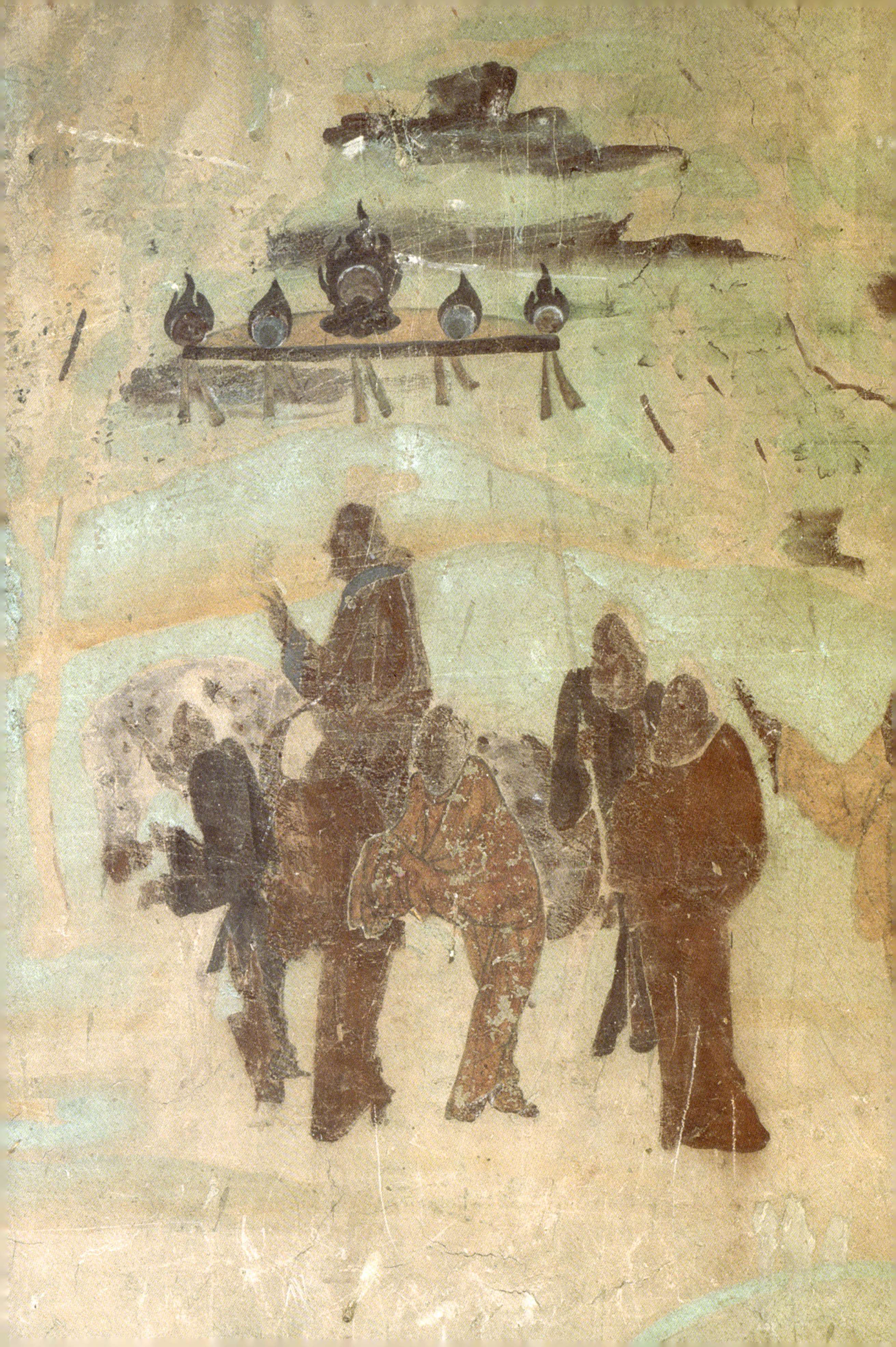

三二三窟 × 荣新江

学者与行者

在很年轻的时候,就可以自己书写历史,是一件何其迷人的事情。正是那些倏忽即逝的勇气与雄心,敦促着人们往荒原深处播下种子;而更漫长的时光,则交付给睿智与坚忍,去开拓,去守望。

323窟 初唐（618—704）
初唐时期开凿的代表洞窟之一。北壁的《张骞出使西域图》,讲述霍去病攻打匈奴胜利后获得两个"祭天金人",汉武帝建造"甘泉宫"供奉,但不知金人名号,故派张骞赴西域问金人名号。画面中汉武帝骑在马上,群臣持伞盖相随与张骞告别。这幅画虽有牵强附会之说,但张骞出使西域,开通丝绸之路,功不可没。这幅画是研究丝绸之路历史和中外文化交流史的极为珍贵的形象资料（图片提供:敦煌研究院）

一

"敦煌者,吾国学术之伤心史也。"陈寅恪当年沉痛的喟叹,梦魇般困扰过一代代中国学人。

1979 年,荣新江在北大历史系读大二,听唐长孺教授的课,讲台上的老师突然唏嘘不已。老师说,中国学者曾在 1950 年代编写《敦煌资料》,许多敦煌卷子收藏在欧洲,他们无从看到,一些细节只能通过考证来判断。后来,日本学者池田温前往欧洲,对照敦煌原卷,挑出了 300 多处错误。那些年,许多中国学者读着池田温发表在《东方学报》上的文章,痛哭流涕。

北大与敦煌学渊源极深,刘半农、王国维、陈垣、向达、王重民……名家辈出。从"文革"劫难中幸存下来的一代学人,试图完成前辈未竟的心愿,为北大也为中国夺回敦煌学的中心地位,周一良、邓广铭、季羡林纷纷建言,从北大图书馆大库里调集了 500 多种古籍,以及大量缩微胶卷,开辟了一间图书室。图书室的钥匙,就在荣新江手里。他是班里的学习委员。

每次老先生们来查阅材料,荣新江就会摇动缩微阅读机,找出相应编号的胶片。老先生们离开以后,他依然会把自己关在图书室里,各种端庄的文字与迷离的符号,在胶卷上沉默流淌。那是一条绵延万里、横亘千年的时光之河,沿着中国的西北边陲,向中亚腹地延伸,上千年来,无数使节、商队与探险家走过的古道,无数画师、僧人、居士们虔诚而菲薄的心愿,在胶卷上隐隐浮现。这些缩微胶卷,荣新江前前后后看了三遍。

二

关于荣新江,许多往事早已成为传奇。

读大二时,他就发表了关于于阗的学术论文,很快被译成法文,引介到欧洲。读大三时,他跟随老师张广达拜访季羡林,成为季羡林组织的"西域研究读书班"中最年轻的一员。他对唐代典籍了如指掌。有时踢足球时不小心摔倒了,同学们就会开玩笑说,荣新江比一般人更难掌握好平衡,因为他的脑子里压着一部《唐六典》。研究生二年级时,他前往荷兰莱顿大学交流访问,师从汉学名宿许理和(Erik Zürcher),遍访欧洲各国收藏的于阗、敦煌、吐鲁番卷宗。

池田温访问北大时,有两位学者的书房让老人印象深刻,荣新江的"三升斋"就是其中之一。这间书房也是海内外敦煌学者每次到北京都会频频流连的图书室。书斋名字出自《汉书·食货志》:"治田勤谨,则田益三升,不勤,则损亦如之。"事实上,人生的传奇,正来自"勤"与"谨"。

三

1985年,24岁的荣新江开始构想一个近乎疯狂的计划。对照着一本《欧洲、北美的东方写本》(*Oriental Manuscripts in Europe and North America*),荣新江展开欧洲地图,那些收藏着于阗、敦煌、吐鲁番文献的图书馆和研究所,就是他的目的地。一张欧洲铁路联营票,让他穿梭于伦敦、巴黎、柏林、不来梅、哥本哈根……没有相机,没有扫描仪,一切依靠手抄,许多无人问津的古老典籍,重新散发出光芒。

许多机构在推荐信里将24岁的荣新江称为"Professor Rong Xinjiang(荣新江教授)",尽管海关人员大多狐疑地打量过他无数遍,却还是在护照上盖了章。在欧洲,Professor意味着学识,也象征着另一种权力。

那时欧盟还没有成立,中国护照上薄薄的五六页纸,很快就盖满了章。大使馆在护照后面粘上一串白纸,到了年末,一条长卷上已经盖满欧洲各国的印章。背着沉重的手抄本,带着这本护照,荣新江在北京换回了户口本,他看到自己那一页下面标注着"从荷兰迁入"。

研究于阗、敦煌、吐鲁番与中外关系史,原本就需要大量实地考察,而散佚在世界各地的原始档案,也敦促着荣新江不仅要做一位学者,还要成为一位行者,不仅能在书斋里皓首穷经,也要在行走间丈量历史。多年间,他的足迹遍及欧美、日本。在德国国家图书馆,善本部只有8个座位,荣新江每次从上午9点坐到下午3点,一直抄录,不敢外出吃饭。在列宁格勒东方研究所,查询时间被严格限定,他只带一块巧克力,从开馆待到闭馆。许多尘封已久的研究资料,正是这样一点点被发掘出来。发现的惊喜,不断消解着来自饥饿的侵袭。

几十年过去了,曾困扰几代中国学人的喟叹,早已成为历史的回声。敦煌学的中心回归了中国,敦煌学则成为一个跨国、跨领域的学科。

荣新江将自己视为"杂家"。从唐史、于阗,到敦煌、吐鲁番,再到长安研究,他的学术轨迹看似庞杂,实则一以贯之。归义军研究是荣新江研究敦煌学的起点之一,那时他就已经兴奋地意识到,依靠敦煌遗书,自己这一代学者将摆脱旧史家的束缚,更独立地观察历史;也能根据原始资料,写出前人没有写过的历史。

在很年轻的时候,就可以自己书写历史,是一件何其迷人的事情。正是那些倏忽即逝的勇气与雄心,敦促着人们往荒原深处播下种子,而更漫长的时光,则交付给睿智与坚忍,去开拓,去守望。

敦煌学的复兴与隐忧

《生活》：您在 1978 年考入北大，为什么选历史专业？有家学渊源？

荣新江：我在"文革"时上的小学和中学，只在 1976 年到 1978 年读了两年书，其他时间除了玩，都在学工、学农。我家在天津新港，挨着码头，我们去船上扛东西。有时候船坏了，我就跟着管工师傅一起修船。

《生活》：有书看吗？"天祥"的旧书摊当时还有吗？

荣新江：我们那里是工业区，只有一个练武的人家里有很多小人书，有时候到他家偷偷地看，"文革"都给烧了、扔了，没人敢留书。

我看过一本书，没头没尾，书脊上只留一个"集"字。上大学才知道，是吴晗的《灯下集》。那时候只要找到纸片就看，很多其实也看不懂。

到了 1976 年我又开始学习，当时看过一本和敦煌有关的书，讲藏经洞的故事。我研究敦煌，可能和这本小册子也有关系吧。

当时接触最多的其实是科技史。我们中学的图书馆馆员把书都扔了，但是科技史的书他觉得没问题，都留着。那时我就看了李约瑟（Joseph Needham）的《中国科技史》，是当时翻译的数学、天文学和地学卷。我后来研究中外关系史，可能也是那个时代种下的基因。

《生活》：大学时代是怎样开始接触敦煌学的？

荣新江：20 世纪 80 年代，北大想要夺回敦煌学中心，有一种爱国主义热情在推动着。当年周一良、邓广铭、季羡林这些老先生要求，从图书馆大库里调了 500 多种书，还有缩微胶卷，开辟了一个小屋子，放在里面。

北大收藏的敦煌学的老典籍，比中国国家图书馆都多。因为北大图书馆是燕京、北大和中法三个大学的图书馆合并在一起的，老燕京的图书馆是汉学图书馆，各种探险队的书都有，还有一些后来也都回溯着买了，比较集中，比如《西域文化研究》《敦煌画志研究》。《西域文化研究》一套有 7 本，现在在日本发现了 1 本，开价 8 万。北大有两套。

我当时是学习委员，拿着那个屋的钥匙。有一个手摇的缩微阅读机，老先生们要看多少号，我摇到那里给他们看。记得有一次宿先生要看 2551 李义碑，结果摇到那里他一看，一个字也没有，怎么回事？其实因为是用淡朱笔写的，缩微胶卷是黑白的，不显示。所以后来英藏中国文献遇到这些地方，都会用不同的镜头来拍摄。

我平时就在那个屋里，大概摇了三遍，所以我对敦煌卷子非常熟。我有一本《敦煌艺术总目索引》，摇出来看到哪个卷子，就在本子上记下来。后来左景权先生来北大讲学，看到我记的内容，他说，还挺专业的。

北大一直有研究敦煌学的传统，现在有点渐行渐远。现在我们中心只有我一位真正做敦煌学研究的，如果老先生们看到会很伤心的。当然，我们已经夺回了敦煌学中心，最大的中心就在敦煌研究院。

《生活》：据说您大二的时候有一位老师上课，讲到中国 20 世纪 50 年代出版的《敦煌资料》，被国外的专家挑了 300 多个错误。

荣新江：是唐长孺先生上课时讲的。日本的池田温先生在《东方学报》上写的书评，中国学者一边念一边哭。《敦煌资料》是贺昌群先生他们做的，他们都是高手，不能怪这些老先生。当时中国学者没有条件出国看敦煌卷子，而池田温到伦敦、巴黎看原件，很多问题都出现了。

比如敦煌卷子护脊背面的纸缝里一般都写着字，上面写时间，下面写县和乡。有了这些信息，就可以判断是哪一年哪个县哪个乡辑的。但是当年，这些字会影响和尚抄经，他们就裁掉再粘起来，这些重要的信息都被粘到里面了。中国学者看不到原件，只能通过考证来判断，池田温到了欧洲的博物馆，拿灯一照，哪年哪月哪个县，都看得清清楚楚。

西方的敦煌学研究已经没落，他们不重视，也不关心了。在法国国家图书馆，敦煌学已经不是一个组，被并入东亚研究组，他们要把汉籍（敦煌卷子除外）都搬到郊外储存，日本学者的书却全都留下了。在英国国家图书馆，魏泓（Susan Whitfield）在做 IDP（国际敦煌项目），但是 IDP 不能取代一切。我们必须亲手摸敦煌卷子，魏泓却限制中国学者去看。

《生活》：实物和影像完全不一样。

荣新江：当然不一样，其中包含了很多信息。郝春文去伦敦，一天限他看 7 个卷子。胡平生去看汉简，很多汉简已经出版过了，不用看，我们要看的都是很短的、他们没整理的那些，像胡平生这样的高手，可能 5 分钟、10 分钟就能看一个，每天看 7 个就不给看了，那还怎么做研究？

敦煌资料上网是对的，但是，他们的理念和我们研究者是冲突的。中国开通 IDP，我就提出：第一，IDP 不能包揽一切，研究敦煌学的人一定要看敦煌原卷；第二，中国的 IDP 应该从中国上传，不能拿到英国上传，原始数据一定要保持独立性，这是一个国家战略。现在，英国国家图书馆网络要维修，连中国国家图书馆藏的敦煌卷子都看不到了。

如果说现在中国的敦煌学又落后了一步，就是在网络上落后了。

在世界发现敦煌

《生活》：归义军研究算是您研究敦煌学的一个起点吧。

荣新江：当年跟着张广达先生做研究，有点像杂家。我最早研究于阗，但是，如果没有敦煌的内容，怎么研究于阗？我做于阗的世袭，都是先把敦煌的世袭排出来，看他们的联姻关系，然后再把于阗的世袭给构建起来。实际上也是同时在做敦煌。但是，我研究于阗的时候，是和老师合写的文章，后来他离开中国，我才正式把归义军的历史梳理了一遍。

归义军研究最过瘾的是，我们可以自己写历史。像《资治通鉴》《新唐书》和《旧唐书》，都是史家写好的，你始终还是在他们设定的框架里，你没有新的档案可以做。研究归义军，我是从原始档案入手，直接写，直接看出问题来。虽然这个题目相对于整个历史来说还是很小的，但是很过瘾，这是我们自己写的历史。

《生活》：自己书写历史，也有很大难度，包括前期材料的收集整理。

荣新江：那时候收集资料花的力量太多了。如果能像现在一样，英藏、法藏、俄藏的敦煌卷子都能看到，那该省多少时间、多少资金，我们就能做出更多的成果。但是每个时代总是有每个时代的问题。我们还想生在王国维的时代呢，那是一个新学术时代开始的时候，更加过瘾。

《生活》：1985年，你在欧洲很多国家查询了大量资料。

荣新江：那时是探宝式的查找，能抄多少就抄多少。当时我关注的不只是敦煌，还包括吐鲁番、楼兰、于阗、龟兹，只要哪里有相关资料，我就在地图上点一个点。

我在荷兰莱顿大学交流时的老师是许理和（Erik Zürcher），他是欧洲非常著名的汉学家，与谢和耐（Jacques Gernet）同坐第一把交椅。他写信让对方邀请我。后来我发现，我受到的待遇比10年后要好得多。我10年后再到德国国家图书馆，每天要争着去坐善本部的那8个椅子，早上进去，中午如果吃顿饭回来，椅子就没了。所以只能饿着，每天从早上9点到下午3点，不吃饭，一直抄。

而在1985年，因为有许理和先生的信，德国国家图书馆给了我一间屋子，专门安排了一位工作人员，一辆推车，因为那些文件都是镶在大玻璃板里面的，很沉，一趟一趟地运给我看。

那时候我读研究生第二年，还不到25岁，可以买欧洲铁路联营票，东到伊斯坦布尔，西到海岸线，南到卡萨布兰卡，北到赫尔辛基，所有的火车，不论班次，不论时间，一个月内随便坐。但是联营票不包括所驻国，先花15荷兰盾坐车到荷兰边界，联营票开始生效。联营票300多荷兰盾，当时1荷兰盾折合人民币7毛3，200多块钱就可以在欧洲到处跑。

许理和写的推荐信是"请你们邀请Professor Rong Xinjiang"，我说我不是Professor，他说，Professor在欧洲是特等阶层，办签证至少比一般人快一个月。我到瑞典时，海关的人说，你是Professor？我说，你看我像吗？他说，不太像。可还是"哐"敲上一个章。

当时中国护照只有五六页，欧洲也没有申根签证，很快就盖满章了。大使馆给我接了很长的一串纸，在纸缝上盖上章，就像敦煌文书。到了一个国家的海关，人家说，你这有法律效力吗？算了，还是给你盖上吧！那本护照绝对是敦煌学史上的文物。可是我回来以后必须交到北京外国语学院的留学生中心，才能把户口本换回来。当时也没有数码相机或者扫描仪，可惜啊。我现在的户口本上写的还是1985年某月某日从荷兰迁入，简直是一个归国华侨。

《生活》：当年怎么找到这么多线索的？

荣新江：联合国教科文组织资助了詹姆斯·道格拉斯·皮尔逊（James Douglas Pearson），他跑了欧洲和北美的300多家图书馆，编了一本《欧洲、北美的东方写本》。这本书中会注明，某个图书馆，敦煌写本有多少件，西藏写本有多少件，《永乐大典》有多少本等等信息。这本书对我帮助很大。虽然它收录的主要是阿拉伯文、波斯文的内容，但是，只要查到和敦煌、吐鲁番、于阗等相关的信息，我就请许理和先生写一封信，我去找。就这样一站一站地跑。

当时只有赫尔辛基大学没有答应，因为日本学者抢了先。赫尔辛基大学的负责人让我联系百济康义，这反而成了我和日本敦煌学界联系上的第一条线。后来我第一次去日本访问，就是百济康义邀请的。

《生活》：访书的过程会有许多意外的惊喜吧。

荣新江：是的。就是靠着《欧洲、北美的东方写本》这本书，我在切斯特·比替图书馆发现了9本《永乐大典》。当年爱尔兰给了切斯特·比替（Chester Beatty）荣誉公民身份，他就把收藏都搬到都柏林，建了私人博物馆，只对学者开放。他主要收集阿拉伯、埃及的东西，最著名的是北非的摩尼教的写卷。那里也有敦煌卷子，但是可能是假的。不过，我却发现了9本《永乐大典》。我和英国国家图书馆的吴芳思（Frances Wood）说了，不久她也去了一趟，说这些《永乐大典》都是真的。

1991年，我到英国国家图书馆整理编目，突然看到他们的业务通讯上写着，去年中文部最大的收获是买到了一本《永乐大典》。吴芳思告诉我，当年八国联军侵华，英国兵和爱尔兰兵住在翰林院旁边，拿了很多古籍，都在家里放着。等到老兵去世很多年之后，家里人虽然不知道这些古籍是什么，但是知道它们有价值，就拿到英国国家图书馆，英国国家图书馆就会出高价买下来。

我又去看大英图书馆的登记本，发现20世纪60年代以后有5条关于《永乐大典》的记录。我马上请张忱石把《永乐大典史话》寄给我，他那里有《永乐大典》的现存表。当年中国以为已经全部调查清楚了，全都影印了，谁知道英国还不断收到新的。我在切斯特·比替图书馆找到9本，在大英图书馆找到5本，后来是我代中华书局跟两个图书馆签的字。他们免费提供缩微胶卷，我们印出来再整套给他们两套。后来种种原因，放到上海辞书出版社出版了。不过，只要印出来就好了。

《生活》：听说当年你在列宁格勒查资料，每天只吃一块巧克力？

荣新江：巧克力本来是要送人的，但是到了那里，没吃的。我借了一批资料，如果出去一趟回来再借又要花一个小时。我就干脆不出去了。

现在我们在调查俄国斯卡切科夫的藏书，他1849年到北京，是俄国大使馆的气象测量员，住在喇嘛庙，就是当时的俄国领馆。1848年，徐松去世，很多藏书被他买走了。《永乐大典》的"站赤"条就是徐松抄的。1915年，日本的羽田亨跑到圣彼得堡抄录，写了《蒙元驿传杂考》，后来他发现，自己其实白费了工夫，因为"东亚文库"已经买了这一卷的原本。但是羽田亨说，他看到的版本上有徐松的校勘。我们去年去圣彼得堡看了，校勘内容不多。斯卡切科夫的收藏可是大宝藏，很多文献不对外公开，那里收藏的敦煌卷子也是这么晚才开放的。

新史学的训练场

《生活》：在《学术训练与学术规范：中国古代史研究入门》这本书中，您特别强调图像学的重要性。这种学术观念与敦煌研究有关系吗？

荣新江：当然有关系。虽然我不是专门做美术史、考古学研究的，但是我当年在北大读书时，考古专业还在历史系，我们上宿白先生的课，从魏晋南北朝考古一直到宋元考古，以及丝绸之路考古学、东西交涉考古学、佛教石窟考古学，这些课我都听过。

我的专业是隋唐史，但是我研究于阗史，研究粟特史，都要用到图像资料。不过我做图像资料和研究美术史的学者不太一样，我声称我不做图像考古，我更多的还是把图像作为文本（text），用来研究历史。其实，研究西域、敦煌，并没有很多的史料，而图像本身就是一个文本。我接触的肯定比一般的研究中国历史的学者要多得多。像虞弘墓、安伽墓、史君墓的发掘，都有我的文章跟着考古报告发表。

我为什么会强调图像学，因为大家以前都在追踪考古挖掘出来的东西，它们经常会被放大。其实，在古代的图像、历史文献里，早就有这些东西存在，要用平常心来看待它们。

《生活》：您和张广达先生都曾论述过王国维的"二重证据法"，图像学可以在"纸上之材料"和"地下之新材料"之外成为另一重证据吗？

荣新江：本来美术史就是一个独立学科，20世纪50年代中国学苏联，把美术史专业拆分了，直到现在也没能整合出合适的美术史。

北大要创建世界一流大学，怎么能没有美术史系呢？中国也非常需要美术史。但是现在很难协调。

敦煌研究院的赵声良先生他们办的《敦煌研究》，可能在创办时都想象不到现在能起到这么大的作用，是一个领头兵，不仅是敦煌研究，只要是和石窟寺、佛教艺术有关的研究论文，几乎都在《敦煌研究》上刊登。通过这本杂志，绝对能看出几十年的学术史脉络。

从整个中国美术史的角度来说，过去日本学者松本荣一通过伯希和的照片和斯坦因的敦煌绢画，构建出尊像图、经变图、佛传图这几大块主体，但是，真正把它们全部完善起来，是敦煌研究院的学者们做的。松本荣一做出一个纲，几十年来，敦煌研究院的学者们对每一个经变都做了详细的考证。人们把时代的贡献给了松本荣一，但是，如果现在有人要做经变研究，就必须在敦煌研究院的先生们的基础上再来做。这是敦煌研究院对艺术史非常大的贡献。

《生活》：您曾写过一篇文章，谈到21世纪敦煌学的前途在哪里，讲了几个未来的可能性，比如佛教、道教的研究。

荣新江：那时候的眼界其实还是不够的。敦煌还有许多细部可以做。现在讲莫高窟，基本还是讲汉族的历史，我老觉得，不止如此。像于阗和敦煌有那么密切的关系，我们还没有真正找到于阗文的题记，不可能没有。就得全部普查一遍，专门看有没有婆罗米字母。我们调查过龟兹地区的石窟，研究了4年了，吐火罗的内容发现了400多条。有的汉字被毁掉了，但是婆罗米字母不像汉文，很多人不认识，保存下来了，内容相当丰富。

莫高窟是很多民族共同供养的地方。回鹘文做得很丰富，西夏文系统调查过，藏文有人注意过，但没有系统调查。粟特文绝对也有。

文书也非常值得研究。现在国际上受后现代影响，非常流行研究书写（Writing）、印刷（Printing）、邮寄（Remitting）。现在不是从物质文化的角度讲书籍史，而是和印刷史、社会史结合起来讲。

《生活》：对国际学术界来说，敦煌学也会带来一些新的刺激。

荣新江：现在美国研究唐代文学的人，人手一本徐俊的《敦煌诗集残卷辑考》。徐俊整理敦煌卷子，涉及很多历史的内容：这个人是谁？他在哪一年做了什么？我花了一个月，帮他改了很多。我跟他是铁交。

这本书是以一个卷为单位来整理。过去王重民先生他们都是非常好的文献学家，把它们切割成经史子集，比如《白居易集》《韦庄集》《陈子昂集》等等。但是，唐人的诗集大部分其实是混抄的，我和徐俊合写过一篇文章，以前有一个很长的写本，被人们称为《白香山集》或者《白居易集》，俄藏敦煌卷子出版以后，我们发现，有一首《盐商妇》，跟它严丝合缝的下面那一首，却是李继兰的诗，这个卷子就不能叫《白香山集》了。过去对唐人诗集的界定，其实都是受到后代人观念的侵入。实际上唐人的诗集，就是敦煌卷子呈现出来的样子。

《生活》：这些新角度的观照，对敦煌学来说也是一个新的契机。

荣新江：是的，敦煌也相当于获得新生。不管是做妇女史、性别史、民族史、宗教史等等，几乎都可以在敦煌找到线索。过去我们研究唐朝，没法像研究宋以后的地方社会那样详细，但是，我们可以研究敦煌、吐鲁番，有些内容甚至比明清还要详细。

我也担心，敦煌学如果走得太细也不行，还是要和其他学科结合，才会更有生命力。我现在带学生，就希望他们开拓一些新的领域。我有一个读书班，带着学生一个坊一个坊地读长安，也会用到敦煌洞窟的内容。

《生活》：读书班和当年季羡林先生的"西域研究读书班"相似吗？

荣新江：季羡林先生的读书班一般不会持续读一个内容，而是大家每个月聚一次，有分工，英文、法文、德文好的人，各看几种西文的东方学刊物，然后大家交流。如果谁写了文章，投出去之前，先到读书班批评一番，像林梅村的《疏勒與考》，还有季先生的学生王邦维在博士论文答辩之前，也先到读书班批评一遍，只批评，不夸奖。有时来了外国学者，当时没有正规的讲演，也让他们在读书班和大家见面。

《生活》：有点像研讨班。

荣新江：对。就是季先生在德国接受的教育。我带的读书班，主要受日本学者影响，我带着学生，一行一行地读一类文献。我们读过吐鲁番的8块碑。一学期只读了不到5块，一个字一个字地读。比如《且渠安周造寺功德碑》，认字、释义，要查内典、外典的说法，给它最贴切的解读。现在的吐鲁番研究，主要看文书、墓志，碑被忘了。其实碑更重要。

我们读得更多的，是长安。我们一个坊一个坊地读。住在坊里的人、坊里的寺庙、寺庙里的和尚，我们都把资料收集起来。如果这个坊进行过考古发掘，比如何家村的金银器，我们也会结合来读。

《生活》：社会生活史的考察，也是国际学术界流行的方向。

荣新江：长安的研究主要有几类：考古学者进行考古发掘，历史地理领域的学者研究坊里人物、交通道路等等，更多的我戏称为"录鬼簿"——发现一个人，看他住在哪个坊，就补一条。

我和他们不一样，我是带着同学，把长安作为一个新史学的训练场，会根据学生的研究方向，研究佛教、道教、民间宗教、王府、制度等等。

长安比敦煌大多了，相当于108个敦煌，一个坊就相当于一个敦煌城。我们研究动态的内容。比如，有的坊就是一座寺，如果有美术史的同学加入，我就交代他研究这个坊的壁画，我们再和他讨论。比如，有的坊住着韦家，我们就把韦氏家族在长安的整个分布都研究一遍。

我们先给长安列出前后300年的顺序，谁生活在前，谁生活在后，有些人可能还是邻居，就会慢慢还原出一个生活圈。比如通过权德舆文集里的行状和墓志铭，找到他主要接触的人，以他为圆心画一个圆，就会发现他主要的活动范围在三个坊里，并没有多远的交游。白居易的活动范围，有人研究过了，他怎样从东面搬到西面，有很多诗可以印证。

也有人研究鬼和怪。唐朝小说还没有完全虚构，地名都是真的。比如，有一个鬼骗一个人说，回来我就嫁给你，那个人跑到坊门那里等鬼回来，坊门关了，他等了一夜，第二天再看，却是一间空宅。但是，小说里写到的那些地点都是真的，把地点画出来，很多事情就出来了，很好玩。

我们陆陆续续地读，已经有好几个学生做了硕士、博士论文，像蒙曼，现在在《百家讲坛》主讲，她就是做长安城里的禁军研究，禁军发动政变时怎样往对方那里安插密探，都可以研究出来。

我们也会借助敦煌的图像，比如我写长安的甲第，也就是长安的豪宅，怎样不允许建，还是要建。借助了敦煌净土变里画的楼阁，楼阁上可以跑马，楼和楼之间是相通的。敦煌壁画可以帮助我们想象当时的长安。

（撰文：张泉）

多年来，荣新江的足迹遍及世界，找到大量尘封的于阗、敦煌、吐鲁番等相关历史文献

荣新江

1960年生于天津，1978年考入北京大学历史系，1985年研究生毕业。现为北大历史系暨中国古代研究中心教授、博士生导师。中国唐史研究会理事、副会长，中国敦煌吐鲁番学会常务理事，《唐研究》主编，《敦煌吐鲁番研究》编委，《中国学术》学术委员会委员。主要从事隋唐史、西域史、中外关系史、敦煌学研究，著有《归义军史研究》、《敦煌学十八讲》、《中古中国与外来文明》、《中国中古史研究十论》、《于阗史丛考（增订本）》（合著）、《隋唐长安：性别、记忆及其他》、《辨伪与存真——敦煌学论集》，以及有关敦煌吐鲁番学、中外关系史、西域史、隋唐史论文多篇；主编《唐研究》（1—16卷）、《唐代宗教信仰与社会》、《中外关系史：新史料与新问题》（合编）、《从撒马尔干到长安——粟特人在中国的文化遗迹》（合编）、《粟特人在中国——历史、考古、语言的新探索》（合编）、《吐鲁番文书总目（欧美收藏卷）》、《新获吐鲁番出土文献》、《向达先生敦煌遗墨》等。

卷三

249窟 西魏（535-556）帝释天妃（右侧局部）（临摹：霍熙亮、史苇湘、关友惠绘于1956年）（图片提供：敦煌研究院）

大漠美术馆

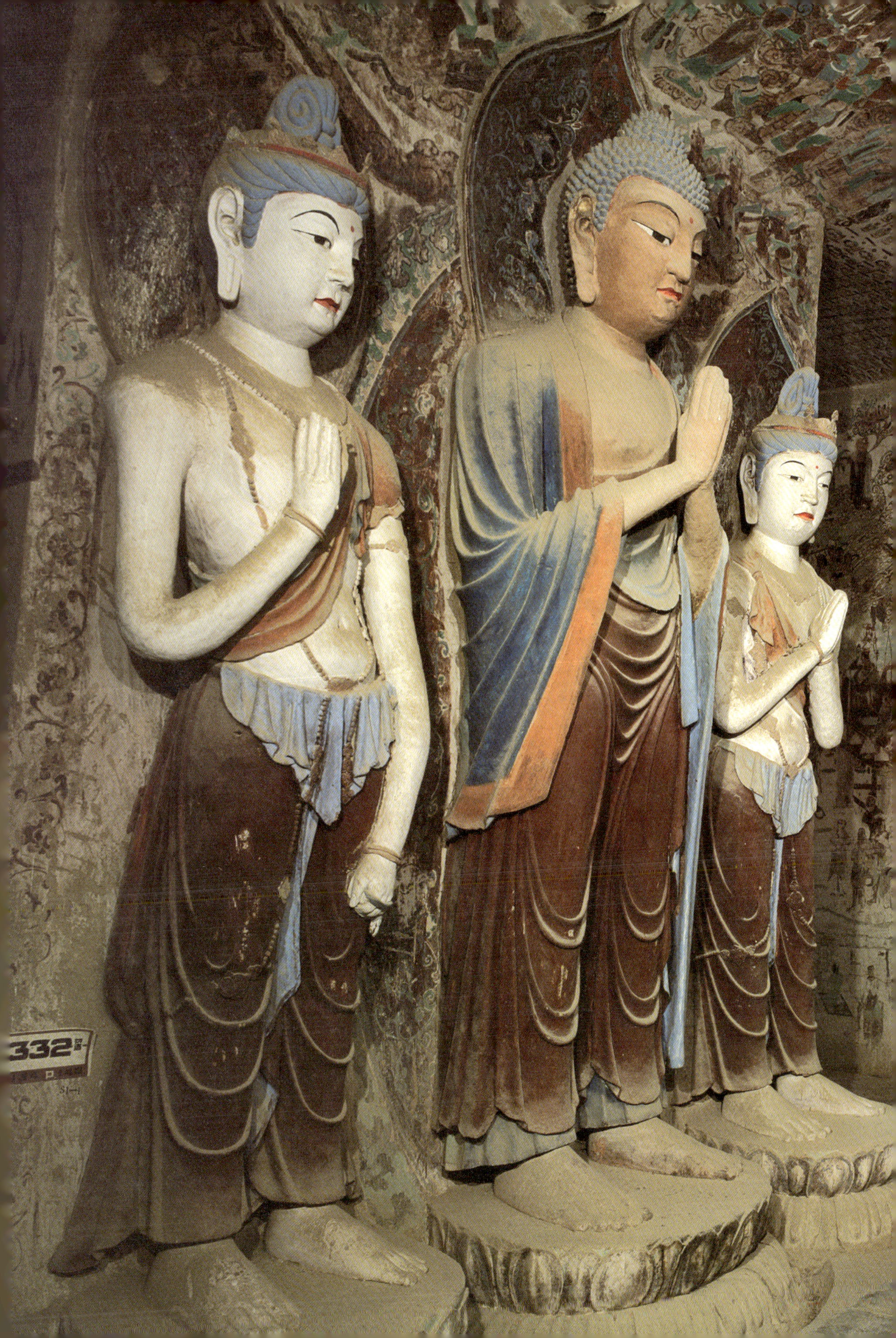
332

332窟 初唐（618—704）

是一个前部人字披后部中心柱窟的洞窟，但中心柱四面不开龛，而在中心柱正面和人字披下方南北两侧塑一佛二菩萨三尊大像。西壁开一横长的券形龛，内塑释迦涅槃像一尊，与之相关，南壁画释迦涅槃经变。画面从南壁西侧下层开始，分上下两层表现释迦双林入灭、纳棺、再生说法、荼毗以及八王分舍利等情节（图片提供：敦煌研究院）

194窟 盛唐(705—781)

开凿于盛唐晚期。塑一佛二比丘二菩萨二天王二力士像。天王像是独具匠心的佳作,两身天王均穿乌靴,佩胸甲,裹战裙。此图为龛外的二力士像,头顶以带束髻,腰裹彩裙,赤足裸上身,肩胸腰腹的肌肉,塑造得既夸张又符合情理,给人以力拔千钧之感(图片提供:敦煌研究院)

一九四窟 × 何鄂

限制与创造

她无法形容自己兴奋的程度。

"就好像你已经跟那个古代的工匠挨近挨近,还差那么一点点,但已经听到他的心跳了。好像你在跟他对话,明白他怎么样在发挥他的创造。

是的,他只能在限制中创造。"

一

　　初次会面是在兰州。她身穿暗花布裙，带领我们穿过马路去往对面的街上吃午饭，疾步如风。我怀疑她真的已经 73 岁了吗？她拉着我的时候，感觉到她的手掌极为宽大而粗粝。她脸上布满的沟壑，仿佛是用刻刀刻出来的，每一条纹路都饱经沧桑，当她张开眉眼笑的时候，从那些沟壑的伸展中，我隐约看到一种因为梦想而经受岁月长久洗礼后，所最终获得的平静。

　　何鄂的名字里有一个"鄂"，因为她出生在湖北武汉。祖籍是上海金山，成长在西安。抗战时期随父母辗转迁移的儿时经历，没有影响到她成年后的精神世界，她在个性上算是西北人，笃定踏实，还有种很直接就能传递给人的倔劲儿。都说一方水土养一方人，无论是八百里秦川的莽原，还是祁连山的巍巍怀抱、黄河的无尽源流，都对她产生了那种血脉上的联系。要认真总结的话，她的年华正是在沿着文明和丝绸之路向西渐渐行进中不断增长的。少年时的她对于古都西安的钟楼、碑林、古城墙和大雁塔，就像家门口那对可爱的石狮子一样熟悉和亲切。就读西北艺术学院的她，对于陕西的秦代兵马俑、汉代的霍去病墓石雕、唐代乾陵雕刻群，以及甘肃新石器时代的彩陶、东汉的铜奔马，敦煌、麦积山、炳林寺三大石窟的艺术，就像从此发现了身边本来就有着无尽的宝藏，她再也挪不动步子了。

　　若说与雕塑的渊源，却来自极为简单的一念之间。大学二年级要分专业，她无意中发现，前两届的各专业中唯独雕塑班没有女同学，似乎天性里的好奇心驱使，她要做打破成规的那一个。不晓得她的手，是不是那个时候开始逐渐蜕变的？"建国初期，铜谁也没有见过，我们用得最多的东西是石膏，然后在石膏上用颜色慢慢点出来，做铜就刷出铜的颜色，但总体来说做的东西都不大。我在学校做过几个创作，印象较深的，一个是女拖拉机手，一个是女接生员，因为是到陕西的农村体验生活，当时跟着那个女接生员到很远的地方，结果产妇难产，发起高烧，孩子最后没在，看到女接生员一直在做人工呼吸……"何鄂的叙述，夹带的感情总是回到深沉的结论里："那是我第一次对人生中完全超出自制的部分有了体悟，觉得唯有用雕塑来表达、寄托。"

　　毕业后她自然不会遵照父亲的愿望去银行工作，在奶奶的呵护下，父亲最终向女儿投降，何鄂由此进入甘肃省美术服务社工作。四年后，转至兰州艺术学院美术系任教。这是她在 1962 年来到敦煌莫高窟前的一些经历。如果说人生当中有一个所谓转折点的话，对何鄂来说，莫高窟之行必是无疑。

　　时至今日回想，初印象已模糊，却残留着并非算得上美好的"深刻"感觉。那时的绿洲一片沉寂，三危山的余晖遥映着崖壁上星罗棋布的洞窟，耳旁阵阵哗哗作响的杨树叶声忽紧忽慢 —— 当地人把它叫"鬼拍掌"。仔细听时，九层楼上隐约的铃铛声，又给千佛洞罩上无限的神秘色彩……25岁的她每次踏入洞窟，就莫名害怕，这种紧张感究竟持续了多久，她已无法准确记忆，也许是相当长时间以后，伴随着对那一尊尊彩塑的临摹的深入，那样一种出于心理最本来的畏惧感终至消失殆尽，取而代之的，是无限的爱慕与敬仰。

二

　　晨光出现，她提着暖瓶，带上一点口粮进入洞窟。同事们安慰她，有保安在洞口附近值班巡逻，别怕。她心里踏实了一点儿。一整天的工作时间里，有时一个人影也见不到。每过一小段时间，她即揭起腿上厚厚的褥子（为防关节炎），起身到门口，挪动一下反光用的镜子，如此直到太阳落下，光线全暗下来。

　　白天临摹洞窟，都依靠太阳的反射光。敦煌的人们很早就开始了太阳能的利用。

　　刚开始临摹，遵循的自然是那套学院教育，西方雕塑体系的训练，注重比例、重心、体量等，以准确地模仿出这些泥塑的外表为目的。直到有一天，重大的顿悟发生了。

　　"当时我们的临摹条件太优越了！搭的板子跟这身彩塑一模一样高，直接爬到那上面看它的顶部，我们看到好多像的后面是没有塑的，佛教的东西谁会爬到后面去看？我还记得194窟的一尊菩萨，手里面露出铁丝，那时的铁丝是方的，可能是用手工砸的，因为外边的泥巴干了，裂得都掉下来了。我待在那儿整天整天，一点点做的时候，就一点点摸索着以前那些匠人们，是怎么做到如此的精妙传神，怎么就恰恰好的！那一身身佛像菩萨，当你隔着一定距离在它们前边端坐，刚刚好看他们慈眉善目，似有言语，但当你趴在它们的前面看竟然啥也看不见，五官看不见，眼神也看不见，夸张得特别厉害。但这夸张是为坐佛朝拜的人们而量度好的一个尺寸。"

　　她先后临摹了159、194、197、416、384共5个洞窟的彩塑。而194窟给她带来的启发谓之深远。第一次她临摹其中的一尊红脸天王，时隔若干年，又临摹另一尊白脸天王，这次她将之前的红脸天王对照看了无数次，竟被她发现了两尊天王雕像有13处不同。这两尊天王的动作几乎一致，体量相当，但是古代匠人做出了两个完全不同个性的天王。除了面部颜色，天王的衣领、盔甲、战袍所有微妙的细节变化都在她的观察下浮凸而出，那些装饰，全都带着情绪和性格向她展开来。"应该说我意识到创造的巨大力量，就是先从这两个天王身上发现的。"

　　有一次，她偶然发现泥塑菩萨的小腹都是突起来的，按雕塑的常规，女性人体小腹突起会觉得不好看，可是这些菩萨都非常美。慢慢地琢磨中，她领会到了：菩萨非男非女，工匠们不能在菩萨像上表现女性胸部的特征，可如果胸部平坦，小腹也是平坦的，整个形体就会缺乏立体感，塑像也失去了形体曲线。古代的工匠们，运用智慧，选

194窟 盛唐（705—781）（图片提供：敦煌研究院）

取了这一形体动作，既使形体空间错落，曲线优美，也使人感受到形体的情绪是非常自在和放松的，人在放松的时候，小腹是不会收紧的。

她在临摹 384 窟一尊供养菩萨时，发现塑像动作不符合人体运动规律。实际生活中，人如果一条腿跪着，另一条腿是半跪，当两膝并拢，屁股一定会抬起来；但这尊像却端坐在莲座之上，结果是从四个面来看这尊像都很完美。后来她恍然大悟，如果这尊菩萨从背面看，抬起来一半屁股，一半屁股坐在自己的脚上会难看，这尊供养菩萨背弯得几乎像驼背一样，头微微向前仰，按纯客观的解剖规律，背部不会出现这样的弯曲，但是怎么看都觉得这个处理太好了，这样的动作将虔诚的神态表达得淋漓尽致。在这些塑像中大多数天王和力士的脚都做得不大，反而使人感觉非常有力量。她感悟到中国古代塑像更多运用艺术夸张、概括的手法，从而更好地表达了力量和神韵。

她无法形容自己兴奋的程度。"就好像你已经跟那个古代的工匠挨近挨近，还差那么一点点，但已经听到他的心跳了。好像你在跟他对话，明白他怎么样在发挥他的创造。是的，他只能在限制中创造。"

常常，她在与他们交会的时候，感到了那种光芒。

鸣沙山上偶尔会出现一种奇异的景观，敦煌人把它称之为"金光"，仿如佛光初现，但也并非个个都那么有幸能看到。何鄂，在 12 年里看到过一回。

三

敦煌的月亮又大又圆，沙漠里的星斗像灯火一样。不临摹的晚上，她就常常想起在兰州的丈夫和告别时才两岁的女儿。这一待就是 12 年，对于家庭的愧疚，可说是每一位敦煌人都须承受的另一种痛。

中间也经历了"文革"的动荡和无奈，即使遥远在敦煌，也没能避免这场风暴。好长一段时间研究所的人们无所事事，只能一起研究如何把菜种得更好，把猪喂好。

1974 年，何鄂回到兰州，进入甘肃省工艺美术公司研究所工作。敦煌的一切似乎还历历在目，她那时开始接手做一批敦煌的旅游纪念品，忽然间，她的大脑好像又被点中了："是的，我们现在可以临摹，美术学院毕业的人都可以临摹，子子孙孙都可以临摹，但这个光永远是古人的。你自己的在哪里？"

循此，她问自己，你生活在这个时代，你也学了很多东西，也下过乡，见过很多生活以外的东西，但你自己就没有任何的感受吗？结论是？"我主张真诚地学习古人，学习一切人类文明的优秀成果，然后远远地离开他们，是要带着自己独特的创造远离他们。"

寻找自己。这是又一个漫长的开始。她动手的第一个重要作品，叫"黄河母亲"。

1986 年，这座建于兰州黄河边上的大型城雕作品，凝固着一个永恒的主题——对华夏儿女的母亲河的赞颂，也是对民族精神的弘扬。多年来的每个清晨，依偎在这座朴实、端庄、善良、秀美的雕塑边，晨练过的人数以千万计。也据说，在兰州，家家户户几乎都存有在"黄河母亲"前的留影。

　　那是 20 世纪 80 年代初，艺术创作迎来高潮。全国首届城雕设计方案展征集作品，甘肃几位雕塑家商议，不能让甘肃在全国首届城雕设计方案展览中留个空白。出乎意料的是甘肃送的 5 件作品全部入选，展览开幕后第 5 天，"黄河母亲"的照片刊登在《人民日报》上。得到消息兴奋不已的何鄂，立即跑到北京石雕厂去询问放大需要多少材料和经费。当时厂里有两种石头合适，何鄂选中了山东泰山红。听说石料产地在山东，她迅速给山东石料厂写信，询问这种石材的体积、开采等情况。何鄂回想那一幕幕，觉得是在做梦。

　　在阐述创作构思的时候，她说："必须要在构思上有独特性，在艺术上有唯一性。设想一下，当你走到每一个城市都见到相同的城市雕塑的话，那是不是很扫兴？在兰州，应该把握的是'黄河'这条文脉，我们比沿海地区干旱、落后，但为什么还能生生不息？看到这条河，就能想到这块土地上的人，想到我们西部人的精神。有了精神的东西，才能与人内心相通，才能成为他们向往的地方。"

　　但这对何鄂来说，她只是踏出了坚实的第一步。那时单位没有创作的时间和条件，只能利用晚上在家做。全家五口人挤在一间半房子里，只好在床边放个凳子，坐在床沿上捏。每天从单位到家的路上，她的眼睛永远直盯着地上，因为总能偶然地发现一些铁丝和木片。这是她的一个高峰，似乎憋了很久，现在正哗哗地流出来。

四

　　年过六旬时，在别人已退休的年龄，她决定建立自己的雕塑院。17 年来广泛奔走，她完成了 60 多项大中小项目，分布在北京、上海、深圳、广州、长春、澳门、新疆、江苏、陕西、甘肃等地。

　　我们在她的雕塑工作室，参观了她自 20 世纪 80 年代以来创作的类型丰富、题材多样化的各种雕塑。其中最醒目的是 2006 年的成吉思汗组雕。这是为内蒙古鄂尔多斯市创作的。放大后的尺寸是非常惊人的，最大的两组长达 32 米、宽 10 米、高 16 米，这项工程总共用了木料 452 方、钉子 2210 公斤……相关参与人员达 800 人之多。

　　创作之初，何鄂努力地去看所有能搜集到的成吉思汗的传记，几经思索，她认定做大型雕塑是唯一的选择，只有用组雕如同交响乐一般的形式表现成吉思汗，才能有力地凸显这一历史题材的史诗感，多角度地反映成吉思汗的人生历程与人格魅力。

接受公共雕塑工程与独立创作的不同,还在于它不光是一个艺术创作的过程,同时也是一个需要协调、对组织能力要求极高的社会性工作。在这方面,何鄂屡次用她的激情、专业和执着打动甲方,使工程顺利推动。

不讳言地说,何鄂是一个容易激动的人,有了想法便不可抑制,代为表达的方式,永远是雕塑。她那双粗大的手,正是为雕塑而生。

她不止一次地被人问过:"你的内心为什么有那么多的冲动?"

"就是想激活我内心创造性的情感。这种激活会让你自己愿意。所以这种力量永远没有休止的感觉,你会很愉快地去做任何事情,不觉得疲惫。说实话……我自己也感觉很奇妙,经常忘记我已经70多了,有时候很快很快地上楼,上到3楼的时候我突然想起,哦,我已经70多了,步子要放慢一点儿。"

(撰文:夏楠)

20世纪60年代何鄂在敦煌研究院工作

何鄂

1937年生,上海金山人。1955年毕业于西北艺术学院美术系雕塑专业。1955至1959年在甘肃省美术服务社工作,1960年至1962年在兰州艺术学院美术系任教,1962年8月至1974年11月在敦煌文物研究所工作,1974年12月至1993年在甘肃省工艺美术公司研究所工作,1994年创立甘肃何鄂雕塑院。代表作大型城市雕塑《黄河母亲》(花岗岩)获1987年全国首届城雕展优秀奖。其作品于1998年、2001年先后在中国美术馆及上海美术馆举办"何鄂雕塑展",十余件作品由两馆收藏,《绣花女》《和睦》分别永久陈列于北京国际雕塑公园和长春国际雕塑公园。

254窟的壁画临摹工作现场（摄影：马岭）

地球的背面

二五四窟 × 赵俊荣 邵宏江

1977年，赵俊荣下定决心离开酒泉，去敦煌。几乎是在同一段时间里，远在甘南的邵宏江，也在向往着敦煌。

"快到兰州时我想：怎么走到了地球的背后了？——我从车上面能感觉到地球是圆形。这个地方怎么这么荒凉。"

一

1977年，22岁的赵俊荣刚刚从酒泉师范学校毕业，分配到酒泉群众文艺工作室。"政府办的，'文革'时期的机构，比较活跃，搞各种宣传活动，那个机构现在还在，叫群艺馆——群众艺术馆。"在那里，赵俊荣认识了当时已经离开莫高窟的高尔泰。

"他（高尔泰）60年代就在群众文艺工作室工作了，他画画我们跟着，他也教我们画画。"当时的群众文艺工作室，有不少老先生，是"文革"时期从其他单位过来的，"其中很多人都有深厚的文化、美术功底，那些老先生都对敦煌很熟悉——虽然当时我还没来过敦煌，但是对敦煌并不陌生"。

"也知道这里的艰苦。"

赵俊荣知道敦煌的艰苦，但他觉得，自己是农村出身，"艰苦"算不得什么严重的事。"我还是喜欢安静一点做事，就选择了敦煌。"

几乎是在同一段时间里，远在甘南的邵宏江，也在向往着敦煌。

"有三四个地方让我选，一个是敦煌文物研究所（敦煌研究院前身），一个是甘肃省的艺术学校，一个是麦积山石窟……其他学生毕业后都回去了，我选了15天。"当时邵宏江从西北师大美术专业毕业，曾经有过一个简单的梦想：去甘南的草原上画少数民族的人物和生活。"当时我都和甘南州的书记联系好了，他很欢迎我去。"但是甘南州的领导表示：如果到甘南，就要当老师，教学生美术。

"我说不来了，因为我想专门搞创作，不想当老师。"在西北师大时，洪毅然教授曾经给邵宏江讲过常书鸿的故事，这让邵宏江对敦煌格外珍重，"常书鸿那么伟大，我能学一下他的精神，就感觉很有意思，很自豪"。

年轻人的"自豪"来得轻快，如荒原戈壁上偶尔飞过的小鸟。

二

"那时候环境比现在好，冬天有白皑皑的雪。"

白色是我从赵俊荣这里听到的最写意的色彩。

"大家放学以后，冬天不会去劳动了，就在雪堆上拿棍子画；夏天拿木炭棒子，在墙上地下乱画。"赵俊荣出生在酒泉的下清河乡，小时候没有接受过正规的美术教育，"学校的老师看到这个小孩能画，老师就出个黑板报，让我用粉笔画个小报头。慢慢画着画着，老师同学都认为你能画。在高中之前我就是一直这样。还有就是农村那个时候做宣传，在墙上刷标语，做这些事情，基本上没有老师指导"。

254窟壁画《降魔变》与赵俊荣尚未完成的临摹作品（摄影：马岭）

254窟 北魏（420—534）

北魏时代最具代表性的洞窟之一。洞窟平面呈长方形，中央靠后凿中心方柱，四周开龛造像。中心柱一周的平天井上画平棋图案，前部为人字披顶，以浮雕的手法塑出椽枋，并施以天人和莲花。东壁门上留有采光用的明窗（摄影：马岭）

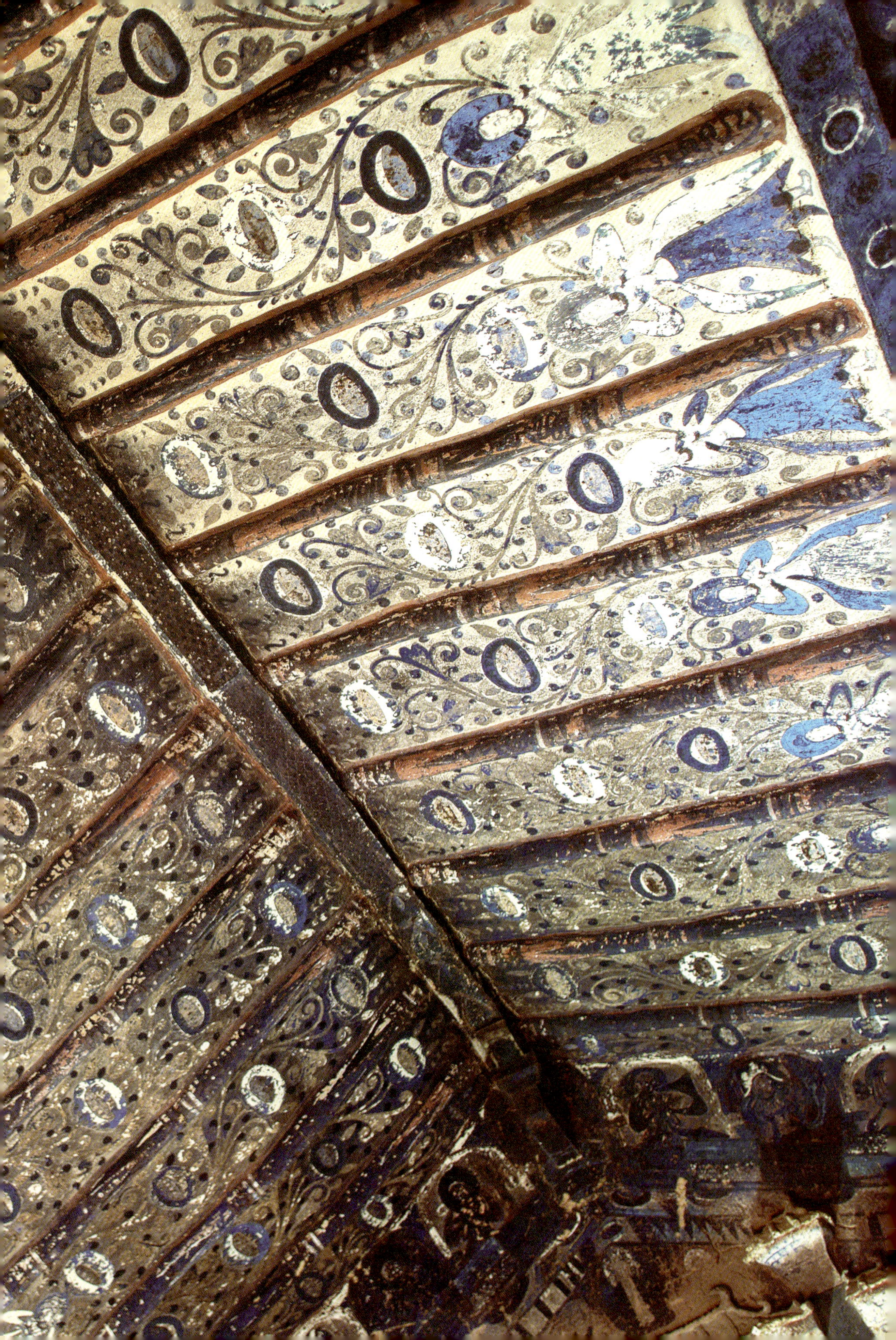

赵俊荣在临摹254窟壁画《降魔变》，这幅壁画他已经临摹了好几年（摄影：马岭）

1975年，酒泉师范学校招生，"'文革'时期招生，就是贫下中农推荐"。赵俊荣被"贫下中农"推荐进入了酒泉师范学校，进校以后，又考了一次试，"考试分班，我高中的时候是1973年，高中学了一段时间，我文化课学得比较好，所以考试分班后我就被分进了理化班"。理化班，意味着今后极大的可能性，是赵俊荣毕业后被分配到中小学去做数理化学科的教师，"我不太善于讲课，后来看到有美术班——美术班人不是太多，我就想去这个班"。

经一番争取，赵俊荣转入了"没什么人的"美术班。美术班的课程不多，学素描、水粉，还学点国画。

"那时候国画，包括人物、山水画老师也少，学水粉的多，因为方便，材料上很方便。"

1977年赵俊荣毕业时，正赶上恢复高考，他很想读大学。"结果考完以后，却出台了一个新政策：大中专毕业的，必须工作两年以后，才允许参加高考。虽然我考上了，还是不能上。"于是，赵俊荣去了群众艺术工作室，后来又辗转来到敦煌。

在敦煌，赵俊荣仍然很想读大学。"后来还想考，但那时候常先生当所长。"赵俊荣回忆，因为当时敦煌美术人才很少，常书鸿先生挽留了他——"我能很快上手临摹，

邵宏江的画室窗台上，摆满了他捡回来的石头、工艺品、佛像，以及一些水果干。他仍然像敦煌的前辈那样，用敦煌本地的自然材料制作颜料（摄影：马岭）

也是因为这里非常缺人——当时人家专业院校的都不愿意来，常先生就自己培养年轻人。"赵俊荣是被常书鸿培养出来的，他也舍不得离开自己的老师。

段文杰也是赵俊荣的老师。"我来的时候坐在段先生的旁边——一个桌子跟前两个小桌子。"赵俊荣坦言，段文杰当时已经六十多岁，日本想要收藏段先生的画作时，"我就代笔了，段院长指导我画"。

我问赵俊荣，"代笔"这件事现在可以公开说了吗，他笑笑："我的名字都缀上了。"

"好多老师。那个时候我们有好多的老师，大家都在一个办公室，老师随时可以指导你，不像现在是分散的。"他很怀念早年美术组的同事们，大家都在一间大办公室里画画。如今他自己有一个独立的工作室，平时楼里也很安静，待在画室里，几乎听不到外界的热闹。

三

邵宏江的工作室离赵俊荣挺近，他和老赵互相招呼，站在楼道里喊一嗓子，只要对方不是熟睡着，都能在随后听到一声回答。

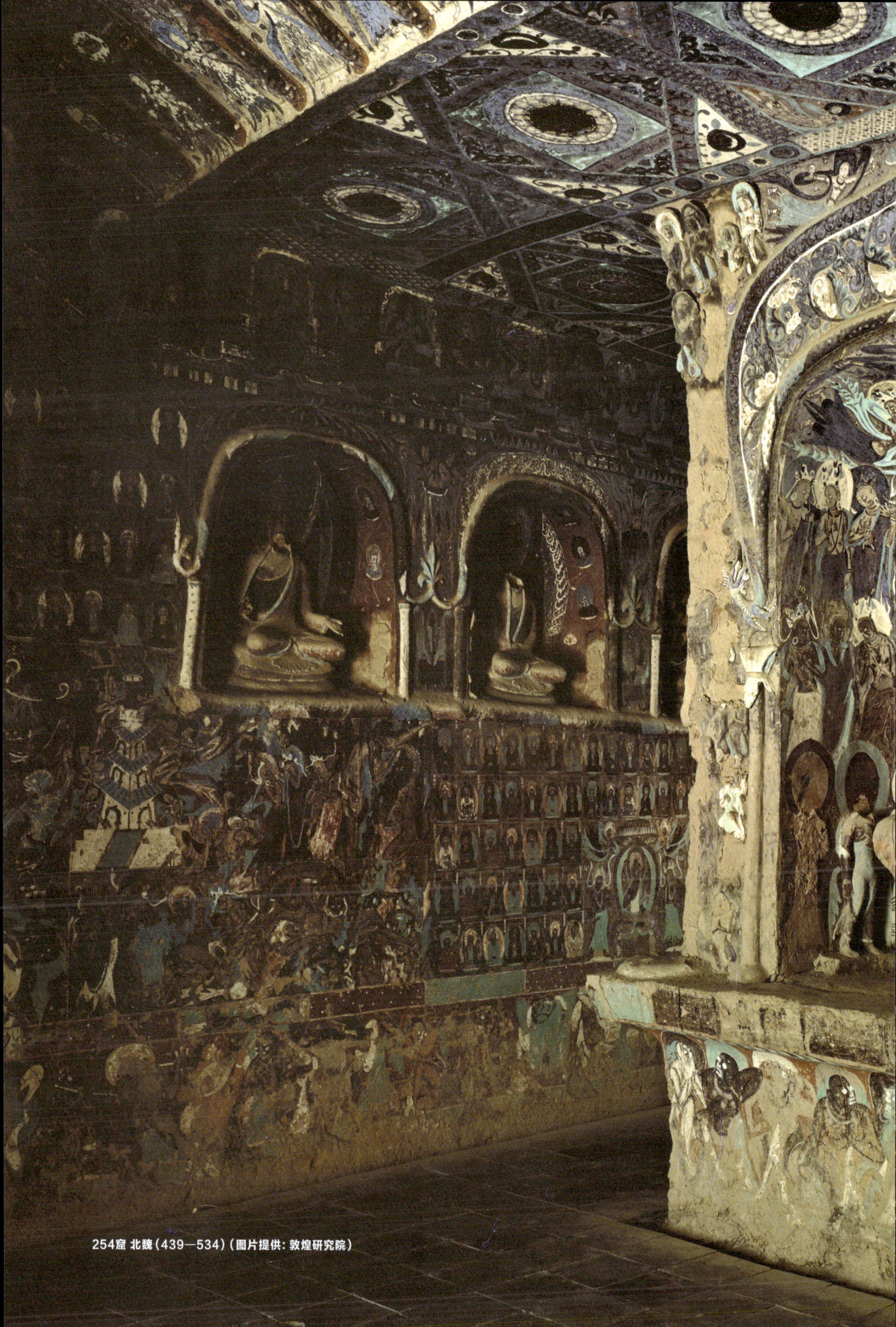

254窟 北魏（439—534）（图片提供：敦煌研究院）

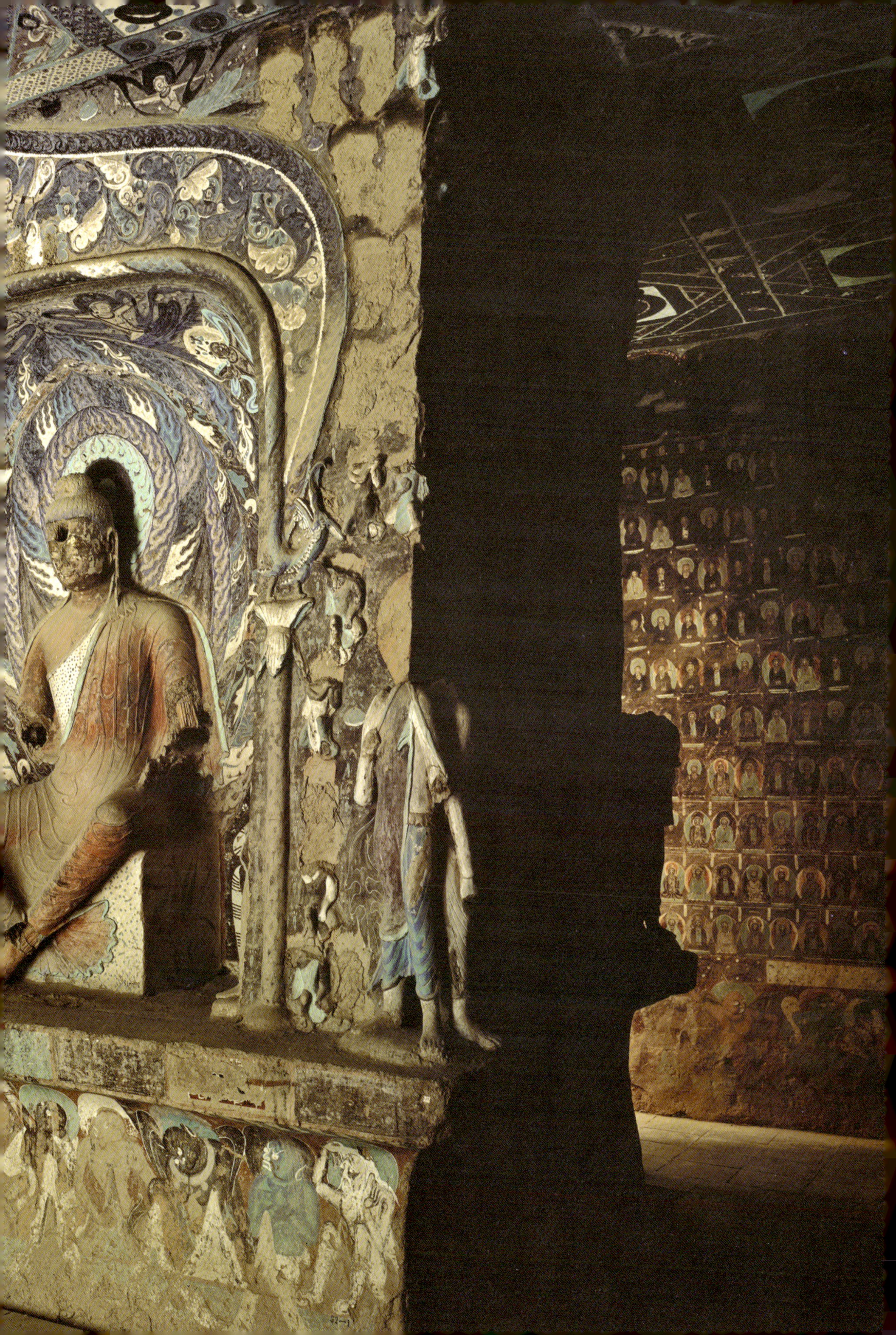

邵宏江画室的窗台（摄影：马岭）

邵宏江屋里的窗台上，放着一尊没有头的佛像。"那是捡回来的，破掉的工艺品，被人扔掉了。"邵宏江觉得佛像挺美，他捡回来放在窗台上，阳光斜照着佛像，露出温暖的肤色。同在窗台上的，还有一些水果干。"这里太干燥了，都不用（把葡萄）放进晾房，挂在窗外，就能做出葡萄干来。"

"我的老家在渭源，渭河源头。"1978年，被常书鸿的故事感动了的邵宏江，就一个人坐着火车来到敦煌，"嗯，从兰州发车，我就坐着火车来了。来时经过河西走廊，快到兰州时我想：怎么走到了地球的背后了？——我从车上面能感觉到地球是圆形。这个地方怎么这么荒凉。"

"我家乡是特别美好的一个地方。大的高山上面有很多的松树，树林茂密得了不得，森林多得很。所以风景特别好。我说（敦煌）这么荒凉，我也想不到我现在走到了地球的背后——这可能马上从地球上掉下去了？这是一种感受，这种感受就是这么荒凉呢！这些东西很可笑。"

路过柳园时，邵宏江遇到了敦煌文物研究所的三位老前辈。"正好碰见，这很奇怪是不是？"让他感到更加奇怪的是，他一开始并不觉得眼前的三个人是莫高窟的老专家，"他们三个，一看就像老农民的样子。他们是研究的专家，是文化水平很高的人，但是看起来却像是三个老农民。我就有点纳闷，以前我一直以为，莫高窟的专家们'一个一个的肯定不是一般人'，肯定是威风凛凛像毛主席一样的形象。"

在柳园遇到三位老前辈的当天，邵宏江就和他们住在一起了，聊了好多事情。"'文化大革命'时西藏有一大堆铜佛被破坏了，这批铜佛被存放在大仓库里，装满了两个大仓库，就是在柳园车站上。敦煌文物研究所派他们拣出其中最好的、最完整的东西带回研究所——当然，这是经过文化

邵宏江的画室，他正在临摹323窟的《张骞出使西域图》（摄影：马岭）

打开一个木匣子，就是赵俊荣临摹壁画时用到的工具（摄影：马岭）

部同意了以后。他们拣的时候正好和我碰见了,他们很高兴能有这么一个小娃娃愿意跑到敦煌来——因为这个地方,年轻人都不愿意来,这里工作条件很差,日子也很穷。"几位老前辈给邵宏江讲了一些敦煌的情况,告诉他研究所在敦煌有个接待的地方——就是敦煌办事处。

"他们就跟我说了这个,我第二天就坐汽车去了敦煌。"

三位前辈告诉他,在一个邮局旁边有一个办事处,邵宏江走到邮局旁边,却来回走了好几趟都没找到"办事处"。"找不见,当时在敦煌街道上,你是找不到一个人的——大街上就没人,在街道上等大半天也不见一个人。"等了好久,终于见到一个人走过来,"我问敦煌文物研究所的办事处在什么地方,他说就在邮局旁边,我找了一会,还是找不见。然后再等一会儿,又过来一个人,又说还是在那个对面"。

邵宏江直接朝那个"对面"找去,"一走过去,'轰'的一下苍蝇就起了一大片——一大堆苍蝇就飞起来了"。在一个很小很暗的房子门口,道路上有水,苍蝇在水面上落得满满当当。

"我原本想象'办事处'应该是很漂亮的,但是一过去苍蝇就飞起来。"他不相信这就是办事处,站在门口不能进去。

"我又问了,问了三四次。"最后硬着头皮冲进那个小房子,"一个很暗很暗的小房,进去了以后就出来了一个小姑娘,一个姑娘出来以后又出来一个小伙子,他们说这就是敦煌文物研究所的办事处。"

"那个姑娘很大方,很热情。那天下午才有车去莫高窟,当时我到(三危)山上,找到敦煌文物研究所招待所的一个工作人员,他跟我说常书鸿已经到沟里面放猪去了。"邵宏江被安排在宾馆里住下。

四

"一住下,那个九层楼的风铃就当当当地在那里响着,白杨也在哗哗哗地响。一个晚上我都睡不着,怎么来这么个地方了?我就想啊想啊想啊,一个晚上我就这样。"

第二天一早,常书鸿带着大家起来做早操。

"在一起"的感觉让邵宏江从孤单里高兴起来。

"我就和大家在一起,大家都很高兴,敦煌文物研究所当时好像是三十多个人,人不多。常书鸿人很好,像一个父亲一样,说话慢慢的,没有我想象当中那么伟大的感觉,很朴实,也像个农民。"做完操,大家就带着邵宏江去看洞窟。"看洞窟的时候,他们都说,这个洞窟的壁画有多好,我说,那不都是'黑不溜秋'的,也没有啥漂亮的。快下班的时候,有一个人从我的旁边走过来走过去的,我就跟他说'同志,已经快下班

254窟 北魏（439—534）

（摄影：马岭）

254窟 北魏（439—534）
北魏时代最具代表性的洞窟之一。南北壁各分四段绘制，即靠近天井的上段画天宫伎乐，中段上层开四个券形龛，内塑佛禅定像和结跏坐像。龛下画萨埵太子和尸毗王本生故事以及千佛，下端一周画力士。南壁中央画白衣佛，四周画千佛。人字披下方的阙形龛内塑交脚菩萨，下画《降魔变》和《难陀出家缘》（摄影：马岭）

了，你快点吧'。我以为他是游客，他说'我再看一会儿'，我还说'你不要随随便便地进洞窟，不要损坏洞窟'之类的话，对方听到以后，也只是笑着。"从洞窟下来以后，别人告诉邵宏江：那就是段文杰。

此时的邵宏江，已经把自己当成莫高窟的人。

赵俊荣比邵宏江早一年来敦煌，1977 年刚来的时候，一个月 29 块钱工资。"很向往城市，能有一份工作，拿一份工资。父母非常高兴了——对于他们来讲，儿子已经去城里工作了。"赵俊荣家有姐弟五人，他排行老二，去敦煌那年，弟弟妹妹都还小，"父亲身体还行，他就希望我能有工作"。

"冬天就去打冰，冰水不咸——夏天的河水是又咸又苦。"当时研究所的每一个工作人员，都要亲自打水、种菜、饲养牲畜。"成家以后，每家还能分一块自留地，下班以后可以种一点菜。"尽管大家都回归到农业社会自给自足的生活状态，年轻人们仍然觉得菜不够吃，"那时候吃饭就尽量少吃，因为基本上没什么菜"。

1977 年，敦煌陆续开始放映电影。"敦煌县城里当时也总共只有两个百货商店，还有一个糖盐局，那时候，敦煌就是一个小镇，半个小时绝对能走完。"最初放映的电影，都是政治性很强的片子，像《南征北战》《地道战》《地雷战》，后来有了古装片，比如《杨家将》《穆桂英挂帅》。"城里最晚的一场是十二点放的，两点多结束后，放映员就提着片子来莫高窟给我们放——我们三四点起来看电影。"

五

"他们已经来了 30 年了，他们一切都成熟了，积累了成熟的经验了，然后教我们上色……常先生冬天有时候让我们画素描。"

起初，在洞窟里画画的条件也非常简单，因为光线不好，而且没有电灯，很多老先生都有过"支一块镜子在洞窟门口折射阳光进洞窟"的经历。镜子也不好找，有时候看到有人抽烟，赵俊荣就走过去告诉人家烟盒不要扔了，他把烟盒里面的锡纸掏出来，集腋成裘。攒齐几十张锡纸，贴在一块大木板上，就能充当反光板。直到 1985 年前后，电线接通。"有电以后，也是时有时无，来电了就赶紧画。"

练习素描，却是可以随时随地都进行的，他们坐着，互相画人像，也画萝卜、白菜。

20 世纪 80 年代以后，年轻人们逐渐有了走出去学习的机会。

1980 年，常书鸿让邵宏江去北京看展览。"我那个时候就感觉到很梦幻，我的中国梦实现得好快，我还能到北京去！然后我到北京、上海看了展览，展出的是法国的作品，简直高兴得很！"

到了 1982 年，敦煌文物研究所招聘了一部分学生，希望能自己培养美术人才。"从张掖、九泉、敦煌，招了八个学生，让我带上，我给他们讲课。"1982 年，邵宏江讲了一年的课，他觉得，自己的水平还不够。"我一个人带了这么多的学生，不行。所以，研究所就让我把这些学生带到中央美院去。"邵宏江带着学生们到了北京，进入中央美术学院，成立了一个"敦煌班"，邵宏江当班长，他是老师，也是学生，自己也跟着学习起来。

"真好。故宫、美术馆，央美的学生去看展览都不用花钱买票。"从 1983 年到 1984 年，邵宏江在北京学习了一年，之后的 1997 年，他再次得到了去央美进修的机会，这次是在国画系跟随胡伟教授学习，"我又学了两年，回来就开始画岩彩画"。

对日本的岩彩画，邵宏江最初有种敬畏感。"对，很敬畏。这个材料它能制造一种很神圣、很高级、让你敬畏的感觉。实际上，如果看宋画，特别是有些上颜色的扇面，你会发现那个颜色非常非常漂亮，就是用的这个技术。"邵宏江觉得，从日本流传过来的岩彩画，继承的是唐宋时期美术中的精华，"画出来的是东方的色彩，把色彩的这些东西提纯，提纯到用颜色来写景。我们在写生的过程中，会用到很多的颜色，但是，你运用这些颜色能不能达到一个境界，就是另外一回事。我们有时候看到风景时——比如傍晚时候一片红，我们会很激动，是因为色彩造成的。那么，你该怎样通过色彩来表达你自己的心灵感受？这就不是写生的问题了，而是要从写生中进行提纯"。

六

从 20 世纪 80 年代开始，东京艺术大学的平山郁夫奖学金，每年都有几个名额给中国学生，"1998 年就轮到我了，学了两年，我学的是保存修复专业"。这次机会，让赵俊荣到了东京。

上课时，学校请到了东京的岩彩店、材料店的老板给学生们上课。"那些老板，其实都是颜料大师，日本是综合性的教学，它不仅仅教你画画，它是从材料入手。"

"有一些内容，老师不一定会讲，学校就请相关领域的权威人士来讲，像我们的裱画、贴金、金线洒金之类的技术，都是请的东京博物馆的师傅来讲，老师们是不讲的。这一点非常好，它能把最专业、最权威的知识一下子教给学生，你去看他的颜色，就绝对正确。我在敦煌学的也是这样的，我就觉得我没走弯路，我这一生尽管后来没有能够圆真正的大学梦，但是我在这里，老先生们把自己几十年的积累直接传授给了我。"

初来敦煌时,赵俊荣不太认同洞窟壁画上的那些宗教故事,"那时候觉得这些都是四旧、封建迷信。可是,一辈子在这里,几十年过来了,对它在方方面面有了很深的情感寄托,我们不要说有多高的境界,我们这么多年来为了它而付出,也潜移默化地被它影响着。现在我觉得,人应该学会用发展的眼光看事情。这也是为后人着想,人不能仅仅为自己活着"。

邵宏江则仍然崇拜着常书鸿。"我觉得现在的人,缺乏活成中国人的一种精神。像常书鸿,他是一个真正的中国人,他不是党员,也没学过马克思主义,但是我觉得他是文化英雄,他的精神能激励着我,哪怕我学不成他,但是我觉得他身上的这种精神,在敦煌这片土壤中还是开了花的。"

(撰文:佟佳熹)

赵俊荣

1955年生于甘肃。1985年中央工艺美院装饰绘画进修班结业,1998年至2000年在日本东京艺术大学日本画科研修古代美术修复专业。从1977年开始在敦煌文物研究所(敦煌研究院前身)从事古代壁画的临摹研究工作至今,并参加了新疆库木吐拉石窟壁画、宁夏西夏王陵出土绢画的临摹。2005年赴西藏拉萨参加了布达拉宫、罗布林卡壁画的保护修复工程。主要临摹作品有:莫高窟第320窟《飞天》、220窟《维摩诘经变》、217窟《法华经变化城喻品》、130窟《都督夫人礼佛图》、254窟《降魔变》,榆林窟第3窟《普贤变》,莫高窟第249窟、217窟、220窟、45窟的整窟临摹复制。

邵宏江

1954年生于甘肃。大学本科,中国美术家协会会员,敦煌研究院副研究员,主要从事壁画临摹工作。1978年毕业于西北师范学院艺术系美术专业,到敦煌研究院美术研究所工作,1982 — 1984年、1988 — 1989年在中央美院国画系进修。主要临摹作品:《法华经变普门品》《观音普门品》《说法图》等六十多幅,创作作品参加过海内外多次展出,并出版画册。《说法图》《鱼》参加全国美展(大同国际壁画双年展),《坐禅图》《耕作图》被国家博物馆收藏,《张骞出使西域》被陕西汉中张骞博物馆收藏,《天人与摩尼宝珠》在中法建交五十周年以国礼赠法国,《荷花》参加国际巡回展,被美国机构收藏。创作作品《三危余辉》获甘肃省美展三等奖,《张骞出使西域》获敦煌研究院中青年成果二等奖,《太子出游》获日中友好展二等奖。

来与回来

二八五窟 × 侯黎明 娄婕

「来」与「回来」,其间他们所经历的所有零碎的光阴,都渐渐汇聚成了大漠上空的每一个温暖的日出。

侯黎明、娄婕在285窟（摄影：马岭）

一

世上大约没人能忘记：自己此时身处的这片人间，当初第一次踏入时，四下以什么样的面目迎接了他（她），以及随之而来穿心而过的那一阵凉与热。

除非，他或她的一生从来没有迁徙过。

"有的老先生说什么你知道吗？'你们是来摘果子的。'他们的心理是有所防范的，因为他们守望敦煌的苦难很长。"三十年前，当侯黎明和娄婕夫妇第一次走进敦煌，莫高窟这个相对封闭的小世界，正用一种戒备却又试探的眼神，打量着这些"文革"结束后的第一批大学生。

而人一生的幸或不幸，或许就是从一个小世界，闯入另一个小世界时，时空摩擦后挤出或流溢的那些悲欣，是让自己热泪盈眶，还是追悔莫及？

二

侯黎明觉得，他的童年和少年是在行走中度过的。

"我父亲是当兵的，是山西人。我随着我父亲到处走，他当兵以后先打到太原，再到兰州、新疆，接着抗美援朝。第一野战军，彭德怀的部队。"

1957年侯黎明出生，那年的10月4日，苏联发射了第一颗人造地球卫星。

他出生在部队，后来就到了酒泉。"现在叫酒泉卫星发射基地。后来部队又转到西安去了，现在已经没有这个部队番号了。"部队的孩子们都是一起长大的，读小学的时候都在酒泉，1970年以后搬到西安。"到了西安之后视野就大了，但虽然是大城市，就读的学校仍然是部队的子弟学校，比较封闭。"

小时候，侯黎明每次回家，进门后父母都要检查他的指甲。"看看有没有染上颜料的颜色，因为那个时候，家长根本就不让画画，觉得这是不务正业。"

"这个时候，部队的育红学校从西安市里调来了几个老师，其中有一个就是美术老师——他的名字我还记得，叫张明德，如果说真正的'启蒙老师'，他就是我的启蒙老师。"

于是侯黎明跟着张明德老师学习绘画，因为条件所限，那时候几乎没什么资料可以参考学习："我连石膏像都没见过，那时候根本就没有。"当时学校里的美术小组，主要任务就是办黑板报，在学校写毛主席语录和各种标语。

"所以我现在还有一个毛病，就是看红颜色时间过长眼睛会疼痛——就是那个时候拿红粉笔在黑板上写大字，那是极端的刺激。"那个时候学校里经常"拉练"，到农村，做壁画、板报、标语、蜡版小报……逃也逃不掉。

三

1973 年，侯黎明考上了陕西省艺术学院（西安美术学院在"文革"中的称呼），开始接触了一些"封资修"的东西。

"可以看到达·芬奇，甚至可以看到很多苏联的画报，画报里面有很多作品，包括列宾的《伏尔加河上的纤夫》。那时候因为'文革'期间陕西出了大量的革命历史画，成就了一大批名人。有两种艺术形式都很厉害：一个陕北民歌，一个就是革命历史画，《心连心》《毛主席和我们在一起》等等。"

刚进去时，侯黎明还不知道什么叫油画。

"那个时候刚进去，可以画石膏像。"当时西安美院的石膏像是全国最多的，因为 20 世纪 50 年代的时候，上海艺专支援大西北，"合并过来，刘海粟买的那些石膏像全部都到了西安美院了，但西方的那些石膏像不能画的，是画一些陕北老农的石膏像"。

在美院的时候，学生们经常下乡，"开门办学"，画工农兵头像，也画各种劳动场面。"户县去过两次，那里不是有个'户县农民画'吗，我们一边学农民画一边搞创作……"

侯黎明大学毕业后分配工作，第一站却不是敦煌。

"把我分到延安了，户口也一下子迁到延安。"当时"服从分配"很重要，如果不服从，就意味着成了"黑户"，像是坏人，"没有想什么，稀里糊涂就来了，当时以为我一辈子就待在这个革命圣地了"。上学时，侯黎明来延安下过乡，当时是待在下面的农村，毕业后是分配到延安市区，条件似乎"好一点"。

一开始侯黎明被分配到延安地区文工团——当时在全国都非常有名。"但我不愿意去，为什么不去？因为觉得文工团这种地方特别混乱，要知道那个时候我们的思想都特别的正统。"大学的时候有个女同学暗恋侯黎明多年，他在校时都一无所知，毕业以后才从旁人那里获悉，他觉得自己"稀里糊涂的"。他无法接受自己去文工团这种地方，"文工团里美女很多，在那里工作觉得有点乱"。

侯黎明不怀疑自己那时候的正统与单纯，他在回忆自己的经历，同时也追忆一个大时代。"因为那时候'文革'，我这么看'文革'：人们把'文革'当作政治运动，但从另一个角度把它当成宗教运动的话，你会发现'文革'时的人很纯洁单纯。那个时候，哪有贪腐这件事情啊？我后来到文化馆，文化馆的会计被人怀疑贪污，查他的账查了几个月——我都参与了，最后发现不仅没贪公家的，他还给公家贴了几毛钱。那时候几毛钱就贪污了，那不得了的。你想那时候多单纯。"

285窟壁画《五百强盗成佛图》局部（摄影：马岭）

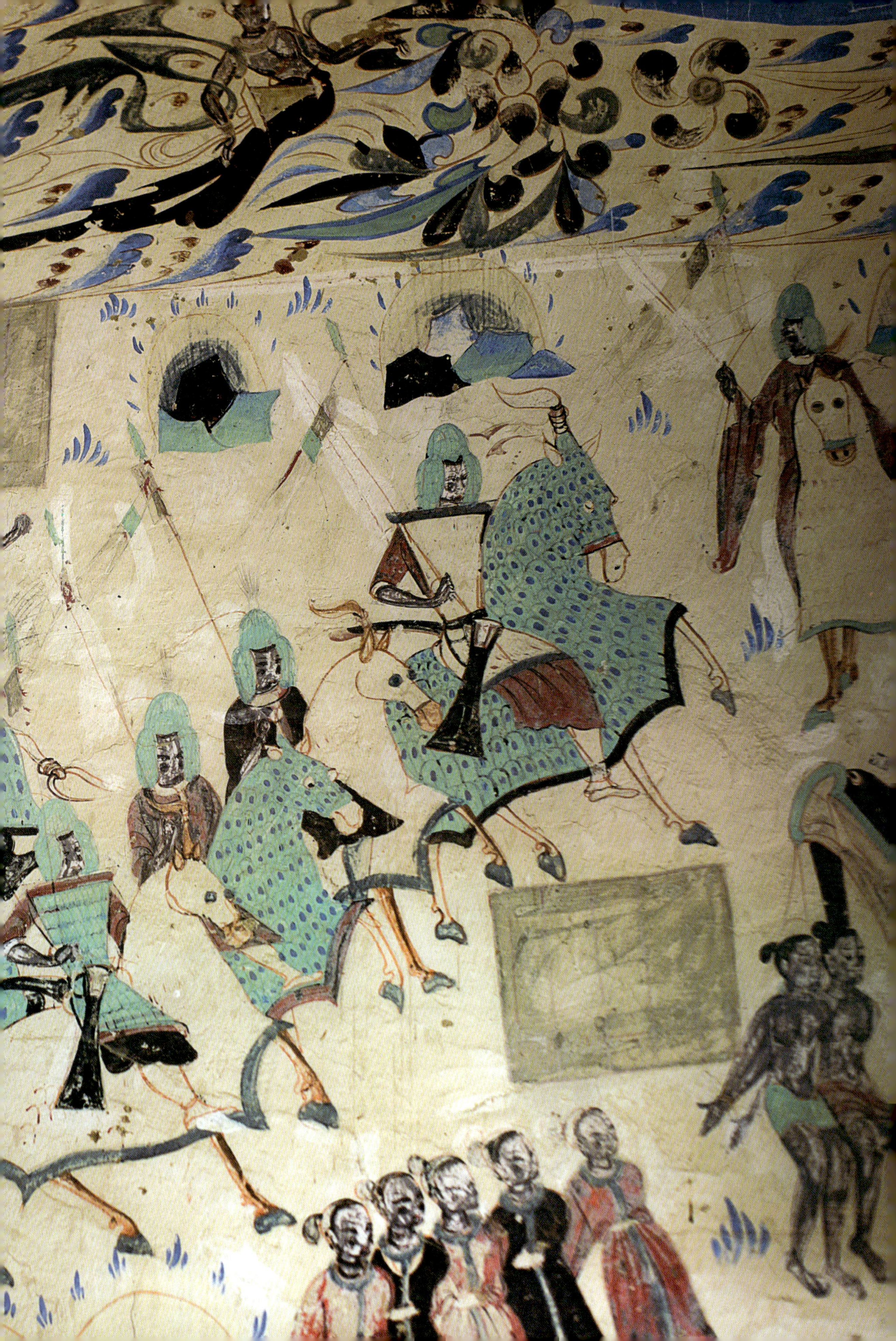

四

　　侯黎明到了延安地区文化馆美术组工作。文化馆里有诗人、作家、摄影家，"来自天南海北，都是精英。我碰到一位对我影响很大的老师，他叫靳之林，原来是中央美院的，他的老师是董希文"。董希文是创作《开国大典》的画家，曾在敦煌艺术研究所（敦煌研究院前身）工作，临摹壁画。1946 年在兰州举办"董希文敦煌壁画临摹创作展览"，同年到国立北平艺术专科学校（中央美院前身）任教，后来担任中央美院教授。

　　靳之林是文化馆美术组的组长。"他是正儿八经画油画的人，我从陕西省艺术学院出来的时候，油画不怎么会画——那个时候油画颜料很贵，所以主要是画水粉。"到了文化馆，侯黎明画了一张油画，画的是毛主席、周总理和朱德。"当时靳老师对我那张画评价很高，一是画得比较像，再一个是氛围。为画这幅画，我走访了原来的延安市市长——就是解放前延安市市长。"走访是为了验证一些细节，比如朱总披一个披风，但是这个到底是什么颜色，"本应该是绿色，采访市长以后，他说他知道朱总染成黑色的了。"

　　于是侯黎明就把披风画成了黑色。"那个时候是有创作原则的，首先就是你必须要符合历史事实，一些历史画现在拿过来还是能经得住推敲的，比如说你画红军你就要找到红军的衣服，那是粗布的不是那种很细的；你扛三八大盖，那就露了怯了……非常写实，它那些道具必须是那个时代的东西。"这种创作风格，在当时被称作革命现实主义和革命浪漫主义相结合，简称"革现浪"。

　　1977 年，恢复高考，那年侯黎明本来想报考中央美院，但这一年中央美院不招生，"中央美院当时没有 77 级——那一年没招生，所以现在提到'77 级'一听就是假冒，它只有 1978 年招生了"。而他的母校——原来的陕西省艺术学院，此时已经变成了大学，正在招生。

　　"我就问靳老师：因为其他人都在考，我还需要上吗？靳老师就说我要是你我就上。"

　　侯黎明就开始报考："这一考就很好玩，招生的老师是我同学。"当年一起读书的同学留校变成了老师。"运气好，那个时候考试也很简单，就是考政治和语文，英语也不考。这个卷子还在我手里，全校前 3 名，97 分最高。"

　　如此，侯黎明又回到了西安美院，还是油画系，还是那些老师："又被教了一遍，当然这一遍是更认真的。"

　　虽然学的课还是一样，但人已不一样。

　　"第二次"进西安美院，改变了侯黎明的一生，除了美术观念的变化，他在这里，遇到了他一生的伴侣——娄婕。

五

"她比我低两级。"

当时西安美院同一专业是隔年招生，侯黎明在 1978 年春天进校。娄婕 1979 年考入西安美院油画系。"这里面有故事。毕业以后，她主动要求到延安。"

此前侯黎明毕业时，延安文化馆的那些老人都已经纷纷离开了延安。"没有人了，就要我回去，我没有办法不去。上次分配的时候，我一声不吭打起背包就走，第二次也是，没有任何反抗。"

娄婕很向往延安，在当时，这被认为是很有境界的事，"谁都不愿意去，都希望留在大城市"。当娄婕主动提出去延安时，学校还准备把她树立成典型人物来宣传一下。"此时甘肃省不干了，因为娄婕来自甘肃省兰州市，意味着甘肃的教育厅把钱给了学校，让学校替自己的省份培养人才，毕业了，就必须回到原住地。"

没办法，娄婕回到甘肃，在西北民族学院任教。这就把已经恋爱的两个人分开。1984 年，侯黎明和娄婕结婚了，团聚却还是奢望。

娄婕的父亲毕业于中央美院，母亲毕业于四川美院，都是在上世纪 50 年代末 60 年代初响应国家支援大西北的号召到了甘肃的高校工作。父亲在 80 年代初为人民大会堂甘肃厅创作壁画，为了寻找现代壁画创作的语言继承与创新，曾到敦煌莫高窟居住一年，研究古代壁画，受益匪浅，创作了富有敦煌意味的新壁画，在当时获得了美术界的高度评价。相同的专业，使父母对他们未来的专业发展寄着期望。"我父亲说：要想在专业上有突破有建树，到敦煌去！年龄已经不允许我到那里工作了，你们去，就是我心的延续。我们是肩负着父辈的期望，来到敦煌的，是'自投罗网'。所以，我们和其他到敦煌的人来的理由有所不同。"

娄婕认为自己不只是为了与丈夫团聚，也因深爱敦煌，她是真正需要在这里发出艺术的小芽的人。

那年是 1985 年。

侯黎明到了莫高窟，先去找娄婕父亲的一个学生。"到了那里，看见他从一个破土房里钻出来"，侯黎明心凉了一半，当时莫高窟的条件比延安差远了。"我们才来的时候，这里（敦煌）确实生活条件差，饮水洗衣都是用宕泉河里的苦咸水，黑色的衣服晾干后，上面泛着一道道的白碱。当时卖猪肉的，还不知道把猪肉和排骨分开。"这个生活细节侯黎明记得很清晰：当时敦煌卖肉的，仅仅是把整片猪肉草草地切切，每个部位都不分明，肉和骨头混在一起。民风淳朴自然。

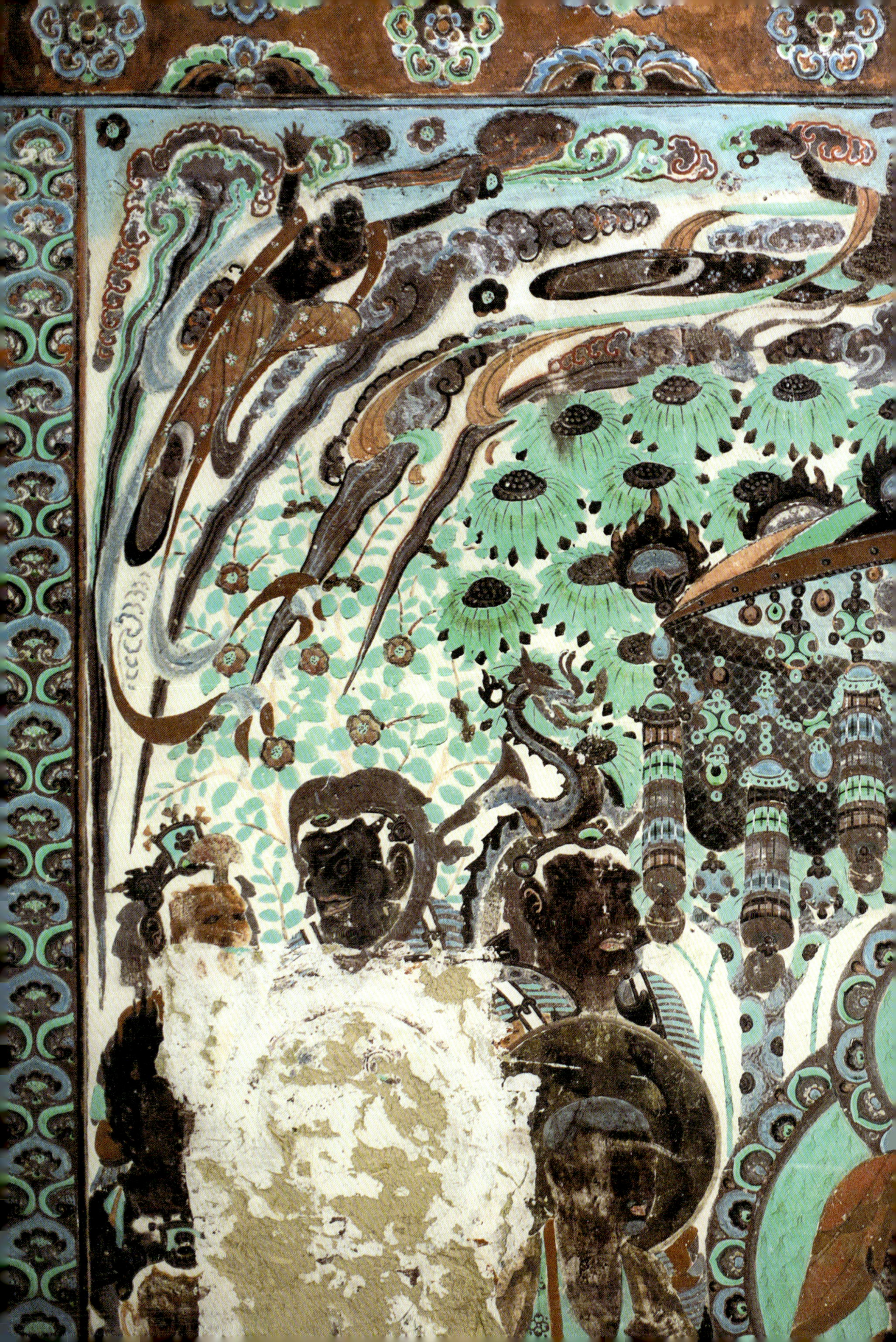

作为敦煌的经典石窟之一,285窟的临摹工作持续了几代人(摄影:马岭)

六

"文革"期间,敦煌文物研究所几乎没有新人进入,侯黎明和娄婕在 20 世纪 80 年代作为大学生进入敦煌时,"有一些老先生对我们有些抵触"。

然而,敦煌还是包容与接纳了这些年轻人。"段文杰先生非常非常好,他惜才,给了我们很好的条件,当时老区的小楼给了我们一套,算两室一厅吧。那个厅很小,但起码有两间房,一间可以住,一间可以画画。"他们住在一楼,就在门口开垦了一块地,种了很多葫芦 ——"葫芦居然都结了,还可以画小葫芦。"

敦煌的老先生们,冬天爱滑冰。"那些老先生,以前都是从巴黎、北京、重庆等地来的。你看那些老照片,穿的西装、旗袍、裘皮大衣什么的,那是很洋派的,你想 40 年代在一个土里土气的县城里头,却遇见这帮人。"侯黎明在回忆这些魔幻的过往,心里却生出一些伤感。

"那一代人中,最让人难过的是霍熙亮先生。有一次开国际学术会议,他翻箱倒柜,把解放前的西装拿出来,那个西装已经很小了,是民国时期曾经很时尚、很体面的双排扣西装,可惜边角都磨破了,他又穿上一件很破旧的白衬衣,打了一个很光鲜的领带 —— 那个时候好领带买不着。就这样出席国际学术讨论会了,我感觉很伤感。他们就是这样从那个时代走过来的。"

那些老先生曾经在敦煌做过一种"土沙发",拿砖砌起来,表面用水泥抹得很光,然后用麻袋装上草当坐垫和靠垫。

身在世界的边缘,灵魂却高贵优雅。

这些片段,都留在了侯黎明和娄婕的心里。

娄婕还记得,她和侯黎明来到敦煌之后,第一次遇见沙尘暴时的兴奋。

"我俩以前从没见过(沙尘暴),看见漫天沙土,兴奋得不得了,冲到空地上又蹦又跳。"

在娄婕正式来敦煌前,段文杰院长曾对娄婕说:"我们打算在兰州建分院,你可以在兰州工作。""如果不能到敦煌工作,我就不必调到敦煌研究院工作了,但我就是想来敦煌!段院长说:好,你写申请吧。"既是为了与丈夫团聚,也因心中的单纯向往,"我当时没想得太长远 —— 没有想到要在敦煌待多久 —— 心里就想着:我要来敦煌当艺术家!"

来到敦煌,发现这里其实不是原来想象中的艺术乐园,而是一个文物单位。"先要建立起文物保护的意识。"艺术家的浪漫与激情先收起,责任感和信仰在悄悄建立。"我们刚来的时候,想着来这里要'创作',老先生们告诉我们:先喝惯这里的水,吃惯这里的饭,临摹十年,再谈创作。"这时娄婕意识到,人到了敦煌,心要像大水缸里的一粒米,静静地沉到最底部,从感受、描摹与研究开始,继而再谈艺术创作。

1987 年,儿子出生了,当娄婕给亲友逐个打电话,告诉他们给儿子起名"侯敦"

时，亲戚朋友全都笑成一片，"大家笑死了，说'一只猴子蹲在地上！'"

1989 年，侯黎明去日本留学，娄婕则留了下来。"那个时候不允许夫妻两个同时出国，怕一起走了就不回来了。当时我们美术研究所的所长找我谈话说：侯黎明出国学习，他的工作你得替他做起来。"

在侯黎明出国留学的前一年，1988 年，娄婕就已经去临摹榆林窟，工作量大，环境比莫高窟更加艰苦。"我们的父母替我们分担了太多太多。当时儿子尚在襁褓之中，为了不耽误工作，我先把儿子送到了西安爷爷奶奶家，后来又托付给了兰州的外公外婆。常年与儿子的分离，使他变得内向孤僻，'你们也欠他一辈子了'，我父亲说。"

七

20 世纪 80 年代末，是"出国热"的开始。身边有的同事，心里对"国外"的向往与自己是不一样的，"他们天天学外语，特别想'走出去'"。

侯黎明也发现了这些差异，之后若干年，大家的人生轨迹也因此发生了变化："我们美术所出去的人，后来基本都回来了，院里其他专业的人——一些理工科的——好多出国就没回来。"

1989 年，侯黎明到日本东京艺术大学留学，跟随平山郁夫学习日本画。"我们的身份给得很高——叫客座研究员——这是一个很奇怪的名字，其他地方好像没再出现，薪水也高，当时一般的留学生，大概是 8 万日元左右，我好像是 13.5 万日元。"那时 1 万日元相当于 300 元人民币，侯黎明一个月的薪水相当于 4000 多元人民币，"在国内我们的工资不超过 100 元"。

"我去的时候待遇是客座研究员，还给我派了两个助手。刚开始就让我写生，画菊花，然后就开始创作。后来发现一个问题：他给你一个房子，很高的待遇，但你看不到老师怎么画画。无论材料还是技法都无法了解。所以只好瞎弄，嗯。画雪景创作时，刚开始意境都不错，然后我嫌雪没有变化，拿砂纸打，打出来深浅什么的，被老师训一顿说'要画出来的，这个东西不是这样打出来'。但是老师没告诉我到底该怎样做才能画出这种效果。"

"当时也在东京艺大的留学生胡伟、陈文光他们告诉我：要想学就得先跟学生学，从基础学，你在班里就可以看到。"当时一起留学的中央美院的胡伟和广州美院的陈文光，跟侯黎明交流了这些经验，于是侯黎明打算放弃研究员的身份，去考研当学生，和其他学生坐在同一间教室里，便于学习和交流。"当时学校老师说你的身份这么高，你还去考研干什么？"但侯黎明还是考了研，真正成为一个学生。

"我是画油画的，色彩是我所长，和日本画的结合反而形成了我的一种风格。日本的教学和中国不一样,它的特点是在教学中通过创作来带动基础学习。艺术就是观察和表现。在表现的时候,就尽可能把你所观察的东西表现出来,这个时候技术就是你的,你要想办法。你没有看到那个东西,你永远表现不出来。"老师给出方向和目标,具体的方法,学生要自己想辙。

那时国外的一切条件似乎都比国内优越,都让中国留学生受到冲击。而如侯黎明所言,美术所出去的人,最后都自觉回到了敦煌。

"之所以我们都回来,恰恰是在海的另一边回望敦煌时,更清醒地看到敦煌的文化价值和地位,还有更多的事情要学要做。我去日本时连出租车司机都知道敦煌。出租车司机跟我聊天,说他还没去过敦煌,他觉得遗憾,说这辈子一定要去一次。一听说我从敦煌来的,觉得不得了。"

"从日本了解到敦煌的重要,在日本才逐渐知道中国文化是怎么回事。"他们走过的地方越多,就越清晰地懂得"来"与"回来",其间他们所经历的所有零碎的光阴,都渐渐汇聚成了大漠上空的每一个温暖的日出。

(撰文:佟佳熹)

侯黎明

1957年生,籍贯山西,毕业于西安美术学院油画系,现任敦煌研究院美术研究所所长、研究员。主要临摹作品有:莫高窟第220窟初唐壁画《乐舞》(敦煌研究院藏),榆林窟第3窟元代壁画《曼陀罗》(敦煌研究院藏),日本高松冢墓室壁画局部、法隆寺金堂6号壁壁画,敦煌第45窟唐代壁画《地藏菩萨》(敦煌研究院藏),榆林窟第29窟西夏壁画《水月观音》(敦煌研究院藏)。1992年岩彩作品参加日本东京高岛屋画廊"中国精锐作家6人绘画展",1995年岩彩画《新月》入选第八届全国美术作品展,获甘肃美术作品展二等奖及第二届甘肃省政府敦煌文艺奖。2008年岩彩画《榆林窟》等8幅作品参加在中国美术馆举办的"古韵新风"作品展,2010年9月岩彩画《苏巴什城·西风烈》《榆林窟·雪》《鸣沙山·晴日》《榆林窟·素岩》《莫高窟·暮》《河仓城·冬日》参加在广州美术学院美术馆举办的"东方色彩 中国意象"大型学术展览,2012年岩彩画《风雪边关锁阳城》入选大同壁画国际双年展。

娄婕

籍贯浙江,毕业于西安美术学院油画系,现任敦煌研究院陈列中心主任、研究员。主要临摹作品有:莫高窟第220窟初唐北壁壁画《乐舞》(敦煌研究院藏),榆林窟第3窟元代壁画《曼陀罗》(敦煌研究院藏),整窟复制敦煌第3窟元代壁画(独立完成南半窟壁画复制)(敦煌研究院藏),法隆寺金堂5号壁壁画,榆林窟第29窟西夏壁画《文殊变》(敦煌研究院藏)。1995年岩彩画《初夏》入选在日本东京都美术馆举办的"第27届亚细亚美术作品展",获优秀作品奖;2004年岩彩画《悠远——丝绸之路遗迹之一》入选美国地平线画廊举办的"中国丝绸之路绘画作品展",并在美巡回展出;2008年岩彩画《誓言》《遗忘的古事》《痕迹》等参加在中国美术馆举办的"古韵新风"作品展,同年岩彩画《呈现》被中国美术馆收藏。

259窟 北魏（439—534）

这尊禅定佛，人们称之为莫高窟中的"东方微笑"。她高髻披发，两耳垂肩，细眉圆眼，身披红色阴刻线纹通肩袈裟，双腿盘坐，两手相握，姿态娴雅尊贵。（图片提供：敦煌研究院）

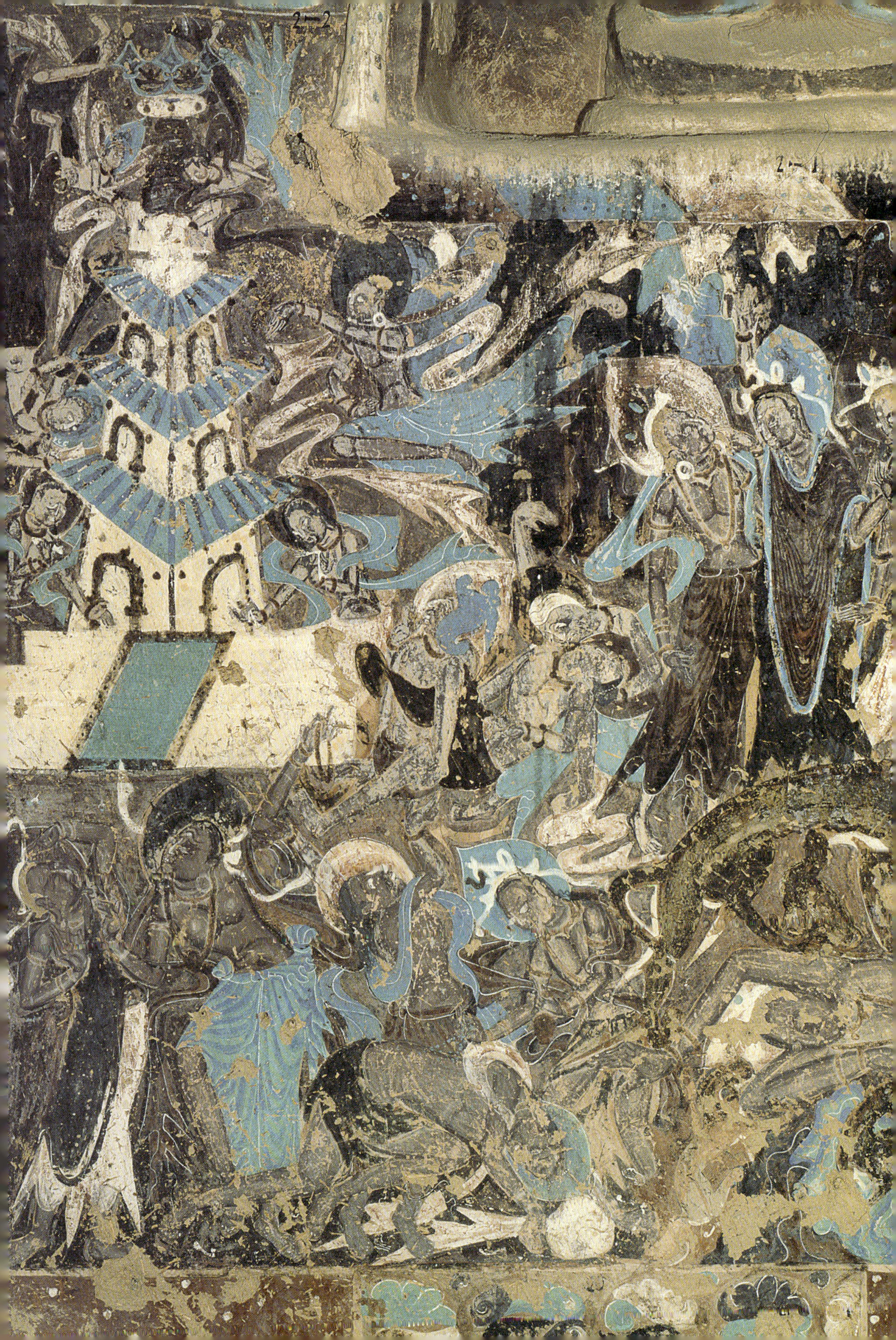
2—2
2—1

触动

二五四窟 × 陈海涛 陈琦

刺颈的萨埵与跳下山崖的萨埵，不同时刻的眼睛却在一条直线上彼此注视，仿佛相互问询：

「你献出生命，后悔吗？你希望得到什么？」

254窟 北魏（439—534）
北魏时代最具代表性的洞窟之一。萨埵太子舍身饲虎本生根据《金光明最胜王经》（舍身品）绘制。故事按①三太子出游、②刺颈、③投崖、④饲虎、⑤双亲痛哭的时间顺序发展。画面表现却错综复杂，以"异时同图"的手法绘制（摄影：孙志军）（图片提供：敦煌研究院）

知道陈海涛、陈琦，源于在敦煌服务了12年的资深讲解员陈瑾的推荐。当时她刚刚将我们带出北魏254窟。我们为洞窟南壁的那幅《舍身饲虎图》久久不能离去。后来，陈瑾说，每次她遇到想探究更多的兴奋者，都忍不住告知这对年轻夫妇的故事。他们当年正是在临摹这幅壁画的过程中生发出强烈的触动，研究生毕业后便决定双双来到敦煌，与大漠相伴。他们在敦煌研究院美术所的工作内容，使之与这幅堪称佛教瑰宝的壁画相对了数年。

电话接通时，他们一家人正在莫高窟的果园打枣、摘苹果，海涛是在苹果树高高颤颤的枝头接的电话。我还听到了他们小女儿吉祥的开心大笑声。

海涛、陈琦的工作室位于研究院美术所的办公楼。带引我们上楼时，3岁的吉祥趴在海涛的肩头偶或调皮地做鬼脸。进门，即见一幅油画，画中是天空和大飞机，旷远的星空和飞机机舱透出的灯光，显露一种亘古不变与一种现代性之间的张力与协调。陈琦解释，是她在工余闲笔画的，画了几个月，还未最终完成。

陈琦与海涛是中央美院附中同学，大学时，陈琦上了中央美院油画系，海涛则入北京电影学院攻读动画专业。本科那年的实习，陈琦来了敦煌，第一次进入254窟，激动不已，打电话给海涛说，海涛就想，一定也要来敦煌看看。研究生一年级下学期的考察中，他们一起到敦煌两个月，并在254窟临摹一个月，深深为之吸引。他们有一种愿望，是想更细致地了解与求索这种吸引与感动背后的艺术机制的细节。所以，研一时便决心毕业后来此工作。为这个决定，他们在美院、北大和北师大，像补课一样，选修了近两个学年的相关美术史、古文化研究的专业课程。

2006年他们正式进入敦煌研究院，开始承担的便是国家文物局的一个课题，"254窟图像研究与自动化展示"。最初的触动即来源于北魏254窟的《舍身饲虎图》，二人开始在各自专业方向上，对这幅壁画苦心钻研。四年的成果最后浓缩在16分钟的动画短片里，首先请院方学者们观摩。那场观摩会使听者印象深刻，也成为他们加入游客中心图像制作的契机。

《舍身饲虎图》讲述的是释迦牟尼佛的前世萨埵王子，在与两位兄长山间游玩的途中，为了拯救一只因生产而饥饿濒死的母虎和它的虎崽们，慈悲而决绝地舍出自己的肉身饲虎的故事。尤为感人的是，当老虎们无力吃躺在面前的萨埵时，他再次登上山崖，以竹枝刺颈出血，然后跳下，让众虎先舔舐血，气力有所恢复，再将他啖食。尽管亲人们最初悲痛欲绝，但他们还是觉醒过来，为萨埵的慈悲功德建塔纪念，高耸的佛塔也预示着萨埵未来的成佛。

1500多年前，《舍身饲虎图》作为佛教经典，从古印度沿着漫漫丝路来到千里之外的中国敦煌，被绘制成壁画。故事中的萨埵就是释迦牟尼佛的前世。"画中萨埵的舍身奉献正是释迦最终悟道成佛的基石。这个故事蕴含了佛教最重要的精神核心：慈悲与奉献，因此广为流传。莫高窟现存壁画中，就有十几幅绘制，但画面描绘大都简略。而北魏254窟的这幅，将经文中记载的情节表现得尤为丰富细腻，在不足两平方米的壁面上绘出了20个人物、8只老虎、5只山羊、2只鹿、1只猴子，还有重重山峦以及一座庄严的白塔，整幅壁画形象众多，但却繁而不乱。"关于它的画师，却遍寻历史无从查获。

为配合动画制作，陈琦花了半年时间每日进洞临摹，绘制线描图。即使在夏天，她也须备上羽绒服，穿上帆布靴——"在洞窟里待久了，寒气就是瘆人"。持续的静默相对，陈琦也常有意外收获。其中一次至今说来都令她震动不已。壁画上，画师将刺颈的萨埵与跳下山崖的萨埵手脚相连，在这个连贯动作里，他们不同时刻的眼睛却在一条直线上彼此注视，仿佛相互问询："你献出生命，后悔吗？你希望得到什么？"而相互的坚定的眼神似乎又透出："我绝不后悔，我不求尊荣富贵，唯求未来可以帮助众生出离轮回苦海。"

这种自我的问询与对视，在美术史中极为罕见。1500多年，有多少观者被这跨越时空的视线所吸引，打开了心灵空间？这一幕也成为海涛、陈琦动情阐释的出发原点。

二

16分钟，如何能做到在精妙与准确中传递出核心的精神？海涛为这个工作有一个严肃的定义："学术阐释"。他说："一切围绕敦煌的学术研究在根本上都是在阐释这个整体的智慧和生命力。敦煌学的开展已经有百年之久，有很多学者为敦煌艺术做了很精彩的研究，我们就想可不可以将他们的研究里最智慧最生动的部分，用影视、多媒体技术将它们整合起来，形成一种学术阐释。文化遗产也会因为有了学术阐释而不单是一种旅游敬仰，它是一个人类的历史与人类的灵魂对接的地方，我们就希望做这个工作。"

海涛很想确定的一件事是，1500多年过去了，人们变得陌生还是存在沟通的契机？

这个想法在遭遇到254窟《舍身饲虎图》后，瞬间让他激动起来。保存了千年文化艺术的敦煌，博大精深，今人可能从中觅得文化的归属感。而在庞大复杂的整体里，他们觉得，如果只有大的历史线，没有微观的细节，只有展示性的东西，没有阐释性的东西，这些都不足以表现敦煌的这种关怀。"我们现在的工作就希望把敦煌的价值落实在更具体的一些作品上，通过这些作品逐渐地呈现完整的历史线。"

海涛、陈琦查阅了大量的但凡能参阅到的资料，从经文到画作技巧又到历史背景。他们认为这幅壁画之所以打动人，既有经文的因素，同时富有表现技巧的手法，还有和现实生活相关联的部分。

"为什么这个窟这么强调慈悲、牺牲、镇静,我们试图从当时这个时代来解读这个问题。当时的北魏,一直受到北方的威胁,它最尖锐的边防部队都布置在平城北方六镇用以防卫柔然的攻击,而敦煌是北魏帝国最西北的一个边塞,得不到更多的力量支援。文献上记载470到474年敦煌就有三次被围困,而敦煌的表现很勇敢,到474年,北魏的朝廷还提议过放弃敦煌。这是敦煌面临的最低谷……我们在临摹的时候,发现了一个指纹,是墙还没有干的时候印上去的,最后又被原料盖住了……我想,这就是这些人全力以赴的创作……我感受到这中间有一种很高级的宗教力量,就是在那个很危急的关头,怎么在生死存亡中间做选择,就是萨埵的高举右手这个姿态,这个特别形象的选择,又和历史正好对应上了……"

因为熟读这段历史,海涛和陈琦对当时人们心中的况味有了深切的理解。"魏晋南北朝期间的战争动荡极大地促进了人们对人生况味'衔恤哀伤'的体验,对未来的期望与迷茫,254窟的开凿时段,也正见证了敦煌历史上最艰难的时刻之一。佛教社团在官方系统的组织框架之外,基于共同的信仰,建立'邑义'之类的组织,通过组织民众们共同参与造像、办斋会、施舍救济等社会慈善事业,是敦煌社会在动荡中保有整体的团结和力量的重要基础,那些虔诚的开窟者,'逼迫危虑'的时代背景决定了他们对生命之'情'的凄怆有丰富体验……也正是这抗争之境,加之佛教'护世护法护国'的思想,安定社会民心的教义,令他们呼唤奉献,赞美从容与镇定。"

北朝的禅观经典强调信众要对佛的影像和事迹获得彻底的感动,"五体投地,泣泪像前"。图像与心灵感受之间的关系被佛教的禅观修行特为强化,而"势"便正是连接图像与感动的桥梁。可以想象,这种由"势"所营造的整体画面氛围无疑会给古代信众们留下语言所无法传达的感动与体悟。

陈海涛引用了这个术语"势"来说明:"在构图上,刺颈的萨埵与跳下山崖的萨埵互相询问的这一幕,由多个三角形构成,这种稳定的结构,使萨埵舍身的瞬间显得更加的冷静和坚定,与周围锯齿状的群山带给人的紧张感合成一种矛盾的张力。'势'从刺颈的萨埵举起的一只手到与跳下山崖的萨埵跃起的脚,沿着身体到双手,双手又把'势'指向下方。"

三

我们的问题是:做研究当中,最大的困惑是什么?

"……总体是比较顺利地找到了方向……但还是要说,这样一个基本的问题,就是:当时的画师会想到这么复杂的问题吗?我们老是会这么问自己。所以在研究上我们基本上就是要设法来回应这个问题,设法来证明画师或者那个时代已经赋予他足够的能力或者资源,或者心境和状态来构思这么卓越的作品,不是一种碰出来或者无意识状态下的产物。其实话说回来,为什么西方文艺复兴的大师他们能左构思右构思那么复杂的东西,而中国的画师你稍微去阐释一点,就会被质疑,他会想那么多吗?不过是一个糊口的工匠而已。可能我们面临的是这个问题。"

紧接着他自问自答道:"但对我们有利的证据,是从南北朝到盛唐,那些最优秀的艺术家,特别能表现这个民族的创造性和它的探索精神,有很丰富多样的生存经验……"

海涛和陈琦在念研究生的时期,选修过一个学年的韩愈研究和八大家研究,还选修了一个学年的《诗经》和考古课程。这个渊源也是由于2000年陈琦念大二时第一次来敦煌实习。当时进入的路途都有汽车,研究院的条件也比想象中好得多,她是觉得"不够苦"。"因为阅读的经验,敦煌的那种大漠的感觉,特别强烈。"但初遇254窟的《舍身饲虎图》,陈琦自己也没有想到,会在四年之后与它续缘。"大概心里总惦记。"陈琦说。

"有时候,这种初始的感觉,挺重要。因为你感兴趣,你才会去阐释。"海涛补充道。

接下来,关于阐释学,我们也谈及当下热门的跨学科文化研究,到底能走多远,能解决多少实质性问题,是否需要找一条新路。海涛这时说:"阐释尽管会有不尽如人意的地方,例如过度阐释、误读等等,但它毕竟是一种重要的不可或缺的手段,这就需要做阐释工作的人更加谨慎、严谨,富于问题意识。"

无论怎样,在身处的那个二十平米的工作间里,在那个探讨的时刻,我们被这两个年轻人深深打动,从内心为他们鼓劲。

《生活》:你们落到了实处,是在一个源头上出发,可以走很远。

海涛:我倒没有你们这么乐观,我反而战战兢兢的。以我们凭借的这些历史的、艺术的还有直觉的佐证,去穿透这茫远的历史,似乎还总是充满欠缺的……

《生活》:这么说,是回到哲学范畴了。就是客观主观,比如你阐释到这一步,当时画师有没有想到这一步。

海涛:历史的不可知论,历史真的是可以被认知的吗?

《生活》:比如说那个画师创作完以后,这个画就不属于他了,是属于后来者了。

陈琦:而且也不是所有的画都有阐释的余地的。

《生活》:这也是它的动人之处吧。

海涛:我们所做的这个阐释案例,受到三联书店的老师的鼓励,要出一本书,我还在最后完成当中。就是因为他们觉得西方的经典是被阐释出来的,从这个角度来说,我们的敦煌也很有必要进行阐释,有时候,哪怕你先做过一遍再阐释,也会推动我们的讨论跟争吵，促进我们对这个东西的认知……

海涛和陈琦的工作，最后会落在哪里？敦煌研究院正在建设中的游客中心，拟建立这样一种"学术阐释"的影片系统。有的老师提出疑义，这个时间长度，游客受得了吗？光了解一个壁画就要16分钟？"所以我们就考虑把我们的展示设定在20%的量里，这样每年下来是将近10万人……国际顶级的文博机构，例如卢浮宫、大英博物馆都有大量的影片多媒体教学与演示系统，敦煌理应建立同样丰富的影视阐释系统。"

他们下一个要阐释的故事是254窟的降魔变。接下去还有许多洞窟的精彩图像与故事等待他们去阐释与展现，寻求更新颖贴切的视角，更生动的表现方式。如初唐322窟中伴随释迦牟尼佛涅槃的场面、落叶飘零的树林所传达出的令人黯然的情感，又如盛唐172窟中发生的绘画竞赛，等等。

他们也希望能够和相关的专家组有更广泛深入的合作，在研究院的氛围里，幸运的是总能有一些启发他们的相遇。

四

当晚谈到近十二点，余兴未了，他们抱着犯困的女儿吉祥，陪我们散步回莫高山庄。

满天星斗。静谧的夜，有月光照耀着身影前行，气氛忽然活跃。我们都感叹起敦煌的名字之美，敦，意为大，煌，意为盛。"特别有吸引力。"陈琦说。他们不再提学术事，聊起这里的秋天是如何的美。海涛说："最幸福的是吉祥，我们都觉得她有一个特别好玩儿的童年，可以在沙漠很大的范围里全家人陪着她玩游戏……还有，像我们今天去摘大枣，明天打苹果，有时去摘蘑菇，冬天还能摘榆钱，呵呵，特别多好玩儿的……"听到这里的吉祥醒了，在海涛的怀里撒娇、笑闹。

大枣，我们有幸吃到，味清新甘甜。陈琦说："枣树还是老先生们当年种下的。"

"老先生"是指常书鸿先生们。忽然有一种激动。内心当然明白，海涛和陈琦也经历了不可避免的心理抗争，对于这个我们始终没有深入探究的问题："对待来这儿的心态和认同感"，我们选择了聆听他们自然讲述的部分。海涛很坦率地聊及当年打电话给樊院长申请来敦煌时，樊院长问的第一个问题是："你们是男女朋友吗？"多少年轻人来来走走，而能否稳定在此是院方必然的疑虑。海涛说他坚定的想法有时也来自外部的不认同，那些反而给他增加了力量——"每回去北京，心里总觉得有那么一种不服气的劲儿，敦煌这么好，这么丰富这么厚重，凭什么会被人觉得很边缘、边陲？那是因为太多人都不了解……"陈琦则说："我们去外边出差，事情一办完就很想回敦煌，每次都惦着，也说不清是什么具体的事情惦着，但一回来，就特别舒服了。"

最无法抵挡的，是玄妙的缘分。

作为同龄人，我想从自己的角度去理解并祝福他们——在一日千里的大时代，那些昔日同学各自在专业上会有怎样的成长他们已不得而知，但他们却用了四年默默埋首于一幅壁画的钻研，这其中，岁月像漫漫黄沙一样对生命一点一滴地消磨、掩埋……想及常先生们的精神承遗至此，我便肃然。

（撰文：夏楠）

2010年10月陈海涛、陈琦在莫高窟前留影

陈海涛

1978年生于湖北，4岁迁至山东。1995至1999年就读于中央美术学院附中。1999至2003年就读于北京电影学院动画学院。2003至2006年于北京电影学院动画学院攻读硕士，从事动画短片创作及理论研究。2006年于敦煌研究院美术研究所从事壁画艺术研究工作至今。

陈琦

1979年生于辽宁葫芦岛。1995至1999年就读于中央美术学院附中。1999至2003年就读于中央美术学院油画系。2003至2006年于中央美术学院油画系攻读硕士，从事油画创作及油画民族化理论研究。2006年于敦煌研究院美术研究所从事壁画艺术研究工作至今。

榆林窟是敦煌石窟的组成部分，俗称万佛峡，位于甘肃省瓜州县（原安西县）城西南约70公里。榆林窟同莫高窟在内容、艺术风格、绘画形式方面一脉相承。现存唐、五代、宋、西夏、元等朝代洞窟43个，分布在榆林河东、西两岸的悬崖峭壁上，有壁画4200平方米，彩塑259身（摄影：马岭）

犹记来时路

榆林廿九窟 × 王学丽　徐铭君

「冥冥之中，一定有什么在影响着我。」她重复着「冥冥之中」，像在回味，又像是在探索。

一

敦煌研究院美术所里，一间大工作室明亮通透，光源来自不同方向。几个年轻人在这间屋里画画，设备给人"新时代"的印象：一些桌子的桌面下头有灯，灯光可以从下面往上照射，便于进行画画中一些描拓的步骤。

王学丽与徐铭君都是敦煌的年轻一代，三十岁出头，研究生毕业。"早上在市区坐班车来山上。"山上给她们留了宿舍，两个姑娘婚后都搬到敦煌市区居住，下班后再乘班车返回市区。早出晚归，如上班族的作息。

她们都不是敦煌本地人，来美术所工作后，户口迁到了敦煌，也学着和当地人一样，吃羊肉，喝杏皮水，度过冬天的严寒与夏天的炎热。

"广州有的，这里也能买到。"徐铭君来自河南，王学丽来自陕西，她俩有个交集：都曾经在广州美院上学。"买衣服就淘宝嘛，能上网，住在哪个城市都差不多的。"每个月发工资时，收入里的一个项目会提醒一下她们所在的地理位置：沙漠补助。

"我来得早，2008年来的，我们这里来五年以上就可以评中级职称了，中级职称的工资每月将近五千元，铭君刚来一年多，工资三千多元。"王学丽来敦煌的时间早一些，她2008年本科毕业后就到了敦煌研究院工作，工作了几年后又去了广州读研，几年来她感受到了敦煌的物价也涨得飞快，"我刚毕业的时候来这里工作，如果拿100多块，到超市买东西，就会觉得你提的东西很多，很重。现在花个500块，也没买到什么东西，这里跟大城市的价格差不多"。

"在北京、广州还找得到便宜的，这里找不到——所有店铺都差不多价格。女孩子爱美，衣服有很多品牌，其实外面（大城市）已经是过时了的，别的城市都是两三折在卖，敦煌还是原价。"徐铭君来敦煌工作一年多，因为新婚——嫁给了当地人——置办很多家具，没存上多少钱，"有些花销还得要借钱"。

两个姑娘很爱现在的生活，也记得各自来时的路。

二

徐铭君在读高中三年级的时候，老师一直在给班里的同学灌输一个"思想"："应届就不要想考上美院——因为美院对小县城的孩子来说，太难考了。"

她的老家在河南省驻马店市新蔡县，1999年时，17岁的徐铭君第一次参加高考。报考美院，结果如老师所料——没有考上。"那时候全国有'八大美院'——就是我们首先考虑报考的重点院校。一次可以报很多个院校，轮流去考。"家乡是个小县城，读高中之前，徐铭君还没有接受过正规的美术训练，当时县里文化馆的一位名叫吴震的老师，成了她的启蒙老师。

"从高一开始，基本上每个寒暑假，全部都在跟这位老师学习——他现在已经六十多岁了，他女儿考上了中央美术学院——平时、星期六、星期天都会学。到高三的时候，集训，一直以来都是吴震老师教，他就是对我们影响最大的人。"徐铭君小时候头脑中的"八大美院"概念，也是来自这位老师，"其他美院最好不要，设计类的专业也不要，要考绘画类的"。老师还教他们：取其上，得其中；取其中，得其下；你要取其下，就什么都得不到……

"我就是喜欢画画。"和成千上万参加考试的美术生一样，那时候的徐铭君，脑子里只有"考美院"。从没有想过，有一天，自己会到敦煌来。更不会去考量：莫高窟，对一个学美术的人而言，到底是上，还是中，或是别的什么。

第一次高考失败后，第二年，徐铭君又报考了各大美院。这次，她报了11所院校，范围已然超过了"八大"。"当时有考点——会有好几个学校凑在一个地方考试，如果我们住在那里一段时间，就尽量多报名，把这个考点的学校都考了。"当时广州美院的考点在广州，西安美院的考点在西安……"那个时候我们就几个同学一起，背着包，带着颜料盒。过完年以后有一段时间就是专门考试的。考完以后过了一段时间，有通知出来了，你考得怎么样，多少名次，有没有过，都出来了，我们再从这些过了的学校里面选好的学校，再考文化课。考完再看你综合报哪一个学校，就才有资格报你过了的学校……"大家自由结合组队，转战全国。徐铭君的同学里，有的人经历了"八年抗战"。

"学美术是很花钱的，家里面承受了经济压力，但是没办法，开始学了，停不了。"徐铭君的父母是双职工，家庭开支全部依赖工资。小县城里的吴震老师挺支持徐铭君这个喜欢画画的小孩，学费免了。

2000年，第二次高考，徐铭君成功考取了广州美术学院壁画专业。

"当时考过了三四个学校，名次各不一样，其中陕西师范大学，我的名次是第一，在我爸妈眼中，陕西师大已经挺好了，他们还打电话到师大的招生办问'如果报名了录取的概率有多大'，人家说'你们赶快让你女儿报我们专业，报了肯定能上，绝对能上'。"可是徐铭君觉得陕西师大不在"八大美院"之列。

三

从前，徐铭君对"壁画"的理解，仅是学校招生简章上介绍的：壁画里有绘画的内容，又有设计类的，有关于材料的。"简章写得特别丰富，我觉得这个专业写得蛮有意思。传统壁画也有，现代壁画也有，就选这个专业了。"

考上广州美院，吴震老师送给她一本关于壁画的书，"因为我是第一个考上壁画专业的"。

美院的学费每年都在涨价，2000年徐铭君考上大学时，每年的学费已经涨到一万元。"基本上我爸妈的工资都存起来给我交学费，花的就是我爸的补助——我爸在交警队有补助。他们买什么东西都是最便宜的。"徐铭君在广州，第一个学期生活费花了一千元，"以前我们一个宿舍四个人，我们买了一个电饭煲，中午四个人煮饭，去食堂或者去学校外面打菜，回来四个人分着吃，那一餐平均下来1块多。"

本科期间，徐铭君曾经有一次机会可以去敦煌看看。"2003年的时候大三，学校组织去写生，本来行程都已经定好，车票也买好：先从广州到敦煌，回程的时候再去永乐宫、天水。"就在临出发的前两天，"非典"来了，学校取消了写生。

第一次来敦煌，是在2005年，那时徐铭君已经读研究生，和同一个工作室的同学一起来。"专门给我们派了一个讲解员，我们待了不到一个星期，拿着速写本，找一些局部比较感兴趣的看一下，但是时间不能太长，所以那一次看的东西挺多的，但记忆里面都是碎片，不是整体的。"徐铭君第一次来敦煌，速写的都是局部的图，对"整窟"没有概念。

"但是留下的印象特别深，就觉得里面东西很丰富，很多东西值得学。就是时间太短了，没来得及学更多东西。"

2008年研究生毕业，徐铭君想过要来敦煌，她把想法跟导师说了，"老师说敦煌这里比较偏远，决心要我自己下"。一番考虑，徐铭君给敦煌研究院打了电话，"那个时候就是电话联系的，不巧的是那一年他们已经招了人，时机不合适。我记得所长很委婉地问我：你有没有男朋友？"因为莫高窟的环境相对闭塞，接触的人少，单身的女孩到了这里很难找到对象，"所长说所里有几个大龄姑娘，个人问题老解决不了，所里倾向于招来一对一对的，这样比较稳定点，让我来之前要好好考虑这个问题"。当时单身的徐铭君没有再追问。

"就暂时地放下了，正好广美那里的老师找我去代课——等于是外聘老师，很多研究生都是这样的出路——代的还是岩彩课，我觉得这也是一种锻炼。我是不太愿意改专业的人，可能这方面我比较固执，很多人说你可以到其他学校当正式的老师，但是有可能就要教其他的设计类的课，我就不想这样。"

一待就是三年。

2011年，甘肃省的事业单位开始实行全国统一招考，徐铭君提前在网上报名了敦煌研究院。"在兰州考试，三个小时画一张创作的稿子，画完后要复试，又面试，2012年我们才正式入职。"徐铭君决心已定，把户口也迁到了敦煌，"我父母一开始就是完全不同意，因为'你在广州待了那么多年，为什么不好好在那里待着？'我妈对这里的印象就是：没水洗脸，去那干吗？那么苦"。

榆林窟29窟/西夏（1032—1227）
榆林窟29窟西壁壁画《国师像》
（摄影：吴健）（图片提供：敦煌研究院）

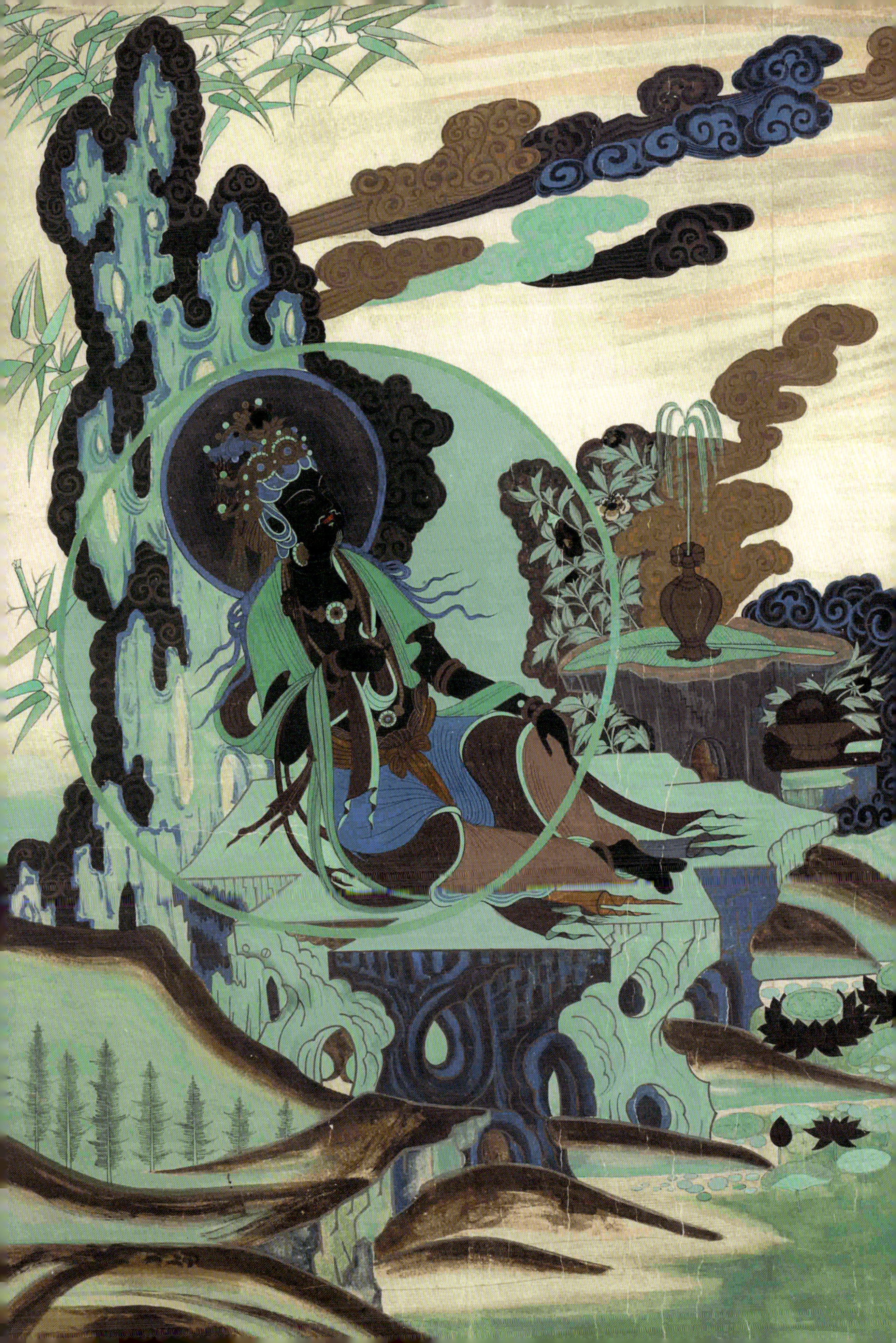

四

1979年出生的王学丽，老家在陕西榆林定边县。家里兄弟姐妹一共六个，她最小。"我妈妈41岁才生的我，爸妈给我的感觉，就像我是独生子一样，宠爱很多。"从小学到高中，因为哥哥姐姐都有工作了，王学丽的零花钱一直都不缺。

"我是一直喜欢画画的，但是小时候不懂，就是很朦胧的喜欢。可能有一种遗传吧，我妈妈的手工活是非常好的。"王学丽的母亲没有专业学过裁缝，但是做得一手很好的缝纫活。

"爸爸妈妈是地道的山西平遥人，因为我爸爸在陕北工作，就把妈妈带过来，我家在陕西独门独户，没亲戚，舅舅姑姑都在山西平遥。"母亲跟随父亲来陕西时，只有十七八岁，连衣服也不会做。"当地人也排斥外地人，我妈妈又是很要强的性格，她不愿意求别人，我爸爸给她拿回来一块布，她就照着我爸爸穿过的衣服剪，第一件棉衣就做下来了，我爸爸穿着像模像样了。她就这样摸索，成了我们当地很有名的裁缝。在我很小的时候，我家里就摆着一摞一摞的布……但是我妈妈帮别人做这个从来不收钱。"

榆林窟2窟 西夏（1032—1227）
水月观音为三十三观音之一。在敦煌壁画中，五代始见存在，开始多为小幅，到西夏晚期成为鸿篇巨制。
这幅水月观音头戴菩萨冠，胸披璎珞，左手抚膝，右手微举于胸前，双脚相并。菩萨头部微仰，凝视左前方的一轮残月，整个人物被笼罩在光环之内，光环的背后是山峦，前方为水，左侧有一柳枝净瓶，左前方有一飞天遥相礼拜，右前方有唐僧及弟子礼拜图。此系《西游记》中唐三藏与其弟子孙悟空的早期民间形象（图片提供：敦煌研究院）

邻居有婚礼要筹备，就会跑来找王学丽的妈妈，拜托她做衣服。"绣花、盘扣、织毛衣……我妈都做得很好，我从小就看她做。"从上小学开始，在学校里，王学丽画的内容——比如板报，在老师眼里，总能比其他小孩突出一点。

"一直到高中，学校同学都知道我，知道我画得好，但我从来没有想过走这条路。后来，我一个特别好的姐妹很支持我，她说，有一位老师，之前也是西安美院毕业的，年纪很大了，带一些当地的小孩一起画画，你去他那里学画画吧。我就背着家人自己去学了。"当时家里的教育就是好好上学，考上大学才是正路，学画画、学音乐感觉就不是一条很直很顺的路，"我们是一个小县城，不像大城市的孩子从小培养兴趣爱好。"

她是高二第二个学期才去学的，"以前我的性格是很男孩子的，很外向的，去了之后经常做坏事"。到了冬天，学画的地方生炉子，王学丽偷偷吃冰豆，一边吃着一边把豆子扔进炉子里，于是豆子在炉子里爆炸，发出惊悚的声音。"只要我们那个画室有什么事情，我们老师就说：王学丽，又是你干的吧！其实有的时候不是我干的。"画画时老师需要学生很安静。

榆林窟2窟 西夏（1032—1227）
这幅水月观音，画面上南海茫茫，景色寥廓，在透明的巨大圆光里，显现出头戴金冠，长发披肩，佩饰璎珞环钏，腰系长裙的观音菩萨。其双腿一屈一盘，一手撑地，一手修长的手指轻拈念珠，半侧身若有所思，坐在有如琉璃般光华又如浮云般缥缈的岩石上。身后山石如苍松般高耸入云，石缝间修竹摇摆，远处虚无缥缈，空中有一对鹦鹉双飞，景色宁静优美，似在仙境（图片提供：敦煌研究院）

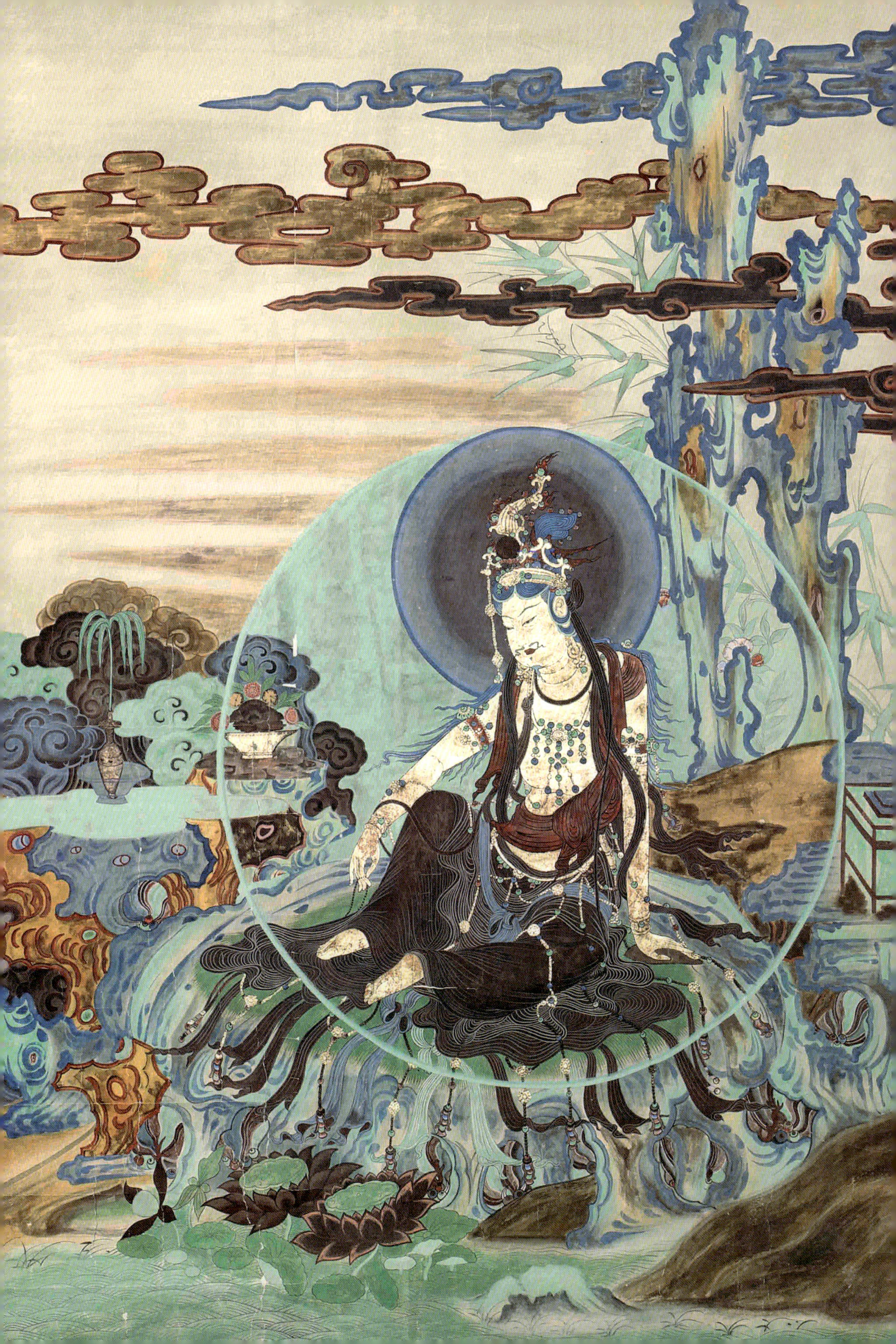

榆林窟第3窟
文殊变（图片提供：敦煌研究院）

画了一个学期了，老师跟她说，你好好画画吧，我送你上美院。"那个时候说'好吧，美院'，可也只是把这话当儿戏，从不那么想。"可渐渐地，王学丽自己发现，在画画的班里，自己的水准在一点点接近那些已经学画多年的同学，"后来老师把我放到要考大学的班里面的时候，发现我画得还比他们快一点，他觉得我可能有一点天赋，有一次，就把我叫到那里去跟我说'你整天吊儿郎当的，你把家长叫来吧，我跟你家长谈'。我以为我又干什么坏事了，他说'我要送你去美院，让你家长重视一下'。"

学画是背着家里人的，王学丽那个时候还不敢叫爸妈去见老师，就把她的小哥叫去了。"过去之后老师就跟我小哥聊，意思就是你妹妹有这个天赋的，一定要培养一下。回去我哥哥就把这个事跟家里说了，就那样，正式开始让我学画画。"父母的同意，仍然让人觉得有点意外。

到了高三，王学丽要到西安美院考前班培训两个月，这两个月让她大开眼界，也转变了一些意识："以前的老师是比较严谨老派的，我不能辜负他，可是我还要再补习——学一些新的东西。"王学丽又拜了一位老师——"他之前也是西安美院毕业的，但是中间做了一点生意，败了，加上身体不好，家里为了给他治病，花费巨大。他为了安定就到我们那里，自己开了个店，做装潢设计。很有才的一位老师，油画画得很好，我就拜他去了，那个老师就一直教我。"王学丽一直跟之前的启蒙老师说自己的文化课不行，想好好学文化课，"其实他后来也知道我跟那个新老师学，慢慢就默许了，我特别感激他。我在他那儿学的时候，每次我一到开学迟两天不去，他就托其他同学来找我，问为什么不来……也免了很多学费，真的是很好。"

五

王学丽最初并不想学油画。"我很排斥油画，因为我的新老师，他画画很好，但是有特别不好的生活习惯——他给人的感觉就是，所有学油画的人就要邋里邋遢，我很受不了。"

有一天，老师让王学丽帮他拿一下吃饭的碗，开始她找不到。"猜我在哪里找到的？在他床上找到的，跟被子裹在一起。"但是老师觉得王学丽的色彩感觉特别好，特别适合画油画。"他坚决鼓励我画油画，其实我的启蒙老师也支持我画油画。可我很怕画油画了就变成他那样了。"

阴差阳错，王学丽最终还是考上了西安美术学院油画系。"我油画的分是我所有的考试分最低的一个，308分，其他的设计啊320，有的上330的——就是那样考的全国联考，然后报志愿的时候油画系是报第三志愿，但是偏偏就是油画系录取你，没办法。"

2003 年，王学丽本科毕业，来到敦煌，那年她还有一个机会可以去上海。

"给敦煌投了简历，就要我了，当时院里领导给我打了电话，也是问了一些话，什么家里姊妹多少，父母年龄多大之类的问题，后来我其实也很矛盾。"她之所以选择敦煌，因为觉得在上海，"我这样的人一抓一大把"，她觉得自己在上海不会"出众"。

"真的要在上海，没有稳定的工作会飘得很厉害，尤其一个女孩子。我不愿意让心飘着，希望可以干些实实在在的事情。"

王学丽觉得自己是幸运的，来到敦煌，正好赶上一个整窟临摹——榆林 29 窟的临摹。"我们这里所有的临摹都是老师带徒弟的，老先生带我们才可以入手，我比较有幸的是，侯黎明老师选我，让我跟他一起画这张画，所以就有第一次可以正儿八经在原壁上做这样一个画，这组锻炼对我们来说是很好的。"此时的临摹，已经与电子设备结合。大家先用高清的相机，一块一块把壁画拍摄下来，在电脑上把图像拼接起来，再喷绘出来，形成精确的数据。回到工作室里临摹，完成之后再回到洞窟里校对。"我们洞窟是第一个全部用矿物质原料画的，跟洞窟上面的颜料完全吻合，这个是老先生们完全没有的。我是画油画的，完全没接触过这个岩彩，这次是正儿八经接触岩彩，因为我们侯老师去日本学过的，也知道岩彩本来就是我们中国的传统。"

2006 年王学丽考过一次研究生，考西安交大，总分是第一，但是英语差了两分，没读成。2008 年，她考上广州美术学院的研究生，导师是陈文光老师，也因此和徐铭君成了同学。"我跟大家不一样，我有一个工作的经历，我在敦煌工作了五六年再去考的，我觉得工作以后再考研，目的性更明确一些。"

研究生毕业后，王学丽再一次面临选择。"我觉得最好的选择还是回到这里，其实敦煌不像外面人说的那么苦，现在交通、网络都那么方便。"之前在敦煌几年的生活，让王学丽做选择时更明确了自己想要什么。"我们在敦煌接触的信息比在学校还广，好多艺术家跟我们交流。我们在这里天天觉得自己在艺术氛围里面活着，谈的都是这些，我觉得离我们专业更近，就回来了。"

六

"你有自己的宗教信仰吗？"这其实是我最想问这两个姑娘的问题。

"我其实没有，这里待时间久了，就是佛在人心。我觉得信仰就是在于人的心的，你每天的生活它会影响你，比如说我们现在搬到城里住了——以前在山里住——有一个很明显的感觉，就是每次回到莫高窟，你总想到大佛那里看看。"王学丽告诉我，敦煌研究院美术所里面有一个说法：画佛人不拜佛。"我们临摹，每天都在画佛，就是一种功德、一种修行，不拜佛的，但是我们都有一种习惯，一段时间，自己心情不好了，就是想去大佛那里，有这种感觉。像是一种情不自禁的感觉，没有特别刻意的要做什么事情。"

徐铭君则在读高中的时候就皈依了佛教。"我高中时的启蒙老师信佛，刚开始他带我们——高中时我们经常去县城的寺庙里吃斋饭——其实对佛教一点认识都没有，只是觉得到了那个环境里，特别安静，也不懂到底佛教是什么，念佛到底念的什么，但是就是皈依了。"时至今日，徐铭君觉得自己十七八岁时的皈依，有点儿戏，不那么虔诚。

"其实佛教在广州挺盛行的，大家对佛教认识很多，而且很虔诚。自己也是学习佛教知识，但不是虔诚地去信，这是两个层次。真正信是从研究生开始，经常会去寺庙里拜佛。"

"冥冥之中，一定有什么在影响着我。"她重复着"冥冥之中"，像在回味，又像是在探索。

（撰文：佟佳熹）

王学丽

笔名宣历，1979年生于陕西定边。中国美术家协会会员。2003年毕业于西安美院油画系，同年于敦煌研究院美术所工作至今。2012年毕业于广州美院国画系中国壁画艺术研究工作室，获硕士学位。油画作品《静物》《窗》《风景一、二》入选"纪念毛泽东在延安文艺座谈会上讲话六十周年展"，《静物》被陕西省美术博物馆收藏。漆画作品《花样》入选由中国美术家协会举办的《生存·和谐·美好——上海世博会中国美术作品展》漆画展，获优秀作品奖并被收藏。岩彩作品《小满·醉眼》入选"第十一届全国美术作品展——广东省省展"，《足迹·弯》入选由中国美术家协会举办的"回望中国——纪念辛亥革命一百周年"综合美术作品展览，《男人体》入选由中国美术家协会举办的"大同国际壁画双年展"。

徐铭君

1982年生于河南新蔡。2004年毕业于广州美院国画系壁画专业，2008年从广州美院国画系陈文光壁画工作室硕士研究生毕业，2008年至2011年担任广州美院装饰艺术系岩彩课程外聘教师。2012年到敦煌研究院美术所工作至今。创作作品《惊蛰日志》获"改革开放三十周年全国美展"优秀奖，创作作品《谧》入选"2012年大同国际壁画双年展"。目前主要从事敦煌壁画临摹研究工作，同时继续个人的绘画创作。

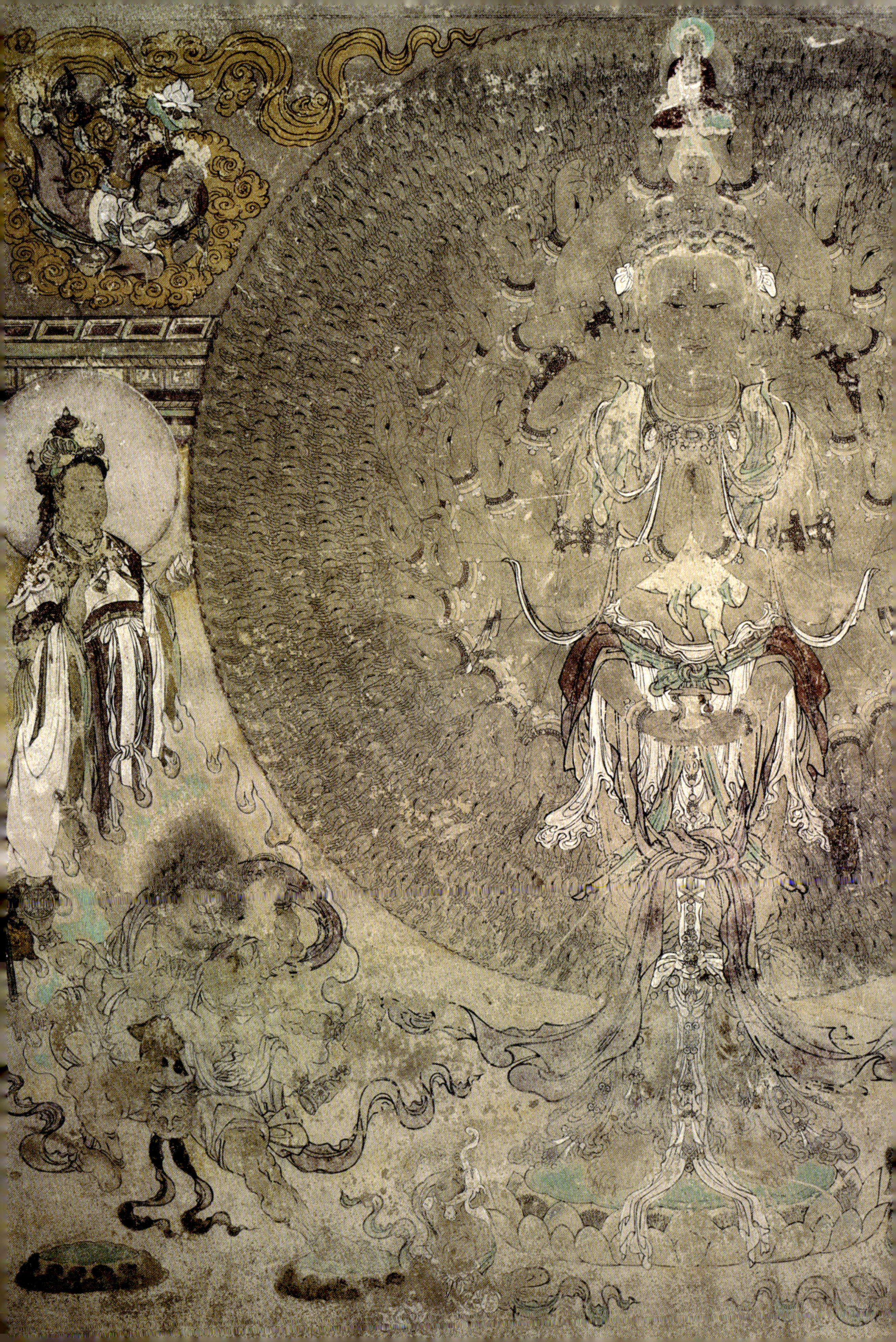

莫高窟3窟 元（1271—1368）
铁线描如屈铁盘丝，游丝描若行云流水。南北壁各画千手千眼观音经变一幅，最大限度地运用了线条这一造型手段。画师根据对象物的不同，巧妙地运用了折芦描、铁线描、游丝描、钉头鼠尾描等多种描法，表现了莫高窟晚期壁画中最闪光的一个亮点（图片提供：敦煌研究院）

卷四

172窟 盛唐（705—781）观无量寿经变（临摹：霍熙亮、关友惠、万庚育、史苇湘、李其琼绘于1958年）（图片提供：敦煌研究院）

继续敦煌

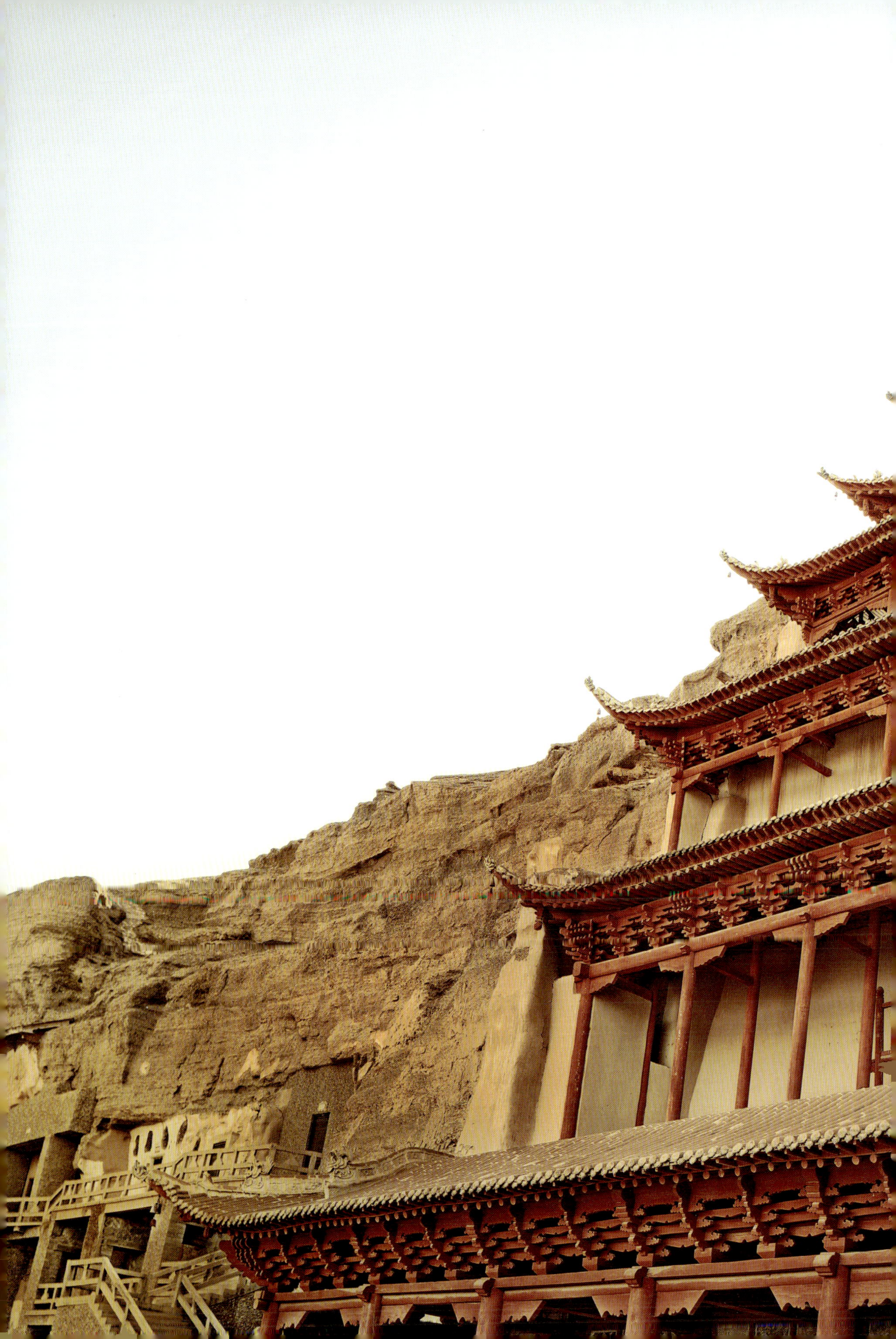

九层楼是莫高窟的标志性建筑,即96号窟,高35.5米的弥勒佛坐像居内。建在石窟群靠南侧的崖壁上,是一座特殊形式的高大窟檐。楼总高43米,建于1927~1935年(摄影:马岭)

九八窟 × 王旭东
无声中守护静寂

刚到莫高窟，他一个洞窟一个洞窟地查看，检查壁画上有没有裂隙，壁画地仗有没有酥碱、有没有疱疹等，这些都与自己的专业相关。一个多月他看完四百多个洞窟。他还清楚记得在那个夏天最热的时节，窟外气温接近40摄氏度，洞窟却特别凉快，如此反复进出洞窟，他中暑了，难受、恶心、冒虚汗……只好在第458窟一个沙堆上躺卧了半个多小时，才慢慢恢复过来。

98窟 五代（907—960）
98窟的保护修复，是王旭东1998年在上任保护研究所副所长时负责的第一个壁画保护项目（摄影：马岭）

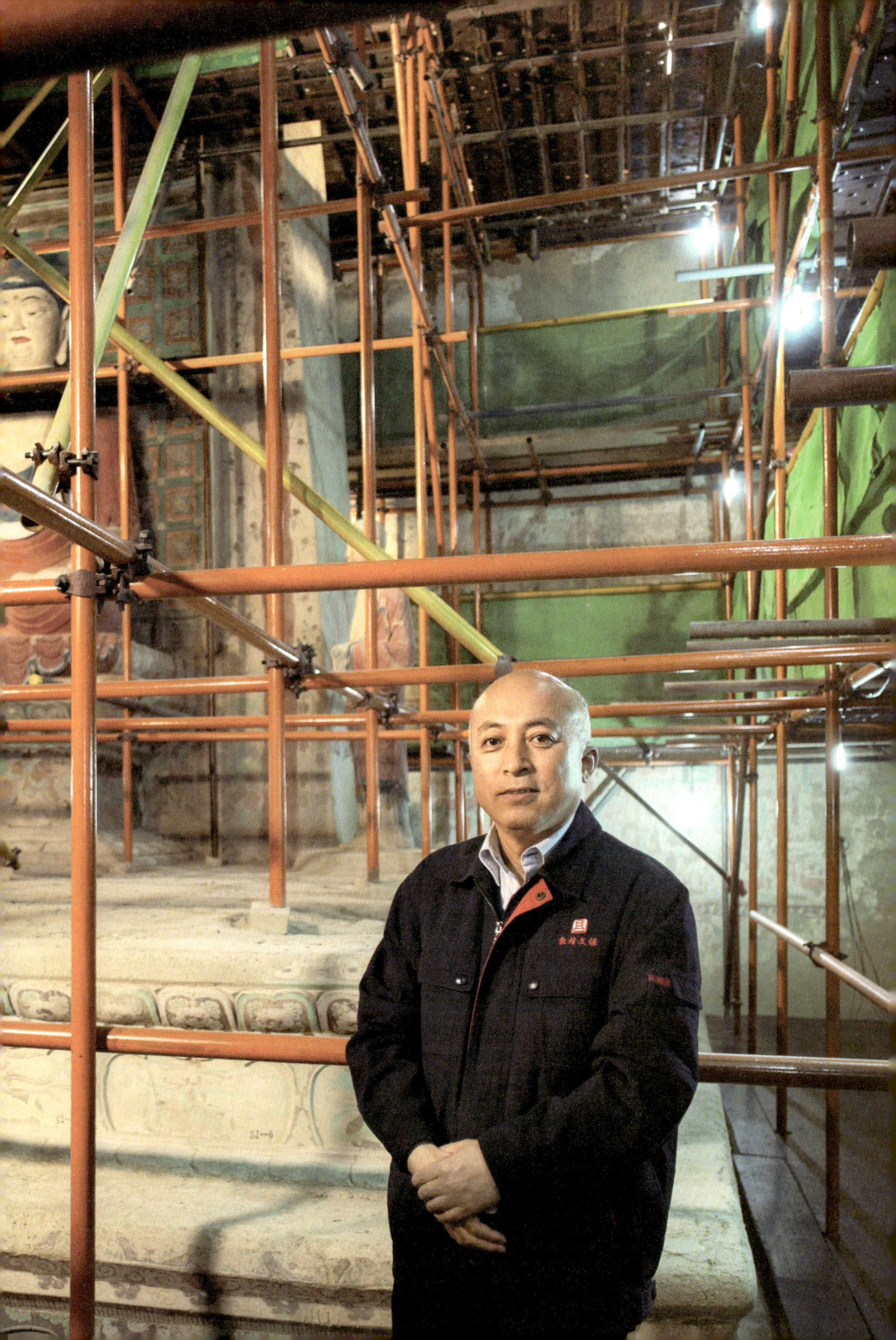

一

中午一点,从莫高窟第98窟看完出来,王旭东回到了保护研究所的会议室。接下来有几个会议等着他。我们的采访只好见缝插针地利用时间。因为第98窟要求在2014年验收,需要提交全面的工作报告,在此之前还有很多工作要完成——第98窟的保护修复,是王旭东1998年刚刚上任保护研究所副所长后,负责主持的第一个壁画保护项目,时间已经过去了16年。

要讲述这16年不是容易的事。但我第一次见他就注意到,他的瞳仁极为黑亮,看向人的时候有一种清净透明的光。这是否因为待在敦煌久了,令人洗心澄目,我不得而知。但相比那些当初因为对敦煌文化心怀虔敬而来到这里的同事,王旭东并非如此,他最初喜欢上的只是这里的自然环境。

"我记得那天是1991年农历正月十七,我第一次到莫高窟,非常喜欢这种静寂。尽管那时还没有决定要到这里工作,更没有想到会在这里工作生活23年。但我确实认为,这是个好地方。"

王旭东的家乡在甘肃山丹军马场附近一个偏僻的山村,全村人口不超过1000人。他出生在一个半工半农的家庭,父亲在城里工作,母亲带着四个孩子在山村生活。因为家庭成分的原因,在"文革"开始后,原为民办小学教师的母亲失去了教书的工作。直到1980年王旭东到县城读书之前,一直跟母亲、哥哥、妹妹和弟弟一起,度过了他的童年和少年时光。

山村坐落在相对平坦的山坳里,水是从很远的上游通过渠道引来,过程很是艰难。夏天遇到暴雨,渠道总是被毁坏,家家要抽壮劳力去抢修。冬天渠道停止供水,村民们只能吃涝池水,吃冰块融化的水,等到冰都没有的时候,只能赶着毛驴去山下驮水,往返需要一个多小时。他们兄弟姐妹,从小就帮家里干活儿,王旭东说:"除了犁地,几乎什么农活儿我都会干,耙地、除草、割麦子、放羊、放马……"不过如今留在王旭东记忆里的,更多是山村所特有的自然之气。

山村四季分明,因为距祁连山较近,海拔较高,春天和秋天显得很短。春末夏初野花相继开放,小伙伴们放学后去挖野菜,还可以摘一种可以和着面粉蒸了吃的野花,当地叫猫儿刺花。夏天可以在水渠里戏水。秋天收庄稼是苦差事,这不关小孩子们的事,但会随着大人们去挖土豆、胡萝卜,"捡胡萝卜时,挑那些小一点的,在衣服上蹭几下就嚼着吃,非常甜","当把羊赶到山里的时候,我们就可以躺在山坡上休息,很是惬意"——这样的一些山村生活片段,深刻在他的头脑里,及至今天,他依然拥有极强的乡村情结。他不喜欢大城市,只喜欢那些与大自然融为一体的城市。到国外去考察学习，他最喜欢的是日本的京都、奈良，英国的牛津小镇，法国的里昂，美国的普林斯顿小镇等田园城市。

1986年王旭东考上兰州大学工程地质专业。他选择专业的目标就是为了以后回到家乡去，当时报的所有专业都是和水利工程有关——又是故乡情结。儿时看到水利技术人员把水引到山村里，他觉得很神奇，觉得自己将来可以做这个事。1990年夏天大学毕业，他被分配到张掖地区水利处下属的一个水利勘察设计队。在不到一年的时间里他待了三个工地，用他的话说："挺好的，我就喜欢在山里勘察设计，别人觉得苦，我不觉得，我也很乐意整天跟农民工、农民打交道，特别好。"

事情的因缘就是，敦煌研究院彼时正和美国盖蒂保护研究所开展莫高窟保护的国际合作项目，急需水文地质与工程地质的专业人员，便向兰州大学提出推荐毕业生的请求，而王旭东的老师推荐了他，说他特别能吃苦。但起初王旭东并没有去敦煌的兴趣，后来在敦煌研究院的邀请下，抱着来看一看的想法，在1991年春节刚过，便乘汽车先到玉门住了一夜，再从玉门坐汽车至敦煌。初抵莫高窟，他没有感到辛苦和不便，反而在石窟四围的寂静荒野中寻觅到了一种说不清的自在。第二天，他见到保护研究所所长李最雄博士。双方都留下了极好的第一印象，李博士的学者风度让王旭东仰慕，顿生想要效仿他的些许冲动。也许是环境与人的共同吸引，消除了王旭东"来看一看再说"的心态。

虽然他当时对于莫高窟的壁画和彩塑——他真正要面对的工作，还丝毫不熟悉。"说老实话，我是学理工科的，对历史不是很感兴趣，也就不是很关注。"如果追溯印象，他记起来是1981年父亲曾到过这里旅游，看到过他在莫高窟九层楼前的留影，其他了解则寥寥。当王旭东明确了要来敦煌的意愿的时候，李最雄先生带他见了研究院的段文杰院长和樊锦诗副院长。他们几十年奉献敦煌的精神和人格魅力，以及吸引人才的执着情怀打动了他，坚定了他要来敦煌工作的决心。

二

后来的二十几年的时光，李最雄先生成为王旭东从事文物保护研究的领路人和科研合作伙伴。

当时在敦煌研究院保护研究所学工程地质专业的只有王旭东一人，据说当时整个中国文物系统学这个专业的寥寥无几，中国文物研究所的黄克忠先生是第一人，他在20世纪60年代进入这个领域。而王旭东很有幸在初到敦煌工作的时候得到了黄先生的亲自指点，及至今日，在敦煌飞天宾馆的交谈还历历在目。但真正接触壁画保护修

1999年7月,王旭东(右3)与中外专家在莫高窟第85窟壁画保护现场讨论(左1为黄克忠先生,右1为阿根纽博士,右2为李最雄博士)(图片提供:敦煌研究院)

复的时候,他确实不知从何处着手,只能摸索着,向前辈们学习并极力寻找专业契合点,希望把所学专业知识应用到壁画保护修复中来。王旭东也是幸运的,适逢另一个绝好的机会,敦煌研究院与美国盖蒂文物保护研究所的合作项目,美方的首席专家阿根纽博士拥有化学与地质学双学位,他渊博的知识和严谨的学术素养对王旭东产生了极深的影响。他比王旭东父亲大三岁,后来,他俩成了忘年交。二十多年的中美合作项目,也培养了包括王旭东在内的许多敦煌研究院的年轻一代保护科研人员。

谈及地质学怎么跟文物保护结合,王旭东答:"我们学的专业是与岩土打交道的,具体到石窟,我们会关注石窟载体的稳定性,会关注到岩体里面的水岩运移与壁画病害的关系,进而采用岩土工程领域的某些技术实施保护加固。所以在实践中发现很多技术原理是一样的。在洞窟的崖体里面,盐分很多,是因为里面有水汽。以前没有检测手段,一直认为崖体中的水分含量很低。但后来的监测表明,在石窟岩体的局部范围内存在气态水,而气态水同样可以带着岩体内的可溶盐运移到洞窟岩壁表面,引起壁画的各种病害。另一方面,遇到下雨天,窟外的湿气通过窟门进入洞窟。研究发现,当洞窟内空气相对湿度达到60%后,存在于壁画中的盐分就会发生溶解,当相对湿度下降后,盐分又会结晶,循环往复,就会破坏壁画结构,导致壁画的盐害。在壁画修复

据介绍，98窟曾经在20世纪70年代、80年代各修过一次，每隔十年同样的问题会出现且每次都比上一次严重。此次修复吸收了与国外合作的经验，大的突破主要是在灌浆脱盐（摄影：马岭）

过程中，也会有水的参与，同样会发生盐的活动。因此，在修复过程中，要进行脱盐。当然，壁画脱盐不可能做得很彻底，干预太多会对颜料层产生伤害，我们尽最大能力脱掉其中的一部分，让表面的盐分能有所减少。我们的脱盐工艺在不断改进，但毕竟会对壁画的颜料层造成一定的伤害。接下来我们会开展预防性保护研究，通过控制洞窟环境，使得壁画处于一个相对稳定的状态。如果环境控制得不好，壁画表面的盐分还会活动……"

王旭东坦率说，他起初对文物保护没有概念，心里也没有觉得那些壁画伟大，更没有感到震撼。开始在莫高窟工作之后，他一个洞窟一个洞窟地查看，检查壁画上有没有裂隙，壁画地仗有没有酥碱、有没有疱疹等，这些都是与自己的专业相关的。那时甚至都没太关注壁画颜料层的起甲病害。在一个多月时间里他看完四百多个洞窟。"那时候事少，不像现在课题、项目这么多"——说来他竟有种怀念的意思。他还清楚记得在那个夏天最热的时节，窟外气温接近40摄氏度，洞窟却特别凉快，如此反复进出洞窟，他中暑了，难受、恶心、冒虚汗……只好在第458窟一个沙堆上躺卧了半个多小时，才慢慢恢复过来。后来同事告诉他这样对身体非常不好，因此以后每次进窟之前，他都会先在门口适应一下。之后经过熏陶，他也慢慢知道了壁画彩塑的内涵和价值，

大修中的98窟，现已谢绝游人参观（摄影：马岭）

也激发了他可能有的对艺术的感觉。如今，"每次进洞窟都觉得壁画彩塑特别美"。

说到第98窟，其实早在20世纪70年代进行过修复，到80年代又出问题，做过修复，到1998年出现了更严重的问题。而同时在这些年，敦煌研究院与美国、日本、欧洲的相关机构和大学合作，极大地促进了院方技术的提高。敦煌石窟真正意义上的科学保护也就从80年代中期开始，90年代快速发展。在王旭东他们到来之前，前辈们已经积累了许多宝贵的经验，当然有成功的也有失败的。关于这点，王旭东说："评价他们的功过，不是否定他们的工作，而是应该历史地加以对待——在他们那个时代只能那样做，好比过去医生做手术需要拉开很大一个口子，现在已到了微创手术时代。"

敦煌研究院与美国盖蒂保护研究所合作开展壁画保护修复项目，双方选择了壁画病害类型最多的一个洞窟，即第85窟作为联合攻关课题，而第98窟的病害类型和复杂程度与这个洞窟相当。这两个窟几乎集中了所有洞窟中存有的病害——酥碱、起甲、空鼓等。理论上来说，如果这两个窟的问题都解决了，那么其他洞窟的问题也都会迎刃而解。与美方拟定的保护计划是希望通过第85窟的保护修复，能找到基于《中国文物古迹保护准则》的壁画保护科学程序。这个《准则》是在国家文物局的支持下，由中国古迹遗址保护协会、美国盖蒂保护研究所、澳大利亚遗产委员会的相关专家联

敦煌研究院保护所的工作人员所进行的修复工作（摄影：马岭）

合起草的，莫高窟保护作为验证《准则》可行性的一个案例。

就在第85窟正按计划有条不紊开展前期调查、环境监测、壁画制作材料与工艺分析、病害机理研究的时候，第98窟的一块壁画发生了脱落。为了应急，王旭东他们采用了以前使用过的修复材料和工艺对那些可能还将脱落的空鼓壁画实施了灌浆处理，但时间不长，就发现壁画表面盐分聚集，继而发生了壁画地仗层疏松、表面颜料层翘起的问题。于是立即决定停止其他部位的修复处理。美方专家知道这个情况后，也表示了关注。美方专家认同停止继续灌浆加固处理的决定，建议王旭东他们按照第85窟项目的工作程序对第98窟开展现状调查、环境监测和病害机理分析研究等基础工作，等第85窟项目找到合适的空鼓壁画、酥碱壁画保护修复技术后再开展第98窟的保护修复工作。

中美合作莫高窟第85窟壁画保护修复项目取得了极大的成功，不仅在空鼓壁画灌浆和脱盐技术方面有了突破，还建立起了一套科学的壁画保护程序。这一成果对第98窟的保护修复奠定了坚实的理论和实践基础。

按照第85窟取得的经验，由敦煌研究院自己的专业人员完成了第98窟的前期调查研究工作和修复工作。他们经过16年的艰苦努力，今年将顺利完成第98窟的修复任务。第 98 窟也在长达十余年之后，再次以健康的状态与游客见面。"这个项目的波折，让我们认识到一个科学的文物保护工作程序是多么的重要，这个程序中任何一个环节的缺失都会影响到保护结果的成败。即使那些侥幸成功的案例，也不能说明科学程序的可有可无。"王旭东庆幸于这个转折，他们会在第 98 窟的保护修复报告中记录下这些曲折和转折。现在，敦煌研究院从事保护修复的队伍有六十多人，从事保护研究的队伍也有五十多人。

三

"我到现在也没觉得苦。"王旭东说。其实这话在见面不久他就说过。大约是人的性格决定命运，比他早几年和跟他同一年来敦煌的本科毕业生还有不少，但大多都离开了。有的去了北京，有的去了国外，只剩下他一个。王旭东感叹说，每个人的追求不一样，对环境适应的能力不一样。"不过我现在蛮有成就感的。人不可能一天两天就有成就感，要坚持，要耐住寂寞。"

我问他什么是他理解的敦煌精神，他讲到，一个是热爱，一个是坚守，最后才是奉献。

"很重要的一点就是热爱这个地方，热爱这个遗产，你对它没兴趣，进而选择离开，这与人的品质没有关系。我一开始是喜欢这个环境，有些人是热爱这个艺术，但必须热爱才能坚守。有的人也热爱，但是有各种各样的原因不能坚持下来。如果没有奉献精神也不行，我们是失去完整而温馨的家庭生活，失去了对家人的关照，得到的是我们赖以欣慰的事业。"

王旭东的妻子毕业于兰州医学院，刚开始是老家县医院的一名儿科医生，他们是高中同班同学。当王旭东决定来到敦煌工作时，向院里提出的唯一条件就是把女朋友也调到敦煌。在他到敦煌的第二年，他们结婚了，年底他的妻子也在研究院的努力下如愿调到了敦煌市医院。由于妻子对紫外线过敏和不能适应儿科医生的高强度工作，不得不于 1998 年带着五岁的儿子到了兰州，在一所卫生学校从事教学工作，从此两地分居十多年。妻子投入全部精力一个人抚养孩子，直到刚刚把儿子送到国外读大学。但随后，她一度陷入精神空虚，可能是因为多年相依的儿子忽然从身边离开造成的结果，这令王旭东极为痛心与内疚。妻子希望他能离开敦煌，找一个两人能待在一起的地方过一种简单的生活。在经过一个月的思想斗争后，他决定放弃敦煌的工作回到妻子身边。王旭东向组织提出了调离敦煌研究院的请求。报告递交后，妻子的精神状态发生了极大的好转。但由于种种原因，组织没能接受他的请求……自然，这个地方不仅是他所喜欢的，而且23年来的坚守与付出也使他深深地眷恋着这份工作。令他深感疲惫的是，家庭与工作，仿佛身心两处不能会合。

结束这次访问前，他的言语里满含无奈："这是我们莫高窟人的心头之痛。我有不少同事都是两地分居，为了孩子们的教育，我们都无奈地选择了这样的生活。没有人愿意选择这样的生活，但如何才能既从事喜欢的工作又能照顾好家庭，可以说无解。……也许人生就是由缺憾构成的吧，有时只能这样安慰自己，但家人的苦又有谁能理解呢？难道选择了莫高窟就一定要失去家庭的天伦之乐吗？也许对我们这些把家安在兰州的人一定会是这样的结局。所以我劝年轻的同事，最好把家安在敦煌，完满的家庭是事业持续的基石。"

（撰文：夏楠）

王旭东

1967年生于甘肃山丹，兰州大学地质工程专业博士，2000年赴日本东京文化财研究所，2005年1月至6月、2011年1月至3月赴美国盖蒂保护研究所做访问学者。本书采访时担任敦煌研究院常务副院长、研究员，兼任古代壁画保护国家文物局重点科研基地主任、国家古代壁画与土遗址保护工程技术研究中心常务副主任。现任国际岩石力学与工程学会古遗址保护专业委员会主席、中国岩石力学与工程学会古遗址保护专业委员会主任委员、中国文物保护技术协会副理事长等职。浙江大学兼任教授，兰州大学、西北大学兼职教授。长期从事古代壁画与土遗址保护及世界文化遗产保护管理研究。2015年起担任敦煌研究院院长。

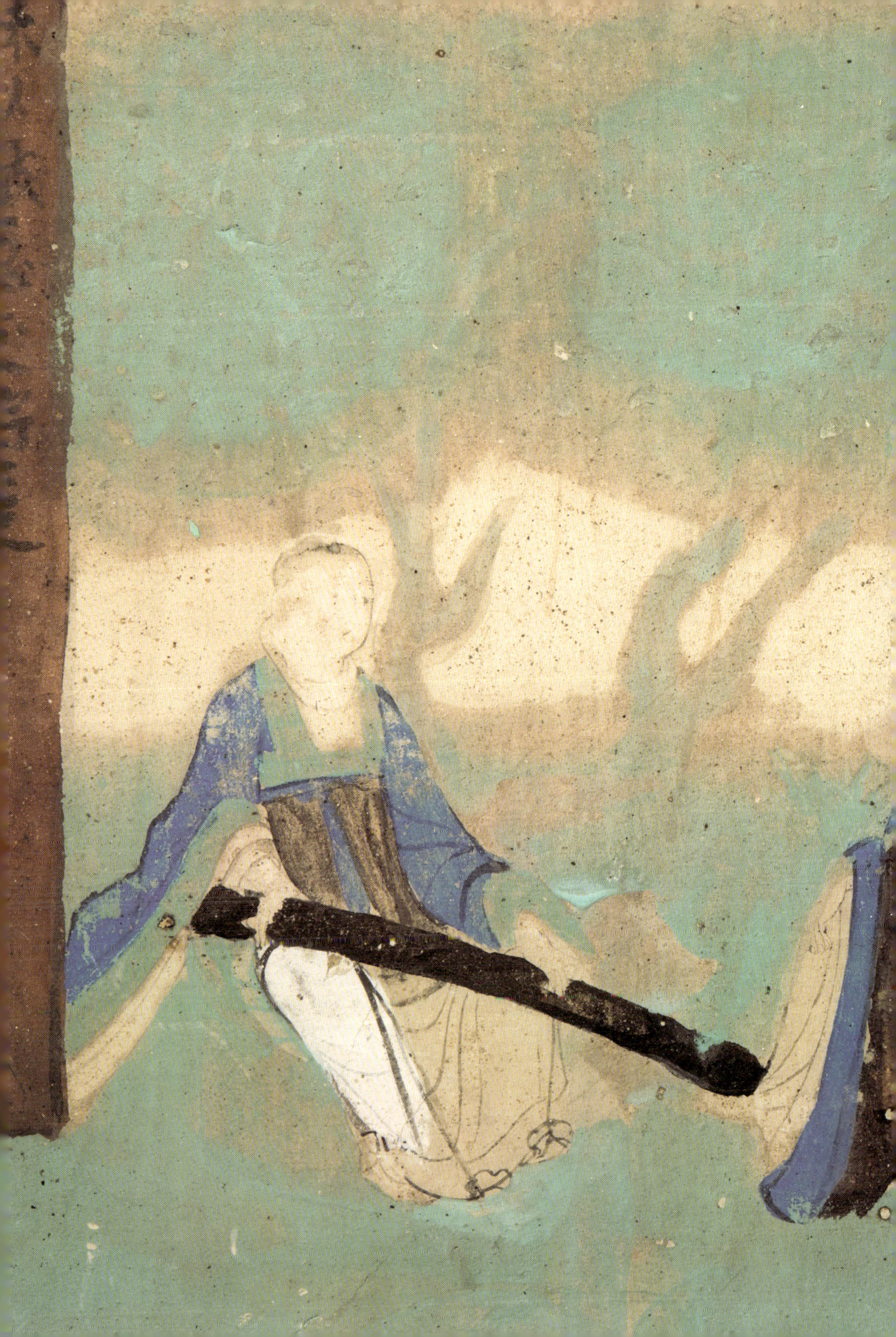

八五窟 × 苏伯民

重生

到敦煌的第一天,苏伯民就深知,这些美轮美奂的历史遗迹,终有一天还是将灰飞烟灭,绝非人力所能挽回。可是,一代接一代的敦煌人,仍在努力,也仍要守望。这命运有点像古希腊神话中推石头上山的西西弗斯,面对终要落下的巨石,西西弗斯依然在推动石头上山的过程中,找到属于自己的幸福。

85窟 晚唐(848—907)
85窟南壁壁画《树下弹筝》。85窟是张议潮归义军时期的第二任河西都僧统翟法荣为自己修建的功德窟。从咸通三年(862年)开始,洞窟的兴建历时5年。85窟是一个大窟,内容相当丰富,仅主室内的巨幅经变画就达16幅,堪称莫高窟之最。1997年,敦煌研究院与美国盖蒂保护研究所启动第二次合作,选择85窟进行联合修复保护。85窟近110平方米的壁画上,存在着莫高窟最典型的3种病害——起甲、空鼓、酥碱。中外专家通力合作,历时8年,完成修复。85窟的修复经验,也将为莫高窟乃至国内其他地区的壁画保护提供借鉴(图片提供:敦煌研究院)

一

1985年，上班第一天，苏伯民坐在办公室里，恍惚间看到了40年后的自己。从兰州大学化学系毕业，他被分配进一家事业单位，日常的主要工作是进行岩矿分析。朝九晚五，论资排辈，日子波澜不惊，不会有什么挑战，也不会有多大的惊喜。也许一生将这样平静地度过，直到退休来临。21岁的苏伯民突然感到有些恐惧。

这种过于平静的生活，与狂飙突进的20世纪80年代显得有些格格不入。苏伯民在1981年考进兰州大学化学系时，系里专家云集，有3位全国学部委员，77、78级的学长们也尚未毕业，理想主义方兴未艾，对知识的渴望、改变社会的欲求，都在这一代人身上留下深深的烙印。

似乎在一夜之间，人们谈论的话题又变成了"下海"，社会上流行着一股新的风潮："造原子弹的不如卖茶叶蛋的"，年轻人开始狂热地想象着南方，深圳、广州、海南……那里意味着财富，意味着改变命运的机会，一些朋友陆续离开兰州，向南方而去，大家带着些许调侃的口吻，将这股大迁徙称为"孔雀东南飞"。

1992年，敦煌研究院招聘的消息传来，苏伯民若有所动。他对莫高窟几乎一无所知，千里之外的敦煌和千里之外的广东、海南，同样的遥远而神秘。

懵懂的苏伯民与敦煌研究院的领导见了面，那时，敦煌研究院正与美国盖蒂保护研究所展开合作，急需国内的专业人才，求贤若渴。苏伯民学的是化学，这和文物保护工作也有着密切的关系。终于能为自己的专长找到更合适的用武之地，苏伯民几乎没有犹豫，就做出了选择。"那时想得比较单纯，就这样来了。一眨眼就20多年了。"

阴差阳错之间，他没有去沿海，没有去南方，而是逆着整个时代潮涌的风向，一路向西，直到一千一百公里外的大漠深处。或许，敦煌这样的边陲小城、古代重镇，与广州、深圳这样的现代化都会相比，并没有本质的不同，它们都意味着改变命运的转折点，都意味着未来无限的可能性。

"我是误打误撞来到敦煌的。"许多年后，苏伯民这样回忆。离开甘肃的中心城市兰州，到敦煌，如同一场冒险。自己将拥有什么，又将就此失去什么，在那时，苏伯民并不知道。

二

初来乍到，苏伯民还无法真正体会莫高窟的价值。"我们学化学的人，对洞窟没有感觉。第一天看洞窟时，我就觉得，看1个洞窟和看10个洞窟，没什么差别。不像现在。"最初的几年，实验室距离莫高窟只有几百米远，他却很少在洞窟里长时间盘桓。

艺术家们眼中漫天的花雨、诸洞的神佛，在苏伯民看来，却是另一个世界。作为文物保护工作者，他看到的是壁画上的各种病变——起甲、空鼓、酥碱……岁月在千年洞窟中留下一道道伤痕，并不诗意，反倒触目惊心。

他迫切地想要挽救这些古老的遗存，那时他觉得，术业有专攻，洞窟蕴藏的文化、社会和艺术价值，自有专业领域的同事们去研究，而自己的使命，是保护和修复。他埋头在实验室里，像从前一样，面对的仍是各种精密的仪器，关注的仍是数据的变化。可是，莫高窟让他感到前所未有的科研乐趣——寻找原因，提出假设，通过反复的实验进行论证，让奄奄一息的瑰宝重生。有时为了攻克一个技术难题，他会一直工作到深夜。窗外的四季荣枯，仿佛都已置之度外。

20多年过去了，苏伯民对莫高窟的认知，也发生着微妙的变化。1997年，美国盖蒂保护研究所的专家们再度来到莫高窟，他们的工作方式让苏伯民感到很好奇：为什么这些外国专家并不急于进实验室，而是先请敦煌研究院的学者们为他们讲解每一幅壁画的内容、含义，了解其中的艺术价值，记录下大量的笔记。难道化学专家的战场不是实验室吗？攻克技术难题不是应该与各种瓶瓶罐罐打交道吗？随着交流与合作的深入，这些疑问逐渐化解，苏伯民意识到，文物保护应当是一门综合性的学科，"用自然科学的手段，解决人文科学的问题"。

三

与美国盖蒂保护研究所的合作，是苏伯民命运的转折点，更是莫高窟保护历程中的重要转折点。

盖蒂与敦煌研究院的合作从1988年开始，治沙和环境监测，是第一期合作的重点。当年有一个实验非常著名：让24个人在一座洞窟里滞留40分钟，经过检测，洞窟的温度升高了5摄氏度，二氧化碳指数也急剧增加。这些数值的波动，都会对壁画造成潜在的破坏。于是，专家们开始研究怎样更好地安排游客进入洞窟的数量，怎样更合理地规划游览路线，从而为莫高窟的日常保护提出解决方案。

新一轮的合作，欧美专家的研究方法给予苏伯民更多启发。人们一直说，莫高窟壁画用了大量无机矿物颜料，还有少量有机颜料。可是，用一般的分析方法，无法找到有机颜料存在的证据。欧美专家们经过反复论证，另辟蹊径，他们用紫外光照射壁画，在黑暗的洞窟里关掉所有的灯光，就会看到闪烁的荧光，这可能就是有机物，循着这些线索继续深入探索，壁画上的有机颜料就露出真容。

敦煌研究院和日本东京文化财研究所（日语称"文物"为"文化财"）也有着长期

莫高窟治沙现场（图片提供：敦煌研究院）

合作关系。苏伯民很快注意到日本专家和欧美专家的不同，日本专家更关注崖体的组成结构、所含矿物成分对壁画的影响。这也为敦煌保护带来了新的思路。

苏伯民的同事们对颜料做过很长时间的研究，往往习惯了按照不同的色彩来做具体分析，而日本专家却是对一幅画的整体和层次做研究：底层用的是什么颜料，叠加的是什么颜料，最上层的又是什么颜料；从前是什么颜色，后来又发生了怎样的变化……也许在不到一平方米的壁画里，就能发现一片天地。这种工作理念和工作习惯，也引起了苏伯民的反思。国外已经形成比较完善的文物保护的思路和方法，而中国还处于起步阶段，未来又将走向何方？

1999年和2006年，苏伯民两次前往美国盖蒂保护研究所进行交流访问，他感到，最大的收获并不是学到某项专门的技术，或是解决了某个具体的问题，而是把国际通行的一些文物保护的研究方法、综合的研究技术，带到敦煌。

85窟的重生，正是得益于这些国际合作。

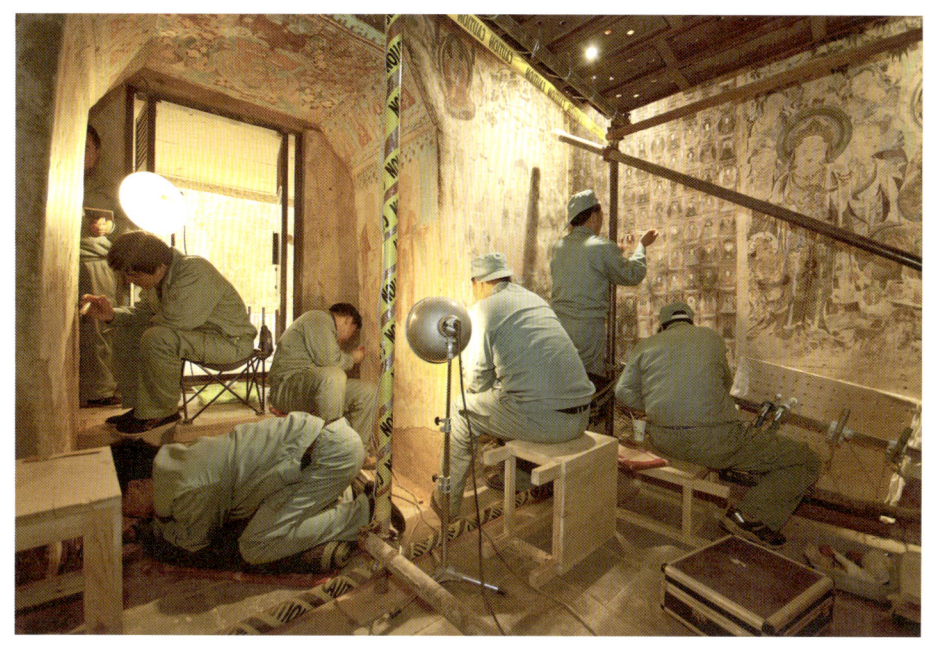

敦煌研究院的工作人员在洞窟修复现场（图片提供：敦煌研究院）

四

"85窟是一个大窟，内容相当丰富，仅主室内的巨幅经变画就达16幅，堪称莫高窟之最。"在敦煌研究院的报告里，这样描述85窟的独特价值。85窟开凿于晚唐，是张议潮归义军时期的第二任河西都僧统翟法荣为自己修建的功德窟。从咸通三年（862年）开始，洞窟的兴建历时5年。

1997年，敦煌研究院与美国盖蒂保护研究所启动第二次合作，决定选择一个洞窟，来做全面的研究，经过反复论证，最终选定了85窟。

之所以选择85窟，因为近110平方米的壁画上存在着莫高窟最典型的3种病害——起甲、空鼓、酥碱。如果能"治愈"85窟，莫高窟的许多问题也将迎刃而解。

病害的关键究竟在哪里？中美专家们进行了大量的监测和反复的实验。在显微镜下，他们发现了潜藏在壁画底下泥土层的可溶盐——硫酸钠和氯化钠。

莫高窟地处戈壁沙漠，环境干旱，壁画才得以保存千年。但是，莫高窟的地质结构却含有大量可溶盐，它们会随着温度的变化潮解、结晶，如此周而复始，并且不断地向壁画表面迁移。日积月累，就会对壁画造成伤害。

怎样去除土壤里的盐分，成为横亘在中外科研人员面前的一道坎。这个难题看起来无法解决。专家们提出了各种假设，尝试了多种方案，摸索出一种方法——往壁画的岩体背后"灌浆"，让水汽沿着壁画渗出来，然后在壁画表面施加吸盐材料，慢慢地降低壁画表面的盐分，直到盐分降到安全的临界值之下。把大部分盐分都去除掉以后，再对壁画表面进行修复，不仅能治标，更能治本。

一切都是"无中生有"，经历了漫长的求证。仅仅为了寻找一种更适合"灌浆"的材料，专家们就耗费了整整 4 年，试验了 80 多种不同拼配比例的材料，对实用性、收缩性、透气性等诸多因素进行反复比较，才做出了选择。后来，这种材料也广泛地应用于其他洞窟的修复与保护，而它的名字极为质朴，就叫"81 号"。

历时 8 年，中外专家通力合作，85 窟完成修复，已经重新开放。85 窟的修复经验，也将为莫高窟乃至国内其他地区的壁画保护提供借鉴。苏伯民则认为，联合修复 85 窟的意义，绝非局限于此，"修复 85 窟的过程，创造了可持续的壁画保护方法：一是做价值评估；二是完成对病害的调查、对材料的认识；三是对病害的原因做科学分析，得出的结论要有理论支撑，也就是说，文物保护要有具体的研究题目；四是作为文物保护项目的管理者、保护者，应当如何对壁画的问题进行处理"。为此，合作双方与国家文物局签署协议，制定出《中国文物古迹保护准则》。该准则借鉴了《威尼斯宪章》《巴拉宪章》等国际文物保护章程的经验，并结合中国的情况进行完善，为中国的文物保护工作提供了一整套思路和方法。在苏伯民看来，文物保护作为一个学科建立起来，才是中国文物保护领域真正的转折点。

五

"没有可以永久保存的东西，莫高窟的最终结局是不断毁损。我们这些人用毕生的生命所做的一件事就是与毁灭抗争，让莫高窟保存得长久一些，再长久一些。"敦煌研究院院长樊锦诗这样描述敦煌的文物保护者们。

作为敦煌研究院保护所所长，苏伯民到敦煌的第一天起，就深深地知道这一点。一切终将灰飞烟灭，绝非人力所能挽回，可是，一代接一代的敦煌人，仍在努力，也仍要守望。这命运有点像古希腊神话中推石头上山的西西弗斯，面对终要落下的巨石，西西弗斯依然在推动石头上山的过程中，找到属于自己的幸福。

时至今日，敦煌研究院保护所也是国家壁画保护中心所在地，这是公益领域的第一个国家工程技术研究中心。敦煌地处西北边陲，却云集了 160 多位专业修复人员，在中国的壁画修复领域，占据了半壁江山。保护中心还在河北、河南、内蒙古、宁夏、新疆、西藏等地建立了6个工作站。每一年,工作人员都像候鸟一般迁徙,为各地进行修缮维护,同时也帮助各地培训新一代的文保人才。

从前的敦煌,是艺术家和历史学者的朝圣地,如今它也是文物保护工作者的朝圣地。每一年,都会有一些年轻人满怀憧憬地来到这里。面对他们,就像面对20多年前的自己,苏伯民告诉他们:"你们不仅要能自己提出问题,还得自己想办法去回答问题。这才是我们需要的人才。"

那是一枚枚火种,它们从敦煌燎原。

(撰文:张泉)

苏伯民

1964年生于甘肃省白银市,兰州大学化学系理学博士,现任敦煌研究院保护研究所所长,国家古代壁画保护工程技术研究中心副主任,古代壁画保护国家文物局重点科研基地常务副主任、研究员。他主持、参加了多项壁画研究项目和壁画保护工程,其中"古代土建筑遗址的加固研究""敦煌莫高窟第85窟保护修复研究"分别获得1999年度国家文物局文物科技进步奖二等奖和2004年度国家文物局文物保护科学和技术创新奖二等奖。2006年,他荣获第九届中国青年科技奖,是入选者中唯一的文博系统青年科技工作者。2012年,他主持研发的"文物出土现场保护移动实验室"获国家科技进步二等奖。

428窟 北周（557—581）

为莫高窟最大的中心柱窟。南北壁上段贴影塑千佛六排。中段南壁画佛说法图、卢舍那佛，西壁画金刚宝座塔、释迦涅槃变，北壁画佛说法图及降魔变等，东壁南北两侧画萨埵太子本生和须大拏本生（图片提供、敦煌研究院）

四二八窟 × 赵声良

『信』守承诺

那年《中国青年报》上刊登了段文杰所长与记者的谈话,说是敦煌研究缺乏年轻的人才。我想,那就试试吧,就给当时的段文杰所长写了一封信。

一

这要回忆起来 ——用段文杰先生的话说，就是"自投罗网"。

那是 1983 年，我在北京师范大学的中文系读大三，当时已经看了很多关于敦煌的书，很喜欢敦煌壁画，当然敦煌的老先生们的故事也很感动我。也知道了有敦煌文物研究所（后来更名敦煌研究院）这样一个机构。那年正好《中国青年报》上刊登了段文杰所长与记者的谈话，说是敦煌研究缺乏年轻的人才。我想，不知道我可不可以到敦煌工作。那就试试吧，就给当时的段文杰所长写了一封信。

不久收到段先生的回信，热情洋溢，说："我们这儿缺人才，大学生来当然欢迎！" 1984 年我快毕业了，听说我要去敦煌，父亲极不高兴，不断给我写信说"敦煌在沙漠当中，苦得很，水都没有"。我老家是在云南昭通，父亲说"你一个南方人是没有办法适应敦煌的"等等，用尽各种办法劝阻我。

父亲是个书法家，他的那些朋友也是画画或书法圈子的。从小开始我就跟着他们练习毛笔字、画国画。到了中学，父亲的一个朋友跟他说：老赵啊，你家这个小孩儿画画很有前途，要培养他啊。父亲只是默默听着。后来就明确反对我上任何美术学院。他认为艺术作为爱好或修养可以，但千万不能当作专业。他有好多画画的朋友，在"文革"中毫无例外地挨整，倒了霉。他叮咛我说："不能搞艺术，搞艺术的人没一个有好结果的。"解放前，我父亲是国民党员，解放后他就一直挨整，苦不堪言。我不敢违背他的意愿去报考美术学院，就想，选中文系吧！文学跟美术也有关系。到了北京，山长水远的，父亲也管不了我，我照样把心思放在画画上。关于去敦煌工作，也知道父亲是铁定不接受的，但我心意已决；同时担心出什么纰漏，几次联系段先生，请他将我的档案尽快落实到研究所。而人呢，是一毕业就跑到敦煌，先开始了工作，几个月后各方面算安定下来，我才放心回云南探亲。等于是先斩后奏，父亲也没辙了。

后来知道，莫高窟从 1983 年开始有大学生到这儿工作，之后每年总会有几个大学生来，虽说那些年大学生毕业都是国家分配工作，但奇怪的是通过单位努力跟大学联系希望分配来的大学生，基本上都没有来。来到这里的都是意想不到地自愿来的，按我们的话说就是"自投罗网"。

那时的敦煌文物研究所规模很小，全所职工只有 70 多人。办公区就在莫高窟前面的果园中。

初到敦煌，樊锦诗副所长专程坐着一辆旧式的北京吉普车（当时所里最高级的车）来城里接我。我看到莫高窟的一切都感到十分新鲜，记得到了莫高窟时已是傍晚，樊所长领我到中寺旁边的一排房子，其中有一间空房，里面只有两张床、一张桌子和一个凳子。这就是我的房间。樊所长说:"这里艰苦一点,这一排房子是我们60年代住过的,那时可是最好的房子呢!"

第二天起来,我才仔细看了看这间房子,土墙、土地,还有一个壁橱。地上是扫不完的尘土,索性就不扫,将洗脸的水洒一洒,让地面湿润就可以了。门口是一片空地,邻居不知是谁种了一些花草,看起来就像是农舍。屋顶是用废报纸糊住的天花板,但有几个黑洞。我起初对这些黑洞不太在意。很快来了一位大学毕业生,我们两人在这间房子住了一年多。有一回晚上睡觉,一只老鼠不小心从黑洞那儿掉下来,正好掉在我的枕头边,那老鼠顺势沿着被子的缝隙一直向里钻,直到从我的脚边出去。等到我爬起来,老鼠已没了踪影。第二天和室友一起搜索,终于在床下的角落里找到了一个老鼠洞。提了两壶开水朝洞里灌进去。不久,从后面的另一个角落,两只湿漉漉的老鼠正一瘸一拐地向前爬,我俩开心极了。

秋天的莫高窟,夜景最美,天气通常很清爽,在沙漠上走,你会感到满天的星斗都在跟随你。如果躺在沙滩上,微风从耳旁流过,你会听到奇妙静谧的音乐。星星在上面眨着眼,明晃晃的,就像躺在床上看屋顶的吊灯一样近。

但第一个冬天是不太好过的。平房里没有暖气设备,必须架火炉,晚上睡觉前要把火焖住,不使它熄灭,才能既保持夜间的温度,又使第二天清早生火不太麻烦。可是我们两人都是南方人,不会生火炉,常常到半夜火就熄了,夜间气温达零下十七八度,我们又冷又困,把所有的衣服都穿上,棉被压上。早上起来,鼻孔旁边都是冰碴子。直到那个冬天快结束,我们才逐渐掌握焖火技术。

敦煌的水,当时是依靠打井。喝那个井水,刚开始也不习惯,喝完就拉肚子。大约两三个月后就适应了。

二

我印象深刻地记得,樊所长领我去见段文杰所长的那天。段文杰先生是敦煌学界的著名专家,又是长期在敦煌临摹和研究壁画的画家。我在大学里就读过他的论文,看过他临摹壁画的图片,一直对段先生有种崇敬以至敬畏之感。到了段先生家,段先生身材魁梧,声音洪亮而带有浓厚的四川方言,他热情地招呼我,拍着我的肩膀跟我聊天,还不时发出爽朗的笑声,一下子就消除了我的拘谨。很快我就畅所欲言地跟段先生谈我自己的一些想法,段先生认为我对敦煌艺术的理解较好,鼓励我从艺术方面进行探讨。

段先生对我们这些大学生十分关心,逢年过节,总是要专门设宴招待我们这几个年轻人。那时,我们就可以品尝到段先生亲手做的美味佳肴。段先生是四川人,平常饮食颇为讲究，且擅长烹调。在西北荒漠，却能品尝到精致的南方风味，也令我们感叹。

在莫高窟的最初几年，生活十分单调，晚上看不到电视，年轻人常常喝酒，甚至通宵达旦，引起所里很多老同志的不满。有一次在全所会议上，段先生对此提出批评，但他不是板着脸，而是像讲笑话一样："我听说有的年轻人常常晚上怀抱吉他，对着月亮，怪叫一声……"他幽默的四川话讲到这里不禁引起全场的笑声。接着段先生说："年轻人苦闷啊，他们的生活是不是太单调了？我们是否可以想点什么办法？"之后，段先生专门拨了3万元让团支部出面买了一套电视和音响设备以及大量的LD唱盘。于是，每到周末，食堂里就有了卡拉OK的声音。

对于段先生来说，在20世纪80年代以后，他主持敦煌研究院工作，极大地推动了中国敦煌学的发展，使敦煌这个边远地区的小城为世界所瞩目，这是他人生最辉煌的一页。然而，我却常常为他在四五十年代的艰苦日子所感动。那个时代，没有电，没有自来水，生活极端艰难，他却临摹了大量的敦煌壁画。现在看来，那个时代的临摹品都达到很高的水准，是今天学习敦煌画的范本。

令人既无奈又欣慰的是，在"文革"中受到严重迫害的他，在下放农村时与农民们相处得很好，并为生产队养猪。作为艺术家的段先生，养猪也养得很艺术，通过改善猪圈的环境，调整饲料成分和喂养的时间，几个月后，猪就长得又肥又壮，而且还产了小猪崽。连当时的县委书记都知道他养猪有方，专门要去看他。在农村的那些日子，可能是他经历长期迫害后，难得的过得悠闲的日子。他在回忆录中这样写道：

"我在农村将近两年，努力劳动，自食其力。第一年除了粮食每人600多斤外，还分得现金190元，加上老伴养鸡，天天有鸡蛋吃，自己养两头肥猪，一头卖给国家，一头自己食用。杀了70多斤肉，给邻居送一点，剩下的足够两口人吃一年。我们用四川制作腊肉的办法，烟熏后保存一年不成问题。自给自足的农民生活，不为'阶级斗争'令人惊惧的口号所震惊。没事挑灯夜读，思考和研究我的艺术与美学，渐渐淡忘了研究所的人和事。"

这段话读来让人酸楚，也感慨万端，在那个特别的年代，身处逆境，却能安之若素。我常常想，那些伟大的人物并不是向来就是叱咤风云的样子，他们往往更能适应社会，更善于生活。

1981年敦煌文物研究所在所长段文杰先生的倡导下，创办了《敦煌研究》杂志，1983年正式出版"创刊号"，大体每年出一期，编辑人员也不固定。1984年敦煌文物研究所扩建为敦煌研究院，正式成立编辑部。我刚分配来，因为是中文系的，自然把我分到了编辑部。那时我才发现，编辑部除了一位主任，就只有我一人。后来，人员陆续增加，到1986年就改为季刊交邮局向全国发行，到90年代初已初具规模，并在学术界形成一定影响，2002 年又改成了双月刊。

那时编辑部在敦煌，而每期刊物都是在天水新华印刷厂印制，每一次出刊，我们都要到天水出差，短则十数天，长则一两个月。多少年来回奔波于天水—兰州—敦煌，那时还没有敦煌火车站，要到距敦煌 120 公里的柳园乘车。柳园和天水都是小站，买不上卧铺，在火车没有提速前，由柳园到天水需要 24—26 个小时，我们常常是站着度过这一昼夜的时光。后来我学会了带一张较大的塑料布，夜间就铺到别人的座位下面，在昏暗中伴随着别人鞋子散发出的臭味而昏昏睡去。1990 年以后，编辑部迁往兰州，才改到兰州印刷。匆匆已过 20 多年。我们办的是一份学术刊物，除了本学科的学者，在社会上恐怕也没有多少人感兴趣。但谁会想到，这样一本不起眼的刊物，从专业编辑出版的眼光看来，都是些不懂得编辑与出版的书生们办起来的，竟然在全国期刊行列中争得了不少荣誉，而进入"中国期刊方阵"，并获得了国内期刊的最高奖"中国期刊奖"。每每想及，这些年来编辑部同人齐心协力、任劳任怨地工作，想到全国乃至国外的学者们毫不吝啬的扶持和支援，《敦煌研究》能走至今天，绝不是轻而易举之事。

三

被吸引的核心当然是壁画。

刚到敦煌时，所有的洞窟对我来说都比较新鲜，每个洞窟都会吸引我。那时大约是刚接触西方现代派艺术（中国美术界所谓"八五美术新潮"时代），对马蒂斯、毕加索等画家十分着迷，因此，当我看到了北周时期的第 428 窟壁画时，感到十分震撼。它强烈的色彩、充满动感的造型和其中体现出的神秘精神都深深让我着迷，我感到中国在 1400 多年前就已出现了这样富有"现代艺术"精神的壁画，实在是不可思议！—— 当然，后来对敦煌壁画的认识逐渐深入之后，才知道那是因为变色形成的强烈夸张的色彩和造型。但我仍然钟情于早期（北凉、北魏至北周）的壁画艺术。我喜欢那种富有异国情调的人物，充满了动感的形态、强烈而丰富的色彩。因为以前学过国画，知道中国画用色是很单调的，造型也以静态为主，而敦煌壁画与过去所认识的中国画完全不同，那么敦煌壁画算不算中国画呢？这样的问题也是促使我研究敦煌壁画的一个重要因素。

我一直在想，敦煌有如此大的魅力，它对中国的美术发展是有决定性的影响，这个影响却并不是一下子被人们认识到的。张大千看到了这一点，当时还有一些有思想的画家也看到了，包括常书鸿、关山月、董希文等一大批中国的知名画家大部分都去过敦煌，或多或少地从中学习了一些东西。为什么会这样呢？

我在那几年一直研究常书鸿早年的思想。他因为伯希和所拍摄的《敦煌石窟图录》而受到巨大的震撼，决定回国，当时的理想就是在敦煌办一个艺术学院，他觉得应该让中国的画家到敦煌去进修，从那儿学到真正纯粹的中国传统艺术。他觉得敦煌里面有取之不尽的宝藏，代表了中国古代的辉煌成就，可是这个成就到明清以后逐渐被人忘记，他想重新挖掘。

几乎每位初抵石窟的艺术家都会用震撼来形容自己的感受。日本的著名画家平山郁夫先生回忆1979年他首次进入敦煌石窟的情形时说："我看到的是一座宝山，珍贵的文化遗产。石窟中的一切，使我如同触电一样原地不动地伫立着。太棒了！精彩极了！我几度赞叹，但不知如何表达自己的心情，只是自言自语——多谢了！多谢了！这是对常书鸿先生为首的研究所诸位的感谢，感谢他们保存并研究了如此美好的宝藏。我也非常敬佩创造这绝世无双的艺术珍品的先人们，我现在能站在这里，感到无比幸福……"

令平山郁夫感到吃惊的是，敦煌艺术并不是人们所想象的边陲地区的艺术，而是由一大批高手制作的精美艺术，他也从敦煌壁画中看到了日本文化的源流。他在220窟这个有唐代贞观十六年（642年）题记的洞窟中有了重大的发现，后来在《平山郁夫画文集——从西方到东方》一书中记下了他的惊喜之情：

"当我找来凳子做支撑，看到以前难以看到的高处壁画时，我非常吃惊地看到了绘制当初原始状态的壁画，画面上历经千年的绚丽色彩，像铁线描一样的线清楚地展现出来。我一边为这意想不到的发现感到兴奋，一边仔细调查。我感到这里的线描与法隆寺金堂六号壁画的描法非常相似，特别是手指的表现，指尖突出的肉，那两道弧线与金堂六号壁画观音像的手指表现是一样的。我曾经从事过法隆寺壁画的再现临摹，其壁画线描的特征至今清晰地记得，这种感觉是不会错的。"

平山郁夫作为一个画家，从他的经验和直觉中敏锐地看到敦煌艺术的重大意义。并身体力行地学习，还率领东京艺术大学的师生们一次次到敦煌考察。他说："我认为，日本文化离开敦煌就无从谈起。"

敦煌这个宝库，在20世纪以来，吸引了众多的艺术家前来朝圣，他们从中获得了艺术的灵感。他们不论是画国画、油画甚至是日本画，都从中看到了东方艺术的源流，也都不同程度地从敦煌艺术中取得了自己的收获。这对我们今天的艺术创作，难道不是一个重要的启示吗？

四

收拾旧房子的时候，我找出了1985年在莫高窟写的小文《冬日杂记》，令人想起最初在莫高窟生活的时光，读起来仍然感到亲切。下面照录原文：

冬日的黎明是寂静的，乘着月色，踏着飕飕晨风掀开的黄叶，你会感到三危山正在朦胧中醒来。一切都在逐渐清晰。门前的舍利塔暗影，现出了刚毅的轮廓，在银白色朝霞中越来越深沉了。

微茫的远山，是紫色的，朝霞没有更多的色彩。你可以感到一种神圣和庄严，仿佛在宣告一个时代的到来。满地黄的、红的，几个月的风风雨雨竟不能将他们驱走，在凄寒的丛林中，依然焕发着秋的辉光。

正午的太阳是火热的。然而，在一片苍凉的丛林中，也显得懒洋洋了。如果你抬头看看那深蓝深蓝的天空，就会感到毕竟与那混沌的城市不一样，白杨树挺拔傲岸的枝梢，愤怒地直往上指，银白色的，如剑、如戟，即便是那曲折的枣树，也冷冷地凝望着。那几片冻得绯红的树叶儿，扑棱扑棱，紧抓着树梢，似乎已经明白了不可抗拒的归宿……

（撰文：赵声良）

赵声良

1964年生于云南昭通。1984年毕业于北京师范大学中文系，同年到敦煌文物研究所工作。1996—1998年为东京艺术大学客座研究员，1998—2003年在日本成城大学攻读硕士和博士课程，2003年3月获文学博士学位（美学美术史专业）。现为敦煌研究院研究员，《敦煌研究》编辑部主任。2004年受聘为东华大学兼职教授，2008年受聘为台南艺术大学客座教授，2010年受聘为普林斯顿大学客座研究员。从事中国美术史与敦煌艺术研究，在国内外学术期刊发表论文60余篇，出版学术著作《敦煌壁画风景研究》《敦煌艺术十讲》《飞天——从印度到中国》等8种，并主持完成国家社科基金项目、教育部重点研究基地重大项目等有关课题。

兇主節度揮南行隨軍十黍謀惠術史中丞及程奉達德

二二〇窟 × 张先堂

结缘

数十年来俯首于卷宗之间，张先堂所完成的工作，就像是将戈壁滩上四散逃逸的沙砾重新拢聚成塔。

220窟 初唐（618—704）
敦煌豪族翟氏守修近300年的家庙。据东壁入口上方和北壁发现的造窟题记，知该窟建造于初唐贞观十六年(642年)，为敦煌豪族翟玄迈出资修建。五代时同光三年（925年），又由翟玄迈九世孙翟奉达重修。写实的造像风格，洗练的塑造手法，是研究初唐期塑像的标准作品（图片提供：敦煌研究院）

一

1996年，张先堂第一次去东千佛洞。那时连沙土路都没有，标志性的佛塔明明就在眼前，可是车开了一个小时，弯弯绕绕的仍然到不了近前。他记得越野车一直在戈壁滩里打转，平原被古洪水冲刷得千沟万壑。东千佛洞，在安西县桥子乡南35公里的峡谷两岸，除了像他那样的研究学者，平常人迹罕至。

从前，敦煌只是一个传说中的地名，是张先堂所生活的甘肃省最西的一个县。除此之外，让他感到熟悉的，只有那些在脸盆、暖瓶、墨水瓶、粉笔盒等许多生活用品上随处可见的"敦煌"商标和翩翩飞翔的飞天图案。

20世纪70年代末，17岁的张先堂考入西北师范大学中文系，是全班最小的学生。1981年，他听了日本著名敦煌学家藤枝晃先生做的一场讲座，藤枝先生一身白西装、拄着拐杖的身影，深深印在张先堂的脑海中。作为中国人，怎能对敦煌一无所知？就读中国古代文学研究生时，他开始接触敦煌文史方面的资料，也时常与来自天南地北的同学谈起敦煌。一群年轻人，对于享誉世界的敦煌，升起了一丝向往。

"你一定去过敦煌吧？"同学们总是用带着羡慕的语气询问这个甘肃人，而张先堂总是摇摇头，接着再不厌其烦地解释一番：敦煌远在河西走廊的最西端，离甘肃省的省会兰州还有1200多公里，这段距离足以从兰州走到相隔三个省的郑州市了，在80年代，显然已是不小的障碍。

1987年，张先堂研究生毕业后回到兰州，分配在甘肃省社科院文学所工作。所长向他征求选择专业研究方向的意见，当得知所里有敦煌文学研究的课题，张先堂毫不犹豫地表示愿意参加，从此便一脚踏入敦煌学研究的大门。

不久他就等到了期盼已久的机会——去敦煌。1988年，文学所准备筹办一个在敦煌举办的全国文学研究会议，张先堂提前去敦煌，联系落实会议代表的食宿安排。就这样，他兴奋地第一次踏上了奔赴敦煌的列车。火车行驶在千里河西走廊，武威、张掖、酒泉，一片片绿洲相间，更衬托出戈壁的荒凉冷落与空阔辽远。20多个小时后，火车在傍晚抵达柳园，再与同行者改乘一辆吉普车。汽车渐行渐远，夕阳渐行渐暗。落日余晖，把远山、戈壁涂抹上一层橘红色，白天显得格外空阔寂寥的戈壁滩，不知为何令人联想到绵延的海洋。

在敦煌县招待所办好会议代表食宿预订手续后，张先堂迫不及待地奔向莫高窟。那时，佛教艺术的知识还是少得可怜，他对那些铺天盖地而来的佛教壁画、塑像的内容和形式都懵懂不解。但那些早期北朝壁画狂放猛烈的土红色调，唐代壁画金碧辉煌的色彩，五代、西夏以后壁画的清冷绿色，都给他极度的震撼，他第一次直接感受到敦煌艺术的绚烂神秘与浩瀚无涯。

1981年在西北师大读书时期的张先堂（图片提供：张先堂）

二

离开敦煌的 7 年，又仿佛从未离开。7 年里，张先堂先后参与了甘肃省社科院文学所的"敦煌文学""敦煌文学概论"等研究课题。随着对敦煌历史文化的认识逐渐加深，对敦煌的兴趣也越来越浓，与敦煌有关的一切，都吸引着他。参与课题研究时，张先堂结识了敦煌研究院文献研究所的李正宇、谭蝉雪、汪泛舟等敦煌学的老专家。他得知，文献研究所因为研究队伍青黄不接，急需引进青年研究人员，就当即申请调换工作。1994 年，经过时任敦煌研究院文献研究所副所长的李正宇先生举荐，张先堂很快被批准调入敦煌研究院，一直工作到今天。

真正到莫高窟生活，情形就有些不同了。那是一种无边无际的寂静、寂寞。刚到研究院工作的一个傍晚，张先堂独自一人到窟区散步，感觉到一种从未有过的寂静，仿佛突然掉进了一个时间和空间的空洞，四周万籁俱寂，时间似乎凝固，唯有轻风掠过树叶和耳廓的声音，仿佛地上掉一根针都能清晰辨别。

莫高窟，一块被鸣沙山、三危山怀抱在大泉河谷地带的小小绿洲，远离尘嚣，只有一湾源自祁连雪山、水流浅浅的大泉河水夏隐冬显，以及片片树冠高大、枝桠虬结的

220窟 初唐（618—704）
220窟窟室为覆斗顶，西壁开一龛，存一佛二比丘二菩萨像。虽经后代重修，但其中迦叶像、阿难及菩萨像的下半身，均较好地保留了初唐时的风貌（摄影：马岭）

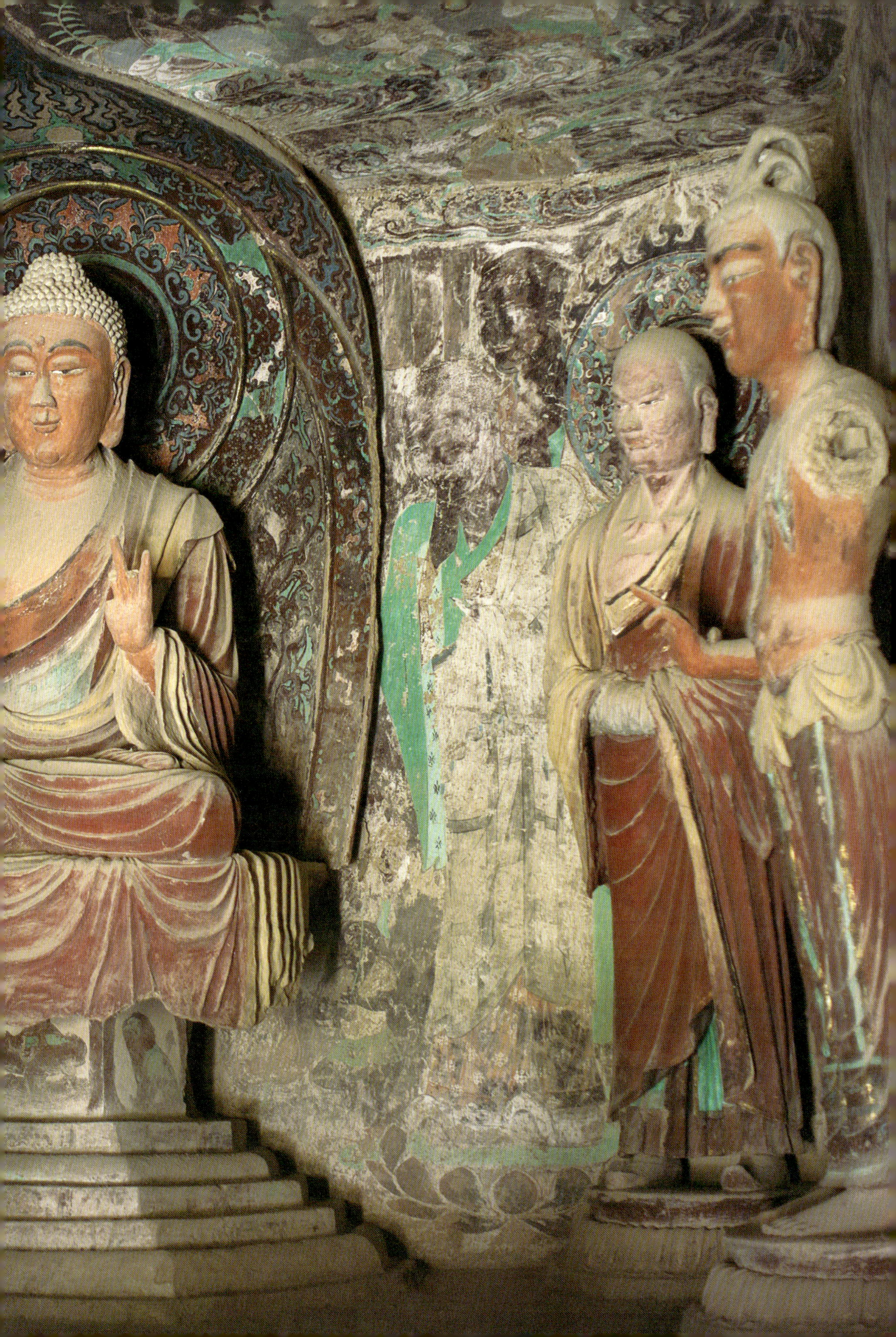

"鬼拍掌"杨树林春荣秋枯，显示着大自然的生机。莫高窟仿佛一位遗世独立的高士，悄然隐身于大漠戈壁之中。

莫高窟的冬天、春天是寂静的，即使是在夏、秋的旅游旺季里，一旦傍晚游人散去，就会迅速沉寂下来。在莫高窟生活，首要的功夫是要耐受得住这里的寂静、寂寞。从远离尘世、环境清静这一点来说，在莫高窟生活的人很像出家人，所以在敦煌文物研究所的同事们，常常会戏谑地自称为"现代出家人""守窟人""莫高山人"。没过多久，张先堂就体会到了这些比喻的意义。

莫高窟的艰苦，同样让张先堂记忆犹新。这里远离城市，交通不便，过去老前辈们住的是土房，大多家具都是土坯制成，土炕、土桌、土凳、土沙发、土书架……吃得最多的菜是"老三片"（土豆片、萝卜片、白菜片），喝的是含盐碱的咸水。刚到莫高窟时，张先堂喝的是从十多公里外运来的地下水，这已经比老前辈们直接喝大泉河中的苦水好多了，但这种水还是远远比不上城里的自来水，刚开始喝了要拉肚子，后来稍好点，变成肚子咕咕响，过了好几年，才慢慢适应过来。

生活艰苦，但张先堂已无心理会，敦煌的浩瀚文献，已为他揭幕了一段新的人生。

三

近年来，张先堂研究的主要方向是佛教史，供养人研究是在这个框架之下的一个分课题：在佛教壁画的研究中，对供养人壁画的研究是一个空白。张先堂的想法，是以人为本，研究当时在敦煌创造这些艺术作品的人，他们佛教信仰的状况和他们宗教活动的状况。

从人的角度出发，还原当时创造艺术文化的人的思想 —— 他们究竟是出于什么样的动机，他们的思想究竟是什么样的，他们又呈现出怎样的组织形态。时间长了，几乎很难再将研究看作一个客观的、冰冷的、消失了一千多年的对象，一旦投入感情，就会觉得他们已经复活了，仿佛跟一千多年前的古人结识，建立起一种难以言传的亲切感。

让张先堂印象最深的，是莫高窟的220窟 —— 翟家窟。据文献记载，这座洞窟从贞观十六年（643年）开始营造，到最终建成，大约经历了20年时间。220窟的供养人则从中唐、晚唐，一直到五代，绵延近300年。最关键的是，翟家专门撰写了家谱，记载家族怎样建造洞窟。这些线索，令人着迷。

220窟的壁画绘制于盛唐，是在表层的西夏壁画揭去后暴露出来的，北壁绘制着药师经变，南壁为无量寿经变，画面完整，画艺高超，色彩鲜艳，极其精美。按照古代工匠重修洞窟的工艺，在绘制新壁画时一般都会将原有底层的旧壁画砍毛糙，以便表层的新壁画黏接牢固。但不同于其他重层壁画，220窟的底层壁画竟没有遭到破坏，

390窟，供养人与乐队（图片提供：敦煌研究院）

保存得完整如新，这简直是一个奇迹！工匠用高明的手法，在不破坏原有壁画的基础上，巧妙地将后世的壁画覆盖上去。

为什么会出现这种特殊情况呢？通过对洞窟的细致考察，张先堂从壁画上供养人的角度进行推测，他认为，从宋代到西夏，洞窟仍然由翟氏家族的人维护。很可能宋代或西夏时重修洞窟的翟氏后人实在不忍心毁坏盛唐时先祖绘制的精美壁画，因而才精心地绘制了重层壁画。如果真是这样，那么翟氏家族维护该窟的时间就是300年到400年，而不是一般认为的280年。

敦煌文献总数有6万多号，留在国内的仅有700多，其他大部分都流散海外，这就使得敦煌学实际上成为一门国际性的学问。张先堂曾去日本、法国、俄罗斯进行访问研究，参加学术会议，每一次都有不同的收获。

2011年，张先堂参加法国东亚研究所的学术会议，他发现，外国学者的发言居然全部都是中文。那年他到法国国家图书馆查询资料，负责敦煌文献管理的蒙曦（Nathalie Monnet）博士告诉他：张先生，按照规定，每个人每天只能看五件经卷，考虑到你是从敦煌来的，一天可以看七件。法国国家图书馆的敦煌文献，已经全部拍成彩色照片，在该馆的网站上公布。但是，是否能看到原件，对于专业的研究学者来说，效果相差甚远。

《大般涅槃经卷第八如来性品第四之五》北朝 敦煌研究院收藏（图片提供：敦煌研究院）

有时候，黑白照片上的朱笔痕迹很容易完全看不见，而即使是印刷和纸张本身，都可能隐藏着巨大的信息量。张先堂举了这样一个例子："有些原件如佛经、佛教文献，都是在日常使用的，比如说有些可能因为翻阅者晚上睡着了，灯油滴在经卷上，有些不小心沾上了水渍或者苍蝇屎，有些有卷边和褶皱……通过这些印迹，就可以明确这些书在当时被反复使用过，而那些簇新的佛经抄本，就明显是供养件。"

在张先堂最近研究的卷宗里，有一本曾被老先生们定为勘经录的院藏 D0218 号写卷，张先堂则提出新的判断，这应该是一本诵经录。差之毫末，展开的却是一幅迥异的图景：敦煌小镇中，居民大多笃信佛教。普通百姓从正月开始到年底诵读《妙法莲华经》等佛经，其效果如何，月诵进度多少，流利与否，均由僧人担任的考官专门考核判定并记录。如果考核时读诵旧的佛经很流利，就记作"利故"，如果不流利则为"不利故"，考核不通过者称为"不度"，成绩优异的为"卜度"。考试时间大多安排在不是农忙的年初和年尾。

敦煌文献的宝贵，在于它是原生态第一手的资料，进而反映出敦煌当时民间宗教信仰活动的情况。过去研究佛教史，大都经过正史的筛选与删减，而敦煌则完全没有经过那样的筛选，历史的原貌被保存下来。阅读这些文献，可以让人们了解到真实的状况，藏经洞将它们完好地保存了下来。

数十年来俯首于卷宗之间，张先堂所完成的工作，就像是将戈壁滩上四散逃逸的沙砾重新拢聚成塔。难以说清，究竟是什么将他带往此处，所谓的缘分，是一个带有浓厚佛教色彩的概念，但是对于国人来说，无论是否信仰佛教，恐怕大都会相信它。人到中年，阅历渐多，张先堂也越来越相信缘分的存在。大千世界，芸芸众生，茫茫尘寰，你偏偏和某些人、某些地方、某些事情建立起密切的关系，其间总有特殊的因缘在，此谓缘分；而与特定的人物、地方和事情发生关系，那就是结缘。

（撰文：吴晓初）

张先堂

1961年生于甘肃。1982年毕业于西北师大中文系，1987年毕业于山西师大中文系古代文学专业，获文学硕士学位。1987年后在甘肃省社科院文学所从事研究工作，1994年调入敦煌研究院，现任该院研究员、科研管理处处长，兼任中国敦煌吐鲁番学会副会长、甘肃省敦煌学学会常务副会长。合作撰写、出版有关敦煌文学研究专著3部，在核心学术刊物上独立发表有关敦煌文学、敦煌佛教史研究论文40余篇。

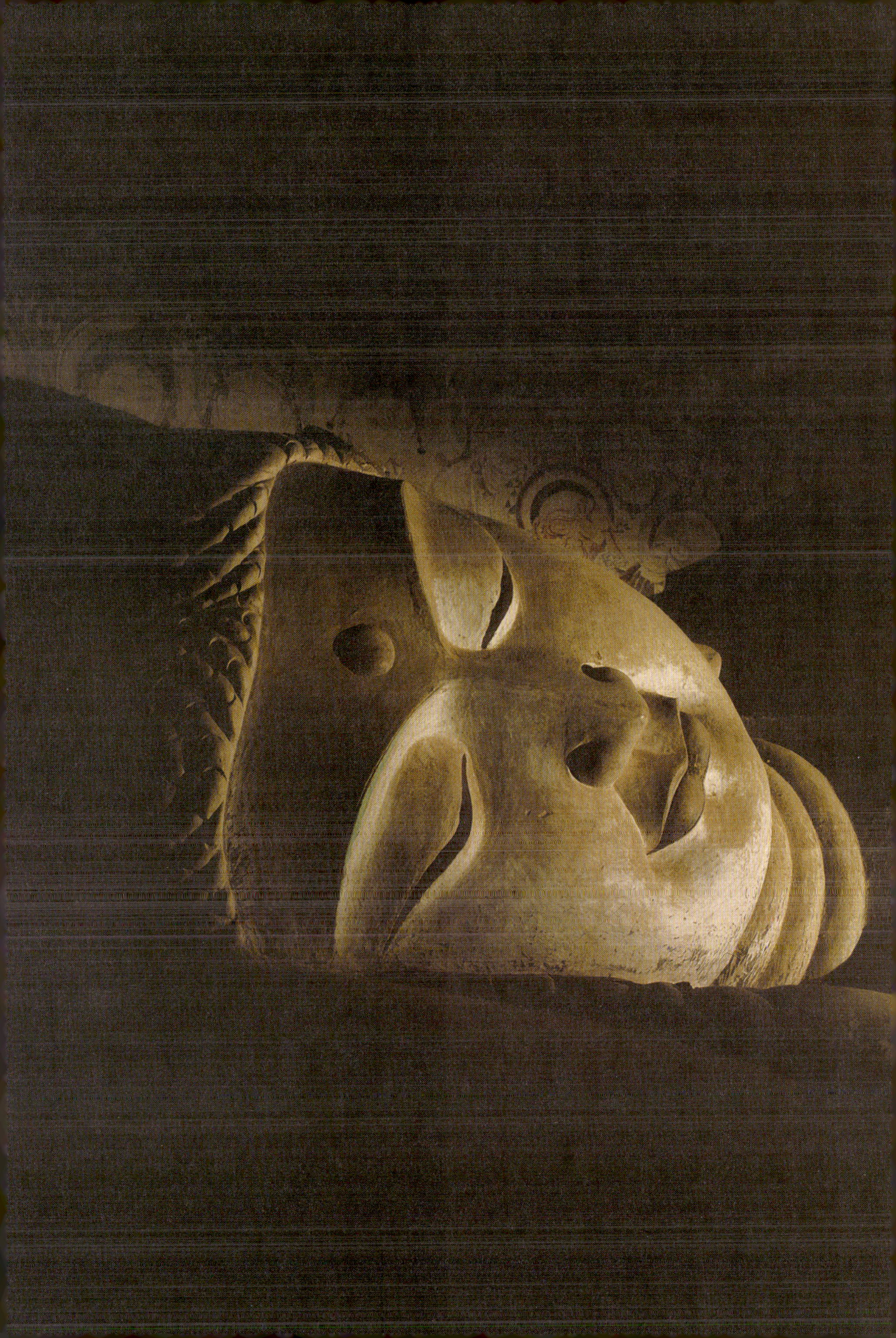

讲解莫高窟

一五八窟 × 李萍

"你们好好学,十年后,成龙的就会上天。"

这是三十多年前段文杰院长最爱对他们说的一句话。

段院长为接待部题的字至今挂在办公室的墙上,上面写的是"沙弥讲经沙门听,不在年高在性灵"。

158窟 中唐（781—848）
卧佛全长16米,是释迦牟尼涅槃佛。此像轮廓鲜明,头形长圆,面部表情极其自然,半合半睁的双眼,显得恬静安详,枕手横卧的睡姿平静悠适,密集的衣纹线有规律地起伏流畅。整个人体浑然天成,富有韵律感（图片提供：敦煌研究院）

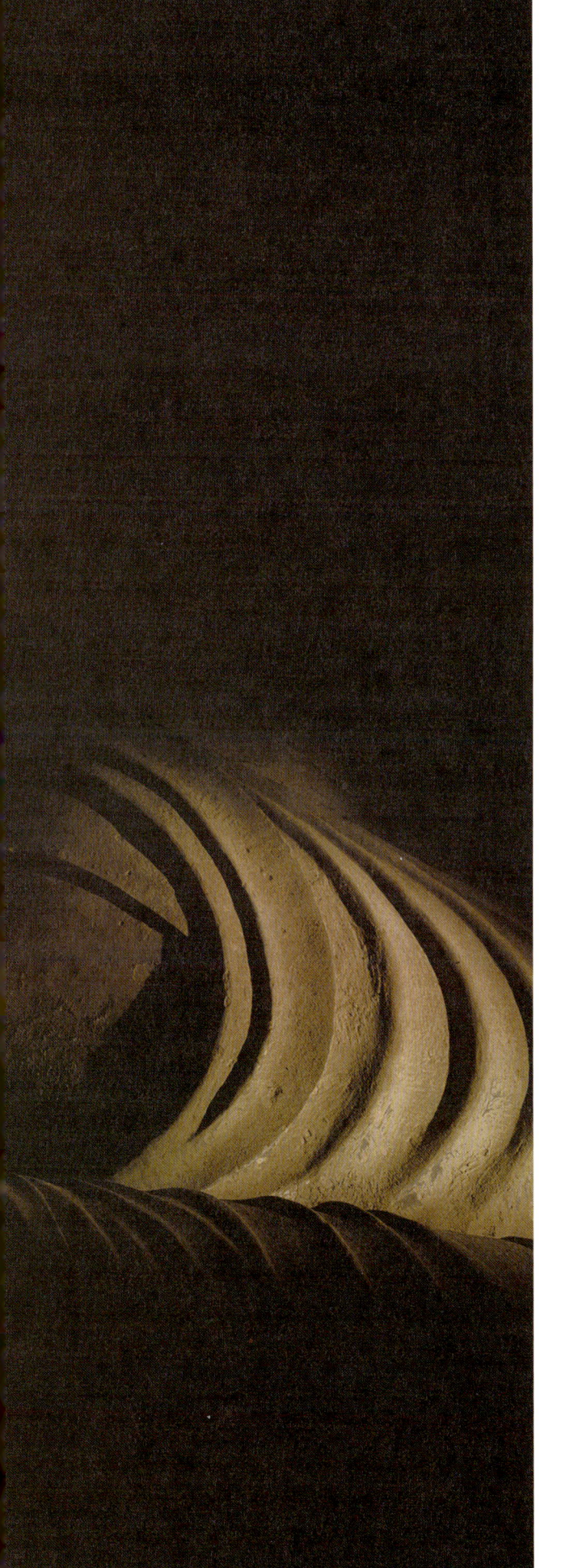

路一下就看不见了。李萍让丈夫张清涛把车开到路边，打开应急灯，等待着沙尘暴过去。

并不觉得惊慌。

每天一早，他俩都会迎着初升的晨光，从敦煌市一起开车驶往三危山，穿过空旷的沙漠，看到大泉河边的树林时，就是莫高窟了，那是他俩工作了一辈子的地方。

一

33 年前，还是这条路，二十二名朝气蓬勃的年轻人坐在那辆贴着"欢迎新干部"的大客车上。大客车驶向莫高窟的敦煌研究院，李萍和清涛坐在车里，那时，他们彼此还未相识。李萍记得，那天是 1981 年的 4 月 1 日，欢迎他们的领导说，这是春天的开始。

1980 年，差了四分，李萍高考落榜。第二年复读补习的一天，她下课回家，见到路边敦煌文物研究所的招干广告，六天后考试，她直接进去报了名。

考试很严，计划招三十人，只招到他们二十二个。分数线差一分也不要。

敦煌研究院像所大学，年轻的新干部们一到，便是开班授课。

停滞多年，老师们都是打倒"四人帮"后回来的敦煌学大家。多年没见渴望学习的年轻人了，老先生们从《佛教简史》和《中国通史》开始交叉着讲，年轻人们豪情万丈地学，书看到两三点是常事。

培训几个月后，大家被分配去了考古、保护、接待等各部门。清涛分去了考古所，李萍分去了接待部。二十二名年轻干部，在敦煌研究院各部门上起班来。

接待部的老主任叫蒋毅明，是自学成才的讲解专家。蒋主任的办公桌有很多抽屉，抽屉里全是卡片。卡片上是密密麻麻的摘抄，按洞窟、历史、佛经故事，各种分类一摞一摞，穿在一起。蒋主任说，人的记忆是有限的，做成卡片，不时看看，可加强记忆。

平时，蒋主任带着他们一个窟一个窟地看，帮他们熟悉洞窟，教他们仪容仪表、讲解态势、表达尺度，纠正他们的普通话。蒋主任带重点游客时，他们就跟着听，站在甬道里记笔记。润物细无声式的风格对他们影响很大。

"你们好好学，十年后，成龙的就会上天。"这是当时段文杰院长最爱对他们说的一句话。段院长为接待部题的字至今挂在办公室的墙上，上面写的是"沙弥讲经沙门听，不在年高在性灵"。对他们来说，这荒漠深处的工作不仅是一份职业，也是一份追求，还是一块心灵高地。

卷四 | 继续敦煌 　259

1981年，与李萍同一批来到敦煌工作的年轻人合影（图片提供：李萍）

二

那时，交通不便游客少，接待量也小，游客们大多是些在周边工矿企业工作、出差路过的人。偶尔，也会来些搞美术、进洞临摹的人，这些人对敦煌是有研究的，也很喜欢这里。80年代的人真诚淳朴，容易交流，也容易成为朋友。往往一面之后，便会彼此通起信来。

清涛就是那时追到李萍的。他们不用通信，因为朝夕都在相处。清涛说自己爱吃饺子，但不会包，就买来面，请李萍帮忙包，然后一起吃。莫高窟外有林场的果园，清涛有时会翻进去摘个苹果给李萍吃。李萍记得有一次，清涛是拿着苹果光着脚出现的，清涛说，果园刚浇完水，他刚跳下围墙，拖鞋便陷到泥里了。

冬天，大泉河结冰时，清涛会带李萍在冰上玩。夏天，"九层楼"的楼顶晒满杏干时，李萍会提上盒式录音机，让清涛抱个西瓜一起去爬三危山。他们在山顶唱歌看晚霞，在下山时吃那放在半山腰的西瓜。

新干部培训时，李萍参加了日语班学习。但她很快发现，随着日本游客的渐渐增多，自己学的那几句日语，已经不够用了。好在日本游客也不在乎，他们觉得她这么年轻能待在这荒漠深处，还能用日语为自己服务，已经很了不起了。

支持年轻人学习是敦煌研究院的一大传统。很快，新干部们都被送去各大院校继续深造。1983年的冬天，清涛被送去了武汉大学的考古系，李萍被送去了北京第二外国语学院的日语系。

当时的二外在北京还算郊区，学习期间，李萍很少进城。每天五点起床，晨读两小时，再去上课。尽管她无比珍惜学习机会，但读完大一大二，还是被研究院叫回来了，因为莫高窟急缺口译人才。

三

讲解员并非招些记性好的人背背解说词就去上岗。敦煌有太多内容，游客也是藏龙卧虎，光靠背是无法应对的。讲解要常讲常新，但又不能乱讲。脑袋里除了要有丰富的知识，胸中还要有涌动的激情。

刚从北京回来时，她的讲解水平并不高，但每次结束，游客们都会报以热烈掌声，因为她饱满的热情。

她认识了画家平山郁夫、作家三浦哲郎，还有演"阿信"的田中裕子。

那时的日本游客来敦煌参观都会自己带手电筒，日本手电射出的光又亮又柔和。参观结束，日本游客会把带来的手电筒送给自己喜欢的讲解员，她得的手电筒最多。

曾有位日本客人在 2000 年时第二次到莫高窟参观，那客人找到她，说自己在 90 年代初听过李小姐的讲解，印象中敦煌夏天的蚊子实在太多，所以，这次专门带了株"蚊叮草"来送她，如果被蚊子叮，嚼碎叶子，一擦就不痒了。李萍很感动，把"蚊叮草"种在家里，精心呵护，遗憾的是，"日本友人的爱心"因水土不服，半年后死掉了。

对李萍来说，除了敦煌，跟日本的缘分是最深的。1987 年，研究院又送她去日本神户大学继续进修，在百桥明穗的研究室学习"佛教美术史"，日本经济新闻社为她提供了每月十万日元的奖学金。

那时的神户大学有三百多名留学生，公费生、自费生、访问学者，基本上，大家一下课就骑上自行车出去打工，而且很多都打两份工。

李萍从没打过工。她不但有生活费，还有旅行费，想去哪儿，打个报告，出门开始的各种票就都能报销。旅行对她来说，也是一种功课。那些有名的地方，她都去过。

学日语对别人来说是辅助，对她来说却是全部。除了在研究室上课，她还报了各种语言学习班。别人的语言班，每天也就上一个，而她每天上完中级班，还会接着去上高级班，晚上回到住处，再打开电视学习 NHK 的"市民广播大学"节目。她很少看电影和电视剧，故事对她来说并不重要，扩大各个领域的词汇量才是当务之急。研究院送她来日本是培养她做翻译，不是让她研究佛教美术。她心里清楚回国后，研究院会怎么用自己。

她也不像其他留学生那样忙着找工作，找对象，忙着想方设法留下来。

记得有一次樊锦诗院长去京都开会，她陪同做翻译，机场临别时，樊院长突然对她说："像你这种水平的人呢，在日本多的是，不稀罕，但如果回到敦煌呢，那可就是宝贝了。"

她明白领导的心思，也从未想过要留在这里。对不起研究院培养和木村先生支助的事，她是做不出来的。

木村先生是日经社的社长，来过三十几次中国。木村先生常请她到家里用餐，跟她聊学习心得。每次，木村先生都会拿出《人民日报》海外版，让她用日语翻译给自己听，在检查她学习进度的同时，叮嘱她"为了中国的四个现代化，好好学习"。

离开日本前，她去了琵琶湖。北京学习时，她无意中听到了京都大学校歌《琵琶湖周游之歌》(『琵琶湖周航の歌』)，那歌她听了一遍又一遍，琵琶湖的波光一直在自己的想象中翻腾。所以，当木村先生问她最后还想去哪儿时，她说，琵琶湖。

158窟 中唐（781—848）
莫高窟著名的涅槃窟之一。卧佛全长16米，是释迦牟尼涅槃佛。南壁立像，为过去世迦叶佛；北壁倚坐佛像，为未来世弥勒佛。涅槃像身后壁面，绘有菩萨、罗汉、梵释天人、天龙八部、佛弟子及散花飞天。洞窟左壁，迦叶佛塑像外侧画大势至菩萨，内侧画十大弟子举哀图、菩萨、飞天等。洞窟右壁弥勒佛像外侧画观世音菩萨，内侧画各国王子举哀图（图片提供：敦煌研究院）

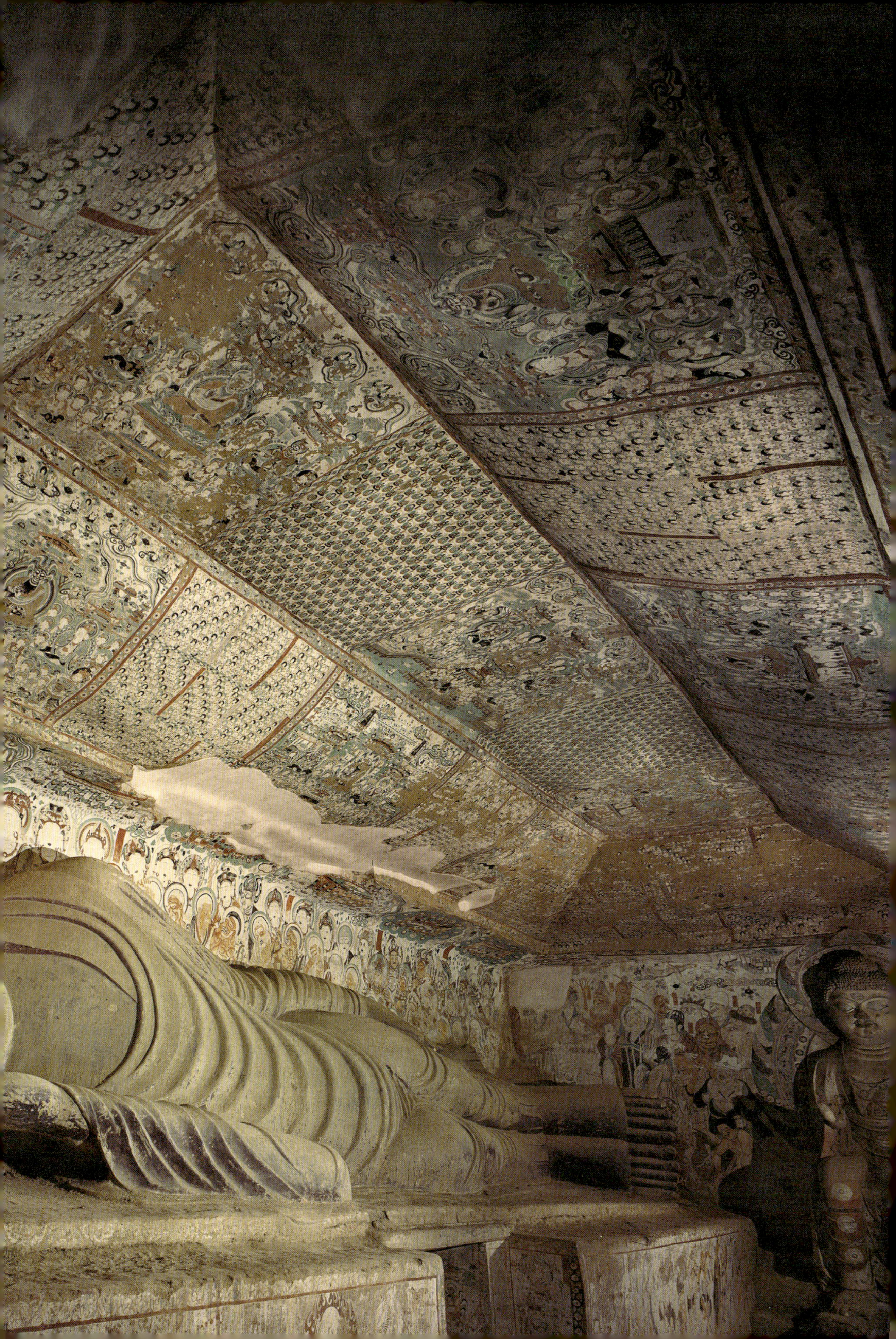

四

别人会怎么看自己？怎样做才能让别人觉得自己不特别？这些年的所学又如何呈现？坐在回国的飞机上，她不停地问自己。

先到北京，再转敦煌，还有两天的火车。车窗外的景色越来越荒凉时，离敦煌就越来越近了。心是纠结的。她还年轻，跟那个留在日本没回来的同事一样，她也向往好生活。生活条件即将"天上地下"，但父母弟妹的亲情、朝思暮想的爱情、研究院的恩情……种种难以割舍的情感又那么让人欣喜。她告诉自己，要迅速在生活上把心态调整回来，把精力放在工作上。

1990 年，一个国际学术会议在敦煌召开，她负责把日本学者的论文翻译成中文。在日本紧迫惯了的她，一口气做了二十二篇文章的概要。凭借这次工作能力的展示，她很快被任命为主任助理。

将近一年的时间，她都在学英语。事实上，一些缥缈的念想还在，她总觉得将来的某天，自己还是要再出去的。但随着游客越来越多、工作越来越忙，再出去的机会也越来越小。三年后，当她被提成主任时，她知道，除了敦煌，这辈子应该哪儿也不会去了。

从 20 世纪 90 年代开始，中日交流日益频繁，一年的五六万外宾里，大半来自日本。日本媒体常宣传她的经历，预约她的团也越来越多。

日本团白天看洞窟，她要讲解，晚上有讲座，她得翻译。嗓子发炎了，她就去打吊针，第二天手背上贴着胶布再继续讲。1993 年的那个夏天，她带了几十个日本团，每个都不轻松，佛教团、美术团、大学团，侧重点都不一样。那时，她的女儿张怡鸥不到一岁，而现在，女儿已经是同济大学的大三学生了。

五

当了接待部主任，讲解员便都是她招。她通常会找些情感类的小文章让他们念，观察他们的气韵和情感，看他们是否外向和热情。

讲解员的素质决定着世界遗产的展示。新的讲解员，先要了解敦煌研究院院史，学习讲解语调、表情态势、文物法规。背完标准讲解词，再从《中国通史》《中国美术史简史》《中国佛教简史》入手，用三十多本书拉出的脉络给自己打底子，最后再看敦煌学专家写的分类论文。

知道的东西越多便越不能有宣讲的架势，得娓娓动听，还要有增有减。知道的不能都告诉游客，短时间接受大量信息，游客们记不住，也受不了。普通游客只是"到此一游"，他们喜欢听些能一下记住的故事。而一些年轻讲解员喜欢沉浸在自己喜欢的部分里，游客听够了，目光转移了，他们还在讲。所以，她余光要时刻关注游客的反应，聆听点头，就多讲点，如果在讲顶部时，游客的目光已移向四壁，就得开始讲四壁了。

20世纪80年代，曾试过不用讲解员，而把砖头式录音机放在木架子上，让游客自己进去按来听。但效果并不好，不时有游客抱怨：录音机里说的中心佛龛是什么？录音机里说西壁有头美丽的九色鹿，哪边是西？于是，一个月后，录音机就被搬走了。

当然，游客的素质也在提高。80年代初，还有游客在西夏的地砖上吐痰，在墙上写"到此一游"；七八年前第一次做游客调查时，大多数游客还在骂洞窟太黑，问为何不装灯；三年前的游客调查，绝大多数游客都表示如果灯对洞窟不好，用手电筒也是能接受的。

七月到十月是旺季，这全力以赴的四个月，考验着讲解员们的脑力和体力。每人每月的任务是完成五十五趟参观的讲解，完成不了的扣工资，超额完成的，每多带一趟，补助三十元。游客太多，没人敢病。

从"见习讲解员"到"一级讲解员"，莫高窟的讲解员共有八个级别。每升一级，工资多两百块，两年一考。她是考核小组的组长。

当讲解员一辈子都发不了财。对那些出去学习、考上研究生不再回来的年轻人，她很理解。人各有志。

六

遗产地是脆弱的。洞窟每天的合理承载量是三千人，而黄金周每天能来一万多。那些天，洞窟里二氧化碳超标的报警器一直响着，洞窟外永远是黑压压等着进窟的人群。

怕游客等得烦，李萍安排讲解员先站在洞外的台子上讲敦煌历史，讲将会看到什么，同样的内容一口气讲十遍再换人。

平时的八条线路也改成了两条，两个方向进，双向单循环。每个洞窟三倍人数往里进，已不能一队一队地带了。大型窟一次进一百多人，八名讲解员，分站不同位置，同样的内容一口气讲几百遍。

为避免游客听到重复的内容，还出台了讲解预案。这个窟讲塑像，那个窟就讲颜色，这个窟讲千佛，那个窟就讲信众……平时讲十来分钟的窟缩成了二三分钟，隔离带一拉，走一圈就得出来，黄金周成了三句半。

即便这样，文物是不是安全，对研究院也是很大的考验。持续接待超大客流，对文物不负责任；把客人堵在敦煌市里，不让他们进莫高窟参观，又是对客人的不负责任，会造成"旅游事件"。

为缓解文物与游客的冲突，在樊锦诗院长的提议下，从2014年5月1日开始，莫高

第158窟
北壁《各国王子举哀图》，中唐
（摄影：吴健）（图片提供：敦煌研究院）

窟创建游客中心，参观实行网上预约制。外地手机一进酒泉地区，便会收到短信提示，预约后，再到各取票点取票。这样，便可进行分流控制，让客流量一天不超过六千人。

春夏秋冬，日月更替。每年夏秋的旺季过后，便是春冬的淡季，研究院会在这时请专家来对讲解员进行集中培训和组织外出考察，以拓宽他们的知识面。庞大的敦煌研究院是讲解员队伍成长的依靠。

这是别的遗产地比不了的。

七

沙尘暴来得快，去得也快，就像这短暂无常的人生。

清涛把车重新驶向莫高窟时，李萍掏出手机，拍了张照片发到朋友圈里。微信是去年7月22日弄的，在个性签名栏里，她写下——"内心的平安与恬淡才是永远"。

现在，她偶尔也会带带重点游客。她喜欢带着他们从藏经洞开始，最后到涅槃窟结束。

刚到敦煌工作的第一年，有一天，李萍白天跟蒋主任讲完158涅槃窟，傍晚，她又自己去了一趟。她发现，佛陀的涅槃像，从每个角度看感受都不同，一些角度是闭眼睡着的，一些角度又是注视众生的。三十多年过去了，她依旧清晰地记得那个沉浸在静谧与安详里的夜晚。

后来，她经常在资料室读《涅槃经》，静观佛陀所倡导的道路对人们的影响。释迦牟尼80岁涅槃，那是她心中最高的境界。有阵子，连续五六个夜晚，她都梦到漫天的曼陀罗花在空中飞舞，年迈的佛陀像大象一样，慢慢转动身体向城市回望。

（撰文：晏礼中）

李萍

1963年生于甘肃敦煌。现任敦煌研究院接待部主任，兼任莫高窟游客中心主任，研究员。1981年进入敦煌研究院工作，主要致力于文化遗产的开放管理及游客管理工作。近年来，在做好莫高窟文化遗产管理及弘扬工作的同时，陆续翻译学术专著近百万字，其中正式出版的有《涅槃与弥勒的图像学》《犍陀罗美术寻踪》，发表文化遗产管理方面的论文数篇。甘肃省妇联表彰为甘肃省"三八红旗手"，敦煌市"十大巾帼"榜样人物。

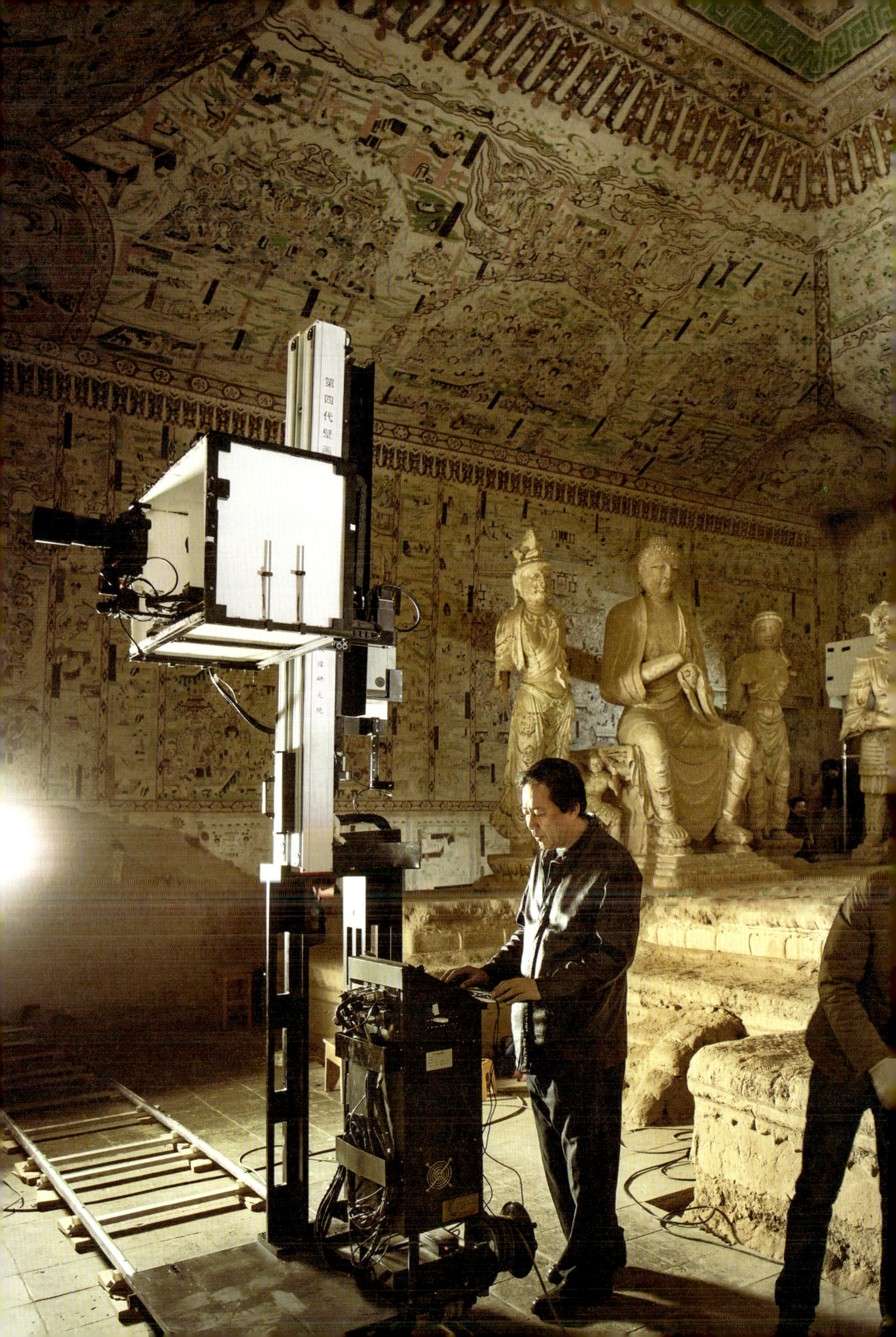
第四代壁画

再续繁光

五五窟 × 吴健

朝夕相处的时间久了，吴健与洞窟产生了某种共鸣。在他的镜头下，菩萨也可以有少女娇憨的神态，金刚怒目却又平静威严。每一次拍摄，其实都是一次重新发现的旅程。

55窟 宋（960—1036）
吴健在55窟数字化拍摄现场工作（摄影：马岭）

一

将近下午两点，沿着新修缮好的游客导览中心一直走。随着地势起伏的办公楼低矮、平整、温顺地立在道路两侧，冬天午后的阳光澈亮得让人眯起眼睛，建筑物外墙原本的颜色仿佛已被覆盖住，呈现出另一种糅合着橘黄与暖灰的反光。

吴健在敦煌研究院数字中心二楼的办公室里，穿着黑色的皮夹克，面貌俊朗，身材高大。他是数字中心主任，但是，尚未痊愈的腿伤仍然暗示着他数十年来的主要身份——有一次拍摄照片按下快门前太过投入，完全忽略了脚下的地貌，许多摄影师都曾这样受过伤。

1981年春天，吴健踏上从酒泉开往敦煌的长途客车。那年报考敦煌文物研究所业务干部的考生，整个酒泉地区约有500多名，最终被录取的只有22个年轻人。酒泉和敦煌同属甘肃省，两地却足有400公里路程。大家彼此都是头回见面，所幸新旅程的兴奋感渐渐冲淡了初次离家的愁绪。

谈笑间，车已过瓜州。接着的路，越走越荒凉，朝车窗外望去，只有一望无际的戈壁滩，几十里地全无人烟。有时将头靠在车窗上，恍然感到像坐着船在海上航行。人极渺小，火车在天与地之间行驶了整整一天，有几个女生哭了起来。

20世纪80年代初的敦煌文物研究所，条件虽然比早年改善了不少，然而喝的依然是咸碱水，味道难以下咽，而且一喝就会闹肚子。吴健迅速养成了喝茯茶的习惯，这种在内地鲜为人知的边销茶喝下去，肠胃终于太平了。可是食堂的伙食总是很单调，只能就着咸水啃馒头，有时拿洋葱一剖为二，辣嘴，可是好歹算是加了个菜。

常书鸿曾居住的四合院，后来成了女生宿舍，条件稍许好些。5个男生却住在研究院的库房里，仓库的门得从两边拉上，中间扣上门锁。冬天冷风就从合不严的门缝往里钻。窗户是由窗户纸糊的，屋里烧着炉子取暖。那时的吴健，只有18岁，敦煌对他来说只是宣传画册上美妙的图片和令人神往的解说文字。

一晃32年过去了，当年走风漏雨的男生宿舍早已推平变成了游客广场边上的空地，而自己也不再是那个手里攥着第一笔工资——51块4毛1分"巨款"——乐得不知道该怎么花才好的年轻人。生命在漫长的时间里完成无数次的打磨，在千丝万缕的线索中，每一个对未来至关重要的选择，既像是偶然，又像是注定，或许只能用命运来解释和形容。

二

"你这个块头可以啊，让你去学摄影，去不去？"给新人分配工作时，敦煌研究院（当时还叫敦煌文物研究所）的老院长段文杰问吴健。年轻人毫不犹豫地答应了。那个时代,摄影是普通人不敢想象的奢侈工作。吴健当时的老师李贞伯,早年就读于国立中山大学,新中国成立后在中央美院任讲师。20世纪50年代李贞伯和妻子万庚育随常书鸿一起到了敦煌,那时敦煌文物研究所里并没有专职摄影师,李贞伯就成了在敦煌"搞摄影的人",待到吴健来接班时,老师已年逾花甲,到了退休的年纪。一代一代,就这样默默传承着。

后来,由敦煌研究院派遣,吴健参加了文化部、文物局在扬州举办的"全国文物摄影研讨班",班上集中了全国各个博物馆、考古所的摄影同行。担任老师的都是当时国内一流的摄影师和理论研究者。三个月的时间,吴健从中获益良多。培训结束返回敦煌,恰逢上海人民美术出版社要编纂60本画册,其中敦煌有3本,吴健就带着当时的助手、现在的数码中心副主任孙志军完成了雕塑画册的拍摄。

所有的胶卷都得自己冲洗。在暗房里放一个炉子,将配好的药水倒进洗衣盆里,因为没有恒温装置,温度的高低都要手动调节:温度高就加冷水,反之加热水。每一卷拍摄完毕,吴健就会兴奋地开始冲洗,一旦发现不够好,就立刻再去补拍。当时胶卷很昂贵,这也让吴健养成了慎之又慎的拍摄习惯,每次按下快门前,都会进行苛刻的准备。

1987年,吴健前往天津工艺美院学习摄影,这次机会让他突破了文物摄影的范畴,接触到更多新鲜的题材:人像、静物、广告……天津工艺美院要求学生必须具备基础的素描功底,因此,除了画画、写生,吴健还开始学习中西美术史。毕业时,曾有过一个留在天津工作的机会,可是,当段文杰说了一句"回来吧",吴健就没再犹豫,立刻回到敦煌。敦煌已是他的家。

这次回归,境界仿佛被打开了。从前在洞窟拍摄,佛就是佛,菩萨就是菩萨,所有的作品全都规规矩矩,绝不打破文物摄影原有的规范。90年代开始,吴健与洞窟产生了某种共鸣,他发现,菩萨也可以有少女娇憨的神态,金刚怒目却又平静威严。

除却对塑像神意的把握,洞窟的空间结构其实也别有洞天,它涵盖了建筑、壁画、雕塑三者的复杂关系。成功的洞窟摄影,一定要把握住每个不同时期洞窟的建筑特点。吴健对早期洞窟中的中心柱,就有了不同的认识,中心柱会给拍摄带来障碍,但绝不能因为它阻碍了取景的完整性就绕过去。中心柱其实是印度、西域的建筑形式,并非中原所特有,是否能将这一点在照片中体现出来,恰恰考验了摄影师选择角度、运用光线的功力。曾经一度,洞窟是僧人、信众绕塔观想的礼佛场所,因此,照片要做的,就是凸显出中心柱的这种功能。

敦煌雕塑的另一个特色,是绘塑结合。不过,与罗浮宫的圆雕不同,敦煌的雕塑多为高浮雕或半浮雕,因此,在突出雕塑主体的同时,也要考虑到环境中的壁画与雕塑的关系:明暗、虚实、冷暖、透视……要求的,是以艺术家的目光,对整体与纷繁的细节都进行把握。于是,每一次拍摄,其实都是一次重新发现的历程。

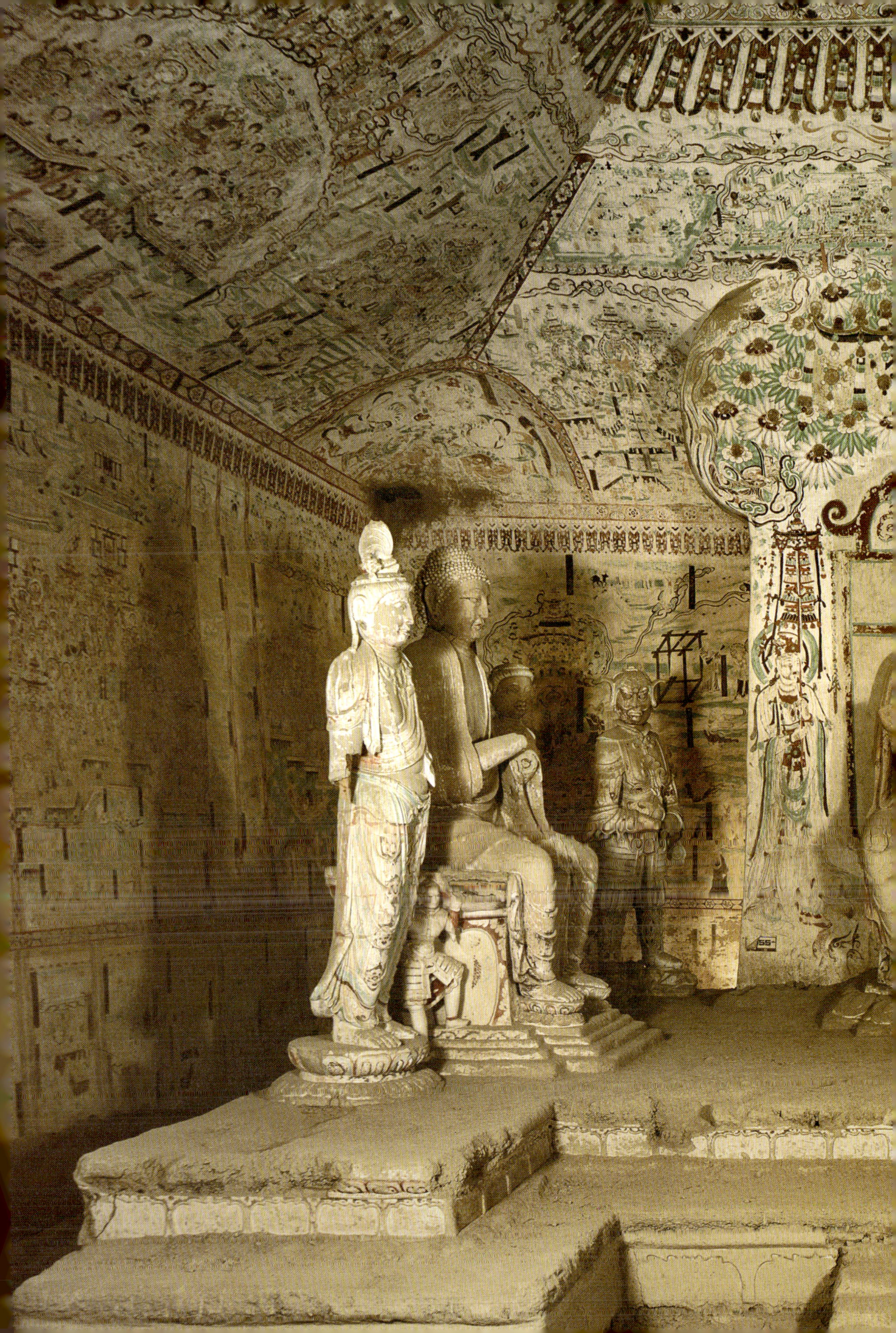

55窟 宋（960—1036）

洞窟的天井中心画双龙莲花，四周画回纹、联珠纹、卷草纹等装饰纹饰，天井四披画法华、弥勒、华严、楞伽等大型经变画，四角的弧面龛内画四大天王及众眷属。方坛中央塑一佛二比丘，南北两侧塑一佛二菩萨（其中北侧主尊的右胁侍已失），共同构成了弥勒三会说法像。南北壁画大型经变画，在构图上沿袭了前代旧式，但绘画技法和人物的表现却远不如以前（图片提供：敦煌研究院）

三

在55窟的数字化作业现场，十几个工作人员忙碌着。围绕着中心方形佛坛架设轨道，仪器设备与电线，则被小心地排布在走道两侧，与墙壁保持着适度的间距。窟内温度明显低于外界，站得久了，需要用力跺跺脚，双腿才不会僵掉。

55窟是曹议金家族开凿的众多洞窟之一，洞顶四角绘制天王像，主像塑弥勒佛像三身，表现"弥勒三会"。唐天宝十四载（755年）发生安史之乱，唐王朝由盛转衰，吐蕃乘机攻占陇右、河西。建中二年（781年），吐蕃占领沙洲（今敦煌），推行吐蕃行政、经济制度和习俗，同时，大力扶植佛教，推动了莫高窟的继续兴建。

会昌二年（842年），信奉苯教的赞普朗达玛被佛教僧人所杀，吐蕃内部大乱，势力大衰。大中二年（848年），沙洲豪族张议潮率兵起义，在两年内陆续收复伊、西、瓜、肃、甘、兰、鄯、河、岷、廓十州，并遣使奉表归唐，被唐王朝册封为归义军节度使，从此开始了归义军长达200多年的统治时期。

张氏归义军政权恢复唐制，推行汉化。后梁乾化四年（914年），张议潮的外孙婿曹议金，接替张氏在瓜沙二州六镇地区重建归义军政权，继续奉中原为正朔，并以和亲方式，东与甘州回鹘，西与西州回鹘、于阗政权结好。

曹氏归义军政权宗奉佛教，设置画院与伎术院，形成了院派特色，石窟佛教艺术仍显繁荣景象。画院规范，统一了公式化的经变图风格，却也使画作显得单调贫乏，远不及唐时期灵动热烈。洞窟的建筑形式继承晚唐旧式，主要流行主室正壁开龛，中心设方形佛坛的殿堂窟，五代、宋时期中心佛坛窟规模超过前代。供养人画像数量进一步增加，形象更为高大。曹氏归义军政权一门五代及其姻亲、显宦、属吏，以及与曹氏联姻的于阗国王、王后、甘州（今张掖）回鹘公主，都在壁画中有所体现。

敦煌研究院对壁画数字化技术的研究始于1993年，洞窟像人一样，会呼吸，也慢慢衰老。伯希和1908年在敦煌拍摄的黑白照片上清晰鲜明的壁画纹饰，时至今日即使用高清晰度的彩色照相机拍摄，也已显得模糊不清。敦煌壁画正在以肉眼不可察觉的速度缓缓退化。

20世纪90年代，敦煌研究院院长樊锦诗首先提出"数字敦煌"的概念。这一工程真正开始，则是1998年，那年原敦煌研究院副院长李最雄和吴健等人前往美国西北大学，与梅隆基金会商讨对莫高窟进行壁画数字化的可行方案。翌年，数字化工作展开时，数码相机还没有投入使用，作业现场也不像如今有轨道可供滑行，当时只能搭架子，一层一层地拍摄，胶卷冲洗后扫描，再进行拼接。如此巨大的工作量，几乎是知其不可为而为之。

后来，终于有了500万像素的柯达数码相机。可是，仍然会面临不少技术问题。比如该如何精确地打光——光源造成的色彩拼接变形在实际操作中很难控制。比如，如何既能保证拍摄的精度，又能避免伤害壁画。经过反复尝试，数码中心终于摸索出一套基于轨道的灯光及色彩管理系统，能在拍摄中使用均匀的反射灯光。

四

以 1984 年成立的摄影录像部为基础，2006 年，敦煌研究院成立了数字研究中心。一年后，吴健提出以 300dpi 的精确度拍摄洞窟。300dpi 的精度意味着，一个十几平方米的壁面，需要拍摄上千张照片，经过拼合，数码生成的壁画将是原壁画的一倍大。

精确度增加的同时，工作难度与工作量也急剧增大，数字中心的工作人员从一开始的 20 多人增长到 80 多人。同样在 2007 年，数字中心实现了对榆林窟 43 个洞窟的模拟录像资料的数字化转换，储存进中心服务器，并对 1989 年拍摄的莫高窟模拟录像进行数字信号转换，完成了 23 个洞窟、30 盘模拟录像带的数字化处理，经过采集、调整、剪辑后刻录成的图像数据光盘有 68 套 207 张。

在敦煌壁画的数字化作业中，实现高精度的色彩逼真的数字壁画采集、存储及处理，是"数字敦煌"的基础，也是所有数字壁画应用的基础。其原理是利用高精度数字相机分幅拍摄大幅面壁画，使用计算机技术拼接还原，从而达到大幅面壁画高精度数字化的目的。

再与虚拟漫游技术相结合，不仅实现了洞窟的逼真重现，还可用于引导浏览、查询详细的敦煌壁画资料。这两项技术的结合，组成了"数字敦煌"的核心。未来，游客将能在媒体库中观赏到精选洞窟的数字影像，更自由地探索这些洞窟的秘密。

多年来，通过与国内外计算机数字化研究机构的合作，数字中心已完成敦煌 92 个典型洞窟的数字图像，基于 QuickTime VR 技术的虚拟漫游洞窟 42 个。从无到有，艰难而又曲折。仅仅在 2013 年完成的 27 个洞窟的数字化工程，就是由至少 10 万张单张的照片拼接而成，它们都是数字中心的工作人员一张一张手动调试完成的。转眼间，吴健已年过半百。而敦煌莫高窟，正是在这一代一代的使命传递中，保持着它的璀璨光华。

（撰文：黄玉琼 吴晓初）

吴健

1963 年生于甘肃省酒泉市，毕业于鲁迅美术学院摄影系，1981 年 3 月进入敦煌研究院工作。甘肃摄影家协会副主席、甘肃省摄影家协会理论与教育委员会主任委员、中国摄影家协会会员、中国文物摄影委员会理事，入选甘肃省领军人才。现任敦煌研究院数字中心主任，研究员。

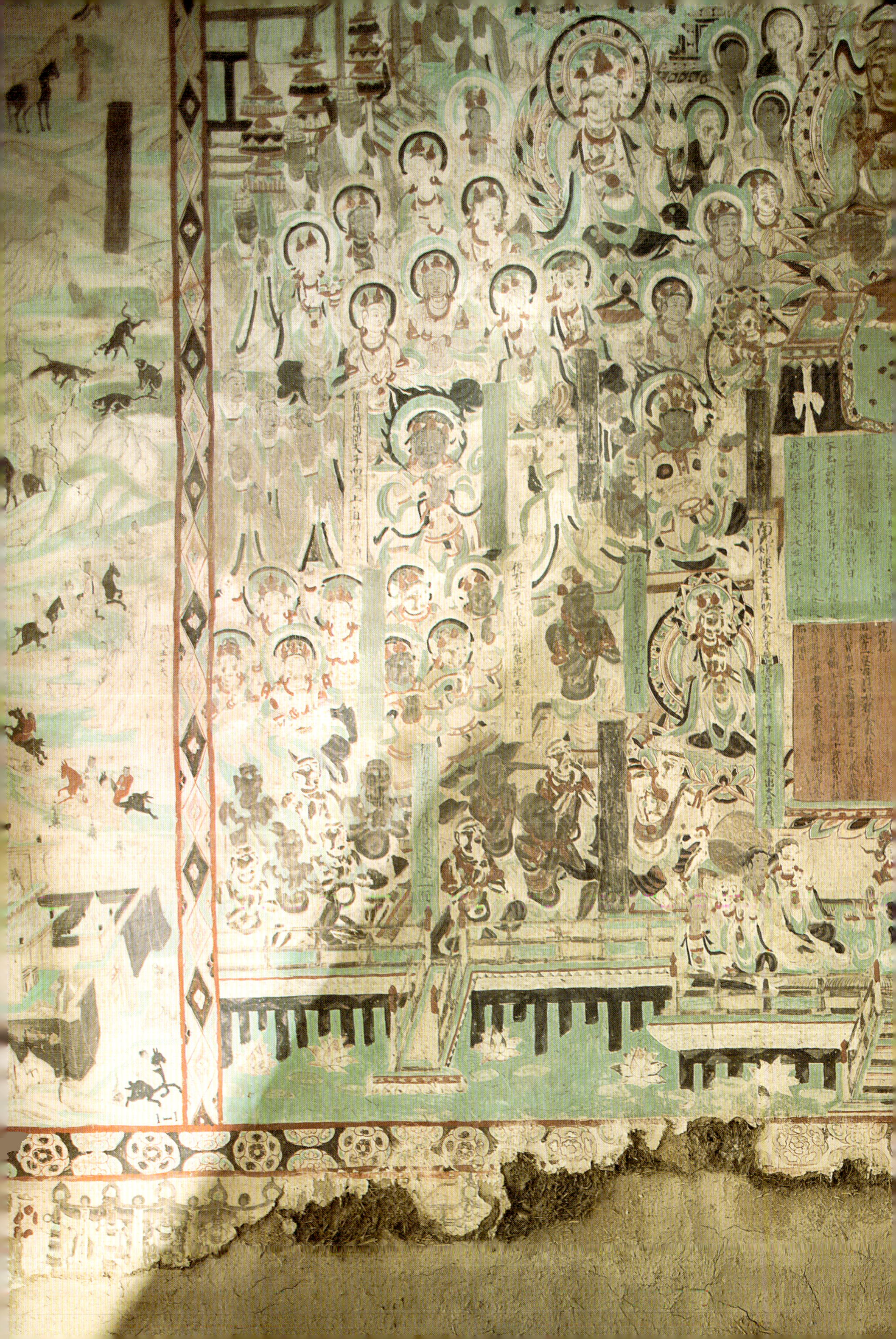

55窟 宋（960—1036）
正在进行数字化拍摄的55窟（壁画局部）
（摄影：马岭）

北区的禅窟（图片提供：敦煌研究院）

北区石窟 × 彭金章

留驻田野

北区石窟的考古发掘，被认为是开辟了敦煌学研究新领域。这对于年过半百之后把考古事业的基地从讲堂换到田野，离开亲手营建的武大考古专业，一切仿如重回起点的彭金章来说，唯有接受命运的洗礼，一切重归于发现和建设，才能最终获得生命的慰藉。

一

我们会面彭老先生是在2013年底，天朗气清的一个冬日。老先生中等身材，瘦，戴着一顶帽子从宿舍区的小道走来。银白杨的叶子依然飒飒作响，这里风沙大，基本上每个人都会在日常备一顶帽子。

对彭先生最早的印象是来自周兵导演的纪录片《敦煌》。1967年他与樊锦诗结婚后，长达19年分居，终于在1986年他作了"退步"，舍弃耗费多年心血而一手营建起的武汉大学考古专业，从湖北武汉调来敦煌研究院工作，开始负责当时还无人问津的莫高窟北区的考古发掘工作。纪录片里，大太阳下他正戴着一顶帽子，一边作业，一边谈及这个重大的迁移。"如果不是喜欢这里，我也不会来；如果不是喜欢这里，我来了也会走。"

一待下来，已快30年。但他还是怕敦煌的冬天，怕冬天的刺骨的冷。这天会面前，樊院长也与我们特别交代说，"老彭"怕冷，别聊到太晚。樊院长在提到彭先生时，常常说"老彭""我家老彭"。不禁想起2010年中秋节期间初次到访敦煌，有一天在拍摄回来的路上，我们遇到了樊院长，走在她旁边的正是彭先生，从背后看两位花发之人步履缓慢地并肩行走，我们便一路静默跟着，没上前去打招呼。

对于这个家庭来说，长达19年的两地生活，个中原因脱离不了时代的关系。1963年夏天，作为北大历史系考古专业的同班同学，彭金章与樊锦诗，一个被分配到武汉大学，一个被分配到了敦煌文物研究所。彭金章是冀中人，家在沧州肃宁县，樊锦诗家在上海，因为敦煌实习的经历而被研究所点名留下，但也造成这对恋人长久地相隔一方。当时的毕业分配，默契的原则是"哪里艰苦到哪里去"，很多同学报名去云南、贵州等，武汉是没有人报名的，最后彭金章被调配到武汉大学。他俩只好商量说，三年以后樊锦诗调去武汉，但谁知道，三年后等来的"文革"让一切都起了变化。

"'文革'开始，她想走走不了，调动停止了。1967年'串联'，她到北京，我大嫂劝她。我们就打算结婚了。手续简单，她单位出证明，我单位出证明，就领了证。庆祝仪式也简单，挂个毛主席像，唱个《东方红》，就结婚了。"

彭金章初到武汉大学历史系就职，是作为谭戒甫老先生的助教，那时还没有考古专业。"文革"开始后，武汉大学在襄阳建立分校，历史系开始招收工农兵学生（当时只有历史专业），彭金章参加了历史系的领导工作。1976年创办武汉大学考古专业后，招了考古专业第一届工农兵学员（1976级）。他除了当系领导和考古教研室的领导，还要负责教课，讲夏商周考古学，另外还要带学生考古实习。对他最大的考验其实是，要从零开始建起考古专业的师资队伍。"开头总是最难的，除了我自己的课，教新石器时代考古的是我培养的人，教秦汉考古的是北大工农兵毕业生，教隋唐考古的是我申请从郑州调来的。"到第二届又有学生留下，力量慢慢积蓄。但另一方面，家庭的状态一直在影响着他们的生活。

"困难肯定有。家庭困难，生活困难。但是啊，人的适应能力是很强的。"对于过去的苦楚，人是容易淡言的，甚至会淡忘的。接下来彭先生讲的这个故事令我感到震惊。"我们的大儿子是1968年出生的。她原本想离开敦煌，在武汉生下孩子，但敦煌不让她走。她上海家里也准备了很多东西寄到武大，我家里也准备了很多，我母亲也已经到武大等着。但是一个电报，说敦煌不让她走，她就让我去（看她）。我挑着两箩筐的东西，从武汉坐火车到郑州，再换乘由上海到乌鲁木齐的火车，坐到柳园。下了火车又坐了几个小时的汽车才到敦煌，但还到不了莫高窟。到敦煌县城后给研究所打电话，研究所里只有一部摇把电话，我打过去，因为所长挨批斗去了，一个小孩子接的电话。我说我找樊锦诗，小孩子说樊锦诗到山沟里种地去了。我吓一跳，她应该要生了啊。只好在研究所驻敦煌县城办事处里转来转去，想找人问，终于碰到一个七八岁的小男孩告诉我，说樊锦诗在医院里。等我挑着担找到医院，樊锦诗看到我，眼泪都出来了。儿子已出生好几天了，还光着屁股（因为准备的婴儿用品都寄到武大了）。'文革'中要划清界限，也没有人会帮忙这样的事。医院那时条件差，很小的房间，两张床，她是其中一张。出院以后她住在莫高窟中寺的房子里坐月子。我照顾她还没有到满月，学校就发电报说军宣队到学校，必须回，不回就处分……"

在一些场合，听过樊锦诗说起对家庭的深深歉疚。她说自己既不是贤妻也不是良母，欠孩子的。在儿子快一岁的阶段，每逢樊锦诗要上班去便只好用绳子把他绑在床上，因为没有人照顾，又担心到处爬会出什么事。等大儿子长到五岁，小儿子出生，大儿子跟着彭金章，于是轮到彭金章过起"又当爸又当妈，又要工作"的生活。有几年是双方家人帮助照顾，也一度彭金章一个人照顾两个孩子的学习和生活。"武大对我特别好，住房、孩子上学都没有问题。同事们也好，我经常出差，同事们帮忙照看孩子。孩子的裤子短了，同事们帮忙接一块。没有洗衣机，人家帮忙洗。"但母爱是缺乏的。大儿子在读初中以后，写了封信给樊锦诗，说："妈妈没调来，爸爸又经常出差……"那是80年代初，《光明日报》以"敦煌的女儿"为题报道了樊锦诗，彭金章才从报纸上第一次知道有过这样一封信。

这封信触动了彭金章，他决定放弃武大的考古教学去敦煌（研究院）。武大坚决不同意，就想让樊锦诗调来。在长达几年时间里，双方单位都派出了三次人，形成拉锯战——"听说两边负责调人的领导吵架了"。直到1986年，彭金章找到能够接替他的人手，他才被准许调至敦煌，这个家庭才算团聚。

从1988年开始,由彭金章主持,对莫高窟北区石窟进行考古发掘。经过长达七年的发掘,确知北区崖面现有洞窟总数为248个(摄影:马岭)

北区石窟考古发掘出来的木雕彩绘胡人俑（图片提供：敦煌研究院）

二

  彭金章到敦煌以后的工作，便是对莫高窟北区进行田野考古。

  鸣沙山东麓，从公元 4 世纪后半叶至 14 世纪的一千年间，佛教信徒在这处陡峭如削、高 15—30 米的断崖上，延绵不断地开凿了许多石窟，保存至今仍有石窟的崖面计全长 1700 余米。依照石窟在崖面的分布情况，分成南区和北区。以敦煌文物研究所编号的第 1 窟为界，此窟及以南为南区，此窟北部称为北区。南区崖面分布着《敦煌莫高窟内容总录》记录的 492 个洞窟中的 487 个。北区崖面稍短，长约 700 余米，亦开凿洞窟数百，其中仅有 5 个洞窟，由文物研究所编号，即 461—465 窟。其余洞窟因多无壁画或塑像，因而未予编号，亦未记录。在彭金章初步接手这个工作后，他站在荒芜的北区前，感到这里几乎是一个被遗忘的角落。

  然而北区洞窟也同南区崖面上的洞窟一样，上下相接，左右毗邻，状如蜂巢，洞窟最密集处上下可达五六层，看上去亦十分壮观。由于北区以往从未有人进行过科学的考古发掘工作，故北区洞窟的性质与功能一直没有定论。彭金章通过查阅现有资料，看到几种相关说法："是供每年农历四月初八赶庙会的香客住的"；"是放羊人圈羊用的，以防狼伤羊群"；"是供游僧暂住的，或多是僧人和工匠居住的洞窟"；"很可能是一些供僧侣居住的小僧房"；"是供画工和塑匠住的画工窟、塑匠窟"；等等。在这些有关北区洞窟用途的几种不同说法中，以最后一种最为流行，而且影响最大。

另外一个问题，北区洞窟的数量到底是多少？北区洞窟形制有什么特征？相比莫高窟南区，北区洞窟处于什么地位？北区洞窟分别属于什么时代？为了弄清这些问题，彭金章从 1988 年开始，领队主持北区洞窟长达七年、共进行了六次的考古发掘，也取得了极为重要的收获。

他发现没有任何材料能证明北区洞窟是画工窟或塑匠窟。那么它们到底又是一些什么性质的洞窟呢？经过对已经发现的大量遗迹和遗物的考察和研究，他把北区崖面上的洞窟按功能和性质，区分为 6 类：禅窟（供僧众修禅用的洞窟）、僧房窟（供僧人日常起居生活用的洞窟）、僧房附禅窟（同一个洞窟具备生活和禅修两种功能）、瘗窟（瘗埋死去的僧人骨灰、遗体和遗骨的洞窟）、礼佛窟（僧众、俗人向佛顶礼膜拜、举行佛事活动的洞窟，窟内有壁画或塑像）及廪窟（用于储藏的洞窟）。

其中，僧房窟在敦煌地区为首次发现。彭金章和他的团队最后统计出，此类洞窟在北区崖面现存 50 个，多较为宽敞，窟顶跟洞窟地面较高，甬道也较高，在洞窟内也较方便活动。此类洞窟内必有炕和灶，并有烟道通前室，还有放置灯盏的灯龛，有些灯龛至今仍残存厚厚一层油垢。而僧房窟附设禅窟的发现，同样填补了此类洞窟在敦煌地区的空白——北区现存 5 个，形制是由两个后室共一个前室组成。最令人惊叹的是，北区现存的 25 个瘗窟的发掘，不仅填补了这类洞窟在敦煌地区的空白，而且数量如此之多，为其他地区石窟群所罕见。瘗窟甬道口均用土坯或石块封堵，壁面上无壁画。经研究，瘗窟大致由以下洞窟构成：一种是专门为瘗埋死者而开凿的，共有 15 个，特征是低矮狭小，有棺床，无灶，无用火痕迹；第二类是将禅窟（含僧房附设禅窟）改作瘗窟，因而形制特征与一般单室瘗窟几乎没有什么区别，而这种瘗窟中的被瘗埋者，其生前或许曾在此窟进行禅修，此类瘗窟共发现 7 个；最后一类是僧房窟经改造而作为瘗窟用，仅见 B142 窟一例。

石窟瘗葬是露尸葬的一种形式。据史料，中国中古露尸葬源自印度，印度的露尸葬包括林葬和水葬，其中林葬被印度的苦行僧提升为一种修行方法，认为弃尸在尸陀林中可获得福报，具有功德。石窟瘗葬则是在中国的外来僧人或本土僧人对林葬直接曝尸林野的一种调和方式，大约产生于公元 3 世纪，刚开始并没有明确的瘗葬目的，而是僧人坐化于修禅石室，石室便成为其葬所。

北区石窟考古发掘出来的泥质影塑经变（图片提供：敦煌研究院）

三

彭金章与他的团队对北区考古发掘与研究工作的步骤大致是：首先是对北区石窟进行统一编号；其次开始对已编号洞窟逐一进行科学的考古发掘；之后，再对发现的遗迹和出土的遗物进行系统整理和研究，并撰写考古发掘报告，以探索北区石窟的性质与功能，以及与南区洞窟的关系等。这项工程的复杂性超出人们的想象。

在经过试掘以后，1988年10月下旬投入第一次发掘，至12月下旬，除部分下层洞窟及位于北区的第461窟未发掘外，累计发掘洞窟61个。1989年3月中旬至5月下旬，除部分下层洞窟及位于北区的第462窟未发掘外，累计发掘洞窟67个。第三次发掘是1989年8月下旬至11月下旬，主要发掘位于北区崖面北段的洞窟，除部分下层洞窟及第465窟北侧洞窟外，累计发掘洞窟91个（含第463、464、465窟）。然后是到1994年4月下旬至7月上旬，发掘前三次考古时所遗留的洞窟，经过两个多月的工作，累计发掘洞窟29个（含第461、462窟）。相隔一年后，使用电动皮带输送清除了位于北区崖面北端南端的大冲沟内B174—B179窟的窟前下方数百立方米积沙。最后一次发掘是在1995年11月初至月底，在大冲沟内用电动皮带输送机又清除积沙数百立方米，彻底弄清了B174—B179窟为什么开凿于该段崖面中上部以及大冲沟形成的原因，并了解了其窟前下方的堆积情况。

经此次长达七年的考古发掘，确知北区崖面现有洞窟总数为248个，其中243个洞窟为此次新编号洞窟。连同南区的487个洞窟，莫高窟现存洞窟总数为735个，与唐代石碑所载莫高窟有"窟室一千余龛"的数字已比较接近。

彭金章先生和团队也发现了一大批鲜为人知的重要遗迹，出土了许多重要遗物，其中不乏珍品。每次获得一点成绩，都深深鼓励着他们。例如他们首次在敦煌发现了波斯银币，这枚银币直径2.90—3.10厘米，厚0.10厘米，重3.88克，从其特征看属波斯萨珊朝卑路斯王时期所铸造。这一发现不仅填补了该地区波斯银币的空缺，同时也反映出中西交通以及商贸往来活动的情况。还有例如大批西夏文物、文献的出土，多种文字文献的发现，包括有些藏经洞里没有出现过的文字文献。其中有些西夏文文献系活字印刷品，为世界所仅存。这里值得重点一说的是木活字，在他们1989年的一次发掘中，发现了唯一经过科学考古发掘出土的、当今世界上最早的活字印刷实物——回鹘文木活字。

早在1908年，伯希和在劫掠藏经洞数千件文献精品的同时，还把手伸到了北区，在B181号洞（即今第464窟）掘获回鹘文木活字968枚，其中960枚现藏于巴黎吉美博物馆，另有4枚在日本东京东洋文库，4枚现藏于纽约大都会博物馆。1914—1915

年，俄国人鄂登保又在北区洞窟盗掘回鹘文木活字130枚，现藏俄罗斯圣彼得堡艾尔米塔什博物馆。直到1989年，彭金章和团队对北区洞窟发掘时，又发现了回鹘文木活字48枚。这使得国内唯一收藏有回鹘文木活字的敦煌研究院现在的回鹘文木活字总数达到54枚。迄今为止出自敦煌莫高窟北区的回鹘文木活字达1152枚之多。

彭先生在谈及专业领域时，总是很谦逊地带及他的团队。他不会使用宏大感性的言辞，却每每沉浸在一些具体细微的考据中，为防我记错或记漏，又找出书籍来翻阅，确认所涉的名称和数目。这些点滴成绩的汇成，源自他们无数日夜的辛勤挥洒，因为白天考古，晚上就得整理、研究，这一度又耗费数年光景。田野考古结束后，彭先生及其团队开始对发现的遗迹和遗物进行了全面系统的整理、研究，并撰写出一百余万字的北区考古报告文稿。

敦煌莫高窟北区的考古发掘与研究，始终得到北京大学宿白先生的关心和指导，并亲自为《敦煌莫高窟北区石窟》一书题写了书名。宿白先生是他和樊锦诗的恩师，是他们在读书时期的北大历史系副主任，要求极为严格。当看到三卷本《敦煌莫高窟北区石窟》正式出版后，宿白先生对樊锦诗说："彭金章不错，你瞎忙……"当然，无须彭先生多解释，这背后自然有一半归功于樊锦诗。北区石窟的考古发掘，被认为是开辟了敦煌学研究新领域。这对于年过半百之后把考古事业的基地从讲堂换到田野，离开亲手营建的武大考古专业，一切仿如重回起点的彭金章来说，唯有接受命运的洗礼，一切重归于发现和建设，才能最终获得生命的慰藉。

（撰文：夏楠）

彭金章

1937年生于河北省肃宁县。1955年北京八中初中毕业。1958年北京八中高中毕业。1963年毕业于北京大学历史系考古专业。1963—1986年在武汉大学任教，创办武汉大学历史系考古专业，任该校历史系副主任兼考古教研室主任，教授夏商周考古学。1986年调敦煌研究院至今。曾任敦煌研究院石窟文物保护研究陈列中心主任、中国敦煌石窟保护研究基金会副理事长、中国考古学会理事、甘肃省文物鉴定委员会委员、兰州大学兼职教授，现任敦煌研究院研究员（教授）。具有田野考古发掘领队资格。曾先后到日本、美国、新加坡、法国、印度等国家和台湾、香港等地区讲学或出席国际学术研讨会。发表专著《敦煌莫高窟北区石窟》《神秘的密教》等。

275窟 北凉（420—439）
西壁交脚弥勒菩萨像，高3.34米。两侧各塑一狮，示菩萨坐狮子座上。菩萨头身半裸，下身束裙，身着臂钏、胸饰。面腹部无起伏，两腿无粗细变化，下裙紧缚双腿，以贴泥条的方法塑出的衣纹线上可见清晰的刻线，这种于突起的衣纹线上施明刻线的手法见于公元四五世纪的犍陀罗雕刻（图片提供：敦煌研究院）

二七五窟 × 樊锦诗
留住敦煌

她总是奔走不停，想法不停，
只为了一个目标：永远地留住敦煌。

一

所有人都称呼她樊院长。

第一次见面是在北京的炎黄艺术馆，由民生银行发起倡议的"守护敦煌"募捐活动上。她精神很好，身着朴素，九月的天气尚热，还穿一件黑色的薄毛衣，说话久了，要拿纸巾擦拭一下鼻子——她的过敏性鼻炎症，是在莫高窟漫长的 47 年生活里所积累出的毛病之一。她微笑着翻看九月号《生活》，那些即将消失的民间手工艺，在镜头下熠熠生辉。她感叹道："这好。"即刻，她的眼睛泛出光彩，直视着我说："我明白了，你们的《生活》是指精神生活。"那时我们的交流还不到五分钟，此前她从未了解过这份杂志。

活动上，72 岁的樊院长当被介绍是"敦煌的女儿"——二十四五岁年纪就来到敦煌、守护敦煌至今时，上百家媒体同人响起热烈而持续的掌声。接下来她语重心长，重点表达了对企业和社会关怀敦煌遗产的感激和感谢。因为周边环境恶化，沙尘侵蚀洞窟，窟顶一年比一年薄，壁画变色、起甲，甚至脱落等等，而由于资金、技术和人才的匮乏，敦煌莫高窟正面临着保护的困境。2009 年 10 月 16 日，温家宝总理在甘肃考察时候强调："要拯救敦煌，决不能让它成为第二个楼兰！"

那次告别，樊院长亲切地说："欢迎你们来敦煌看看。"

一周后抵达敦煌已是傍晚，我们感受到了敦煌人的温暖。有车辆接机，为方便采访还将住宿安排在敦煌研究院里的莫高山庄。第一夜我激动地站在满天星斗闪烁的天空下，尝试聆听大漠的声音，一切寂静极了，只有风的嘶鸣。忽然想及，1945年冬天的某个夜晚，因为获悉重庆政府突然决定撤销敦煌艺术研究所，常书鸿先生在日记里写下："今天敦煌的夜是如此万籁无声，死沉沉，阴森森的，只有远处传来几声狼嗥，这样的夜本来是早已习惯了的，可如今却是辗转反侧，怎么也不能成寐。那些熟悉的壁画和彩塑，当我来到千佛洞，就预感到自己的生命似乎与它们融化在一起……"

而樊锦诗院长在24岁的年纪，1962年，怀着对敦煌艺术的向往来这儿实习，她认为自己是被幸运选中的那个。祖籍杭州，在上海长大的她从小对历史感兴趣，很爱去博物馆、美术馆，所以报考了北京大学历史系考古专业。实习的机会来了，她想着那些壁画会有多漂亮，常先生他们的文物研究所肯定也很美，先生们肯定也很有风度。"结果一看，不是这样。洞窟呢，进一个，又进一个，确实很震撼，五彩缤纷，美不胜收。看了好几天，根本记不住。我印象最深的，是第275窟那个交脚菩萨，她那副神态自若……可是一出洞呢，房子是土坯的，我都没见过这样的房子，没有电灯，没有自来水……跟我在上海的家和北京的学校反差太大了。常先生他们呢，如果不是架了副眼镜，不说话的样子跟老农民也差不多。我当时就想，这个文物研究所条件怎么会如此之差。"

那时，唯一她得以攀附的精神之链，是来自那些壁画和彩塑。那些壁画和彩塑也是使常书鸿先生预感到自己的生命与之融化一起的。

二

莫高山庄。条件虽不及一线城市的宾馆，但很舒服，被褥干爽极了，洗手间有抽水马桶。整个研究院用的都是太阳能热水。惊讶的是，无线上网信号，大大优于一线城市的酒店。

我看着上次的录音整理发着呆……

樊锦诗："我刚来时，就是急切地想看洞。洞外面很破烂，里面很黑。没有门，没有楼梯，就用树干插上树枝的'蜈蚣梯'爬进洞。爬上去后，还得用'蜈蚣梯'这么爬下来，很可怕。当时确实工作条件、生活条件都很差，怎么一个文物保护研究单位这么样的条件，我觉得很不可思议。"

两个多月以后，樊锦诗身体出现了水土不服状况，生了病，只好带着对洞窟深深的印象回了北京。不久，得到老师的消息，敦煌方面希望去实习的四个同学能去那儿工作。"我们谁也没说去还是不去。我心里头想，但愿不要去了。那时候我们接受的教育呢，是国家的需要就是我们个人的志愿。周总理说，大学毕业生是青年中的极少数，是青年中最幸运的部分，国家培养了我们，号召大学毕业生到基层去，到工厂矿山去，到祖国最需要的地方去。毕业时学校有两个去敦煌的名额，分配我和另外一个北京的同学去敦煌。当时我接受了分配，决定去敦煌工作。"

"父母的意见呢？""父母肯定不愿意，因为我去敦煌生了病。父亲写了封信寄给我，让我一定把信转交给学校领导。我没交给校领导。因为自己既然已表态服从国家需要，服从国家分配，怎么能言而无信，出尔反尔呢？"

"那最后父亲的信呢？""我没交还父亲。他也没有追问。一直到他1968年'文革'去世，他也不知道。但父亲生前对我说过：是你自己的选择哦，那你就要好好干。就这样我到敦煌来了。给我分配了宿舍，一个人住一个房间，硬板床，有桌椅，这个条件在当时的敦煌文物研究所就很好了……"

樊锦诗刚来实习的时候闹过一个笑话。她按北京的方法用香皂洗头，但敦煌的水碱性很强，洗完，头发还是黏的。两个多月的实习，到离开敦煌也没明白为什么洗了头，头发会发黏？直到来敦煌工作，才知道要用洗衣粉洗。后来是每次回上海探亲，带一些洗发膏回敦煌。再后来变成洗发精。每次都是家人提醒后，她才知道，哦，又更新换代了。

她对于生活中的细节总是粗枝大叶，丝毫不带上海的精致。在敦煌，怎么可以精致啊？宿舍里地是土的，永远扫不完的沙尘，天花板用纸糊，看起来干净，时间一长纸也破了，还有老鼠会掉下来。虽然现在研究院的条件好了，房子铺上了地板，但也是想起来就擦擦，没时间就不擦，至于吃饭的事情，多半就在食堂解决了。"我们生活一直很简单。我的这件衣服也是先生给我买的，根本不懂什么料子，不像其他女同志，我是纯粹马大哈。也无所谓了，人怎么过着舒服就怎么过吧。"

刚来敦煌的时候，因为她一张笑起来爽朗的娃娃脸，走到哪里总是被问："你十几呀？"她60多岁坐火车出差，被人问："您这年纪还出差，有70了吧？"她才觉得自己老了。

老伴彭金章先生与她是大学同学，毕业后分配在武汉大学历史系。两人在结婚后长达19年分居。直到1986年，他们相互询问的问题是：是你走还是我走？老伴终于拗不过她，表示"投降了"，从武汉大学调入敦煌研究院，从商周考古改为佛教考古。回忆起来，老伴第一次来敦煌是1965年，一看她，"才两年就变土了"。这里黄沙漫天，任谁来都变土。彭金章先生来敦煌已经20多个年头，他说："如果不是喜欢这里，我也不会来；如果不是喜欢这里，我来了也会走。"

对于两个孩子，她有着说不尽的愧疚。他们从事的工作，与敦煌艺术无关，但让樊锦诗颇感安慰的是，他们都坚持了自己的兴趣。

57窟 初唐（618—704）
莫高窟最美的观音菩萨。位于洞窟南壁说法图，观音头戴化佛冠，着项饰、胸饰、腰钏、臂钏等璎珞佩饰，以"沥粉堆金"的手法塑出，并施以金泥，显得富贵而华丽。两眼微微下垂，身体有韵内倾，交融出了东方女性的娇柔和妩媚（图片提供：敦煌研究院）

她总是奔走不停，想法不停，只为了一个目标：永远地留住敦煌。

我们与樊院长再次的交流被安排在早上九点。为防迟到我们特意提早到达办公区，樊院长却准时在九点到。问候她是否休息得好，她淡淡地摇头："经常失眠，睡不好觉。"

《生活》：在如此艰苦的条件下，您觉得那些老先生们依靠什么能坚持留下来呢？

樊锦诗：我1962年第一次到敦煌实习，说实在的，当时我很不适应。可是当时敦煌研究院的专家和工作人员就在这样的条件和环境里生活和工作，长期厮守，不以为苦。他们中的很多还是南方人，常先生是杭州人，段先生是四川人。他们不是留洋回来，就是大学毕业来到这里。我真是难以想象他们在这里能一待就是十年、二十年，不知道他们是怎么能待得下来的。我无法理解。可是，我心中由衷地钦佩他们的精神。特别是常先生当年在法国艺术界已经赢得了荣誉，他能在这儿待得下去，真是了不起。他们中的很多人不管遇到任何困难，如戴"右派"帽子、"文革"批斗、劳动改造、下放农村、遣送回家，都痴心不改，平反后一如既往，还是回到莫高窟，兢兢业业地投入工作。有人说他们"是打不走的莫高窟人"，说得很对。这些前辈们的境界很高，就是凭着非要坚持做好敦煌工作的信念，默默无闻地在戈壁沙漠中为敦煌奉献了一辈子，把自己一生的精力和智慧都献给了敦煌艺术，献给了敦煌事业。

2008年，我们与中国美术馆在北京共同推出"盛世和光 —— 敦煌艺术大展"，受到了观众热烈的欢迎。展出的展品中大多是前辈们的临摹作品。这些作品是他们一生潜心敦煌艺术心血的凝聚，是他们一生探索敦煌的智慧结晶。令人感动的是，他们临摹敦煌壁画既不为钱，也不为评职称，就是以对敦煌艺术的执着追求，全身心地徜徉在艺术的王国里，与古人交流对话，探索追寻敦煌艺术的精髓，把古代敦煌艺术之美、古代敦煌艺术之神韵的完美再现作为己任。可以说敦煌艺术和敦煌事业是他们的全部。

《生活》：他们传递的是什么精神？

樊锦诗：他们所传递的精神，第一个是艰苦奋斗。我1962年到敦煌所见都是那样艰苦，十几年前、二十年前，常先生、段先生为首的老前辈来的时候，莫高窟一片破败，一无所有，其艰难更是可想而知。他们没有被吓退，而是以乐观的态度面对困难，长期坚持在极其艰苦的环境里努力工作。第二个是无私奉献。他们都是大学毕业，在这个特殊的环境里一些人找不到对象，一些人两地分居，他们的孩子无一获得正常的教育，他们有病得不到及时治疗，生活有诸多不便，但他们毫无怨言，仍然坚持为敦煌事业尽心竭力。第三个是执着的信念和追求。我想说的是，这些前辈并没有因为条件艰苦而无所作为，而是凭着对敦煌的深爱，抱着一定要把敦煌事业搞上去的执着追求，总是以坚韧的毅力，开拓进取，不断把事业往前推进。比如说，常先生在新中国成立前后，为莫高窟做了大量的开拓性、奠基性工作；段先生将敦煌事业极大地推上了一个新的平台；等等，无一不是为了敦煌石窟的保护、研究、弘扬以及敦煌事业的发展持续地开拓进取。

这些精神代代相传至今，是莫高窟事业前进的无形资产。现在这里来了很多年轻人，他们继承前辈的精神，从学校出来留在这里兢兢业业地工作，很不容易。今天他们也要承受和克服找对象难、家人分居等很多现实困难，个人和家庭仍要做出牺牲。他们能坚持在敦煌工作，我还是很敬佩他们。这就是莫高窟精神代代相传。

《生活》：作为敦煌研究院的第三代掌门人，您跟常先生、段先生相比较，所担任的工作有什么不同？

樊锦诗：这个单位是1944年成立的，到现在已经66年了，经历三任院长。不同时代，不同使命。常先生是敦煌研究院的创始人，又是敦煌保护、研究、弘扬事业的开拓者、奠基者，做了大量开拓、抢救工作；段先生扩建了敦煌研究院，将敦煌各项事业推上了一个新的台阶，做了科学保护、科学研究的工作。时代在前进，社会在发展。敦煌的工作越来越多，对工作的要求也越来越高。我必须学习前辈的精神，在前辈开创的事业基础上，团结依靠全体职工，适应时代的需要，把敦煌的事业继续推向前进，把敦煌的工作做得更好。我1998年担任院长以来，既抓了科学保护，如抓了病害壁画的攻关研究，抓了数字敦煌，也就是敦煌石窟的数字档案，抓了数字展示，也就是用多种数字技术展示敦煌艺术；同时抓了管理，制订颁布了针对莫高窟保护的专项法规《甘肃敦煌莫高窟保护条例》，编制了《敦煌莫高窟保护总体规划（2006—2025年）》等。

《生活》：关于游客中心的建设，我们前天经过了那片圈起来的正在建设的工地，有显示牌。您曾说及没有游客，担心没有收入，游客多了，又担心洞窟文物的保护。社会上有一种担心是游客中心建成以后就不能进入洞窟看到真正的壁画了。

樊锦诗：提出游客中心的构想是基于这样的思路：要使开放中的敦煌石窟既能得到保护，又能满足游客观赏敦煌艺术的要求。奠基仪式是2008年12月29日，而真正动工是今年四五月份，预计2013年建成。

虽然莫高窟石窟群规模很大，但是具体到每个洞窟空间不大，泥土木材制作的壁画和塑像十分脆弱，壁画塑像因年代久远已程度不同地患有病害。过多的游客进入，会使洞窟中稳定的小环境，因温度、湿度、二氧化碳超标而变得不稳定。上述诸多因素会对壁画和塑像的保护构成潜在的威胁。每天的参观人数我们都有统计，像高峰时期的七八九月，最多一天有五六千人，甚至七八千人以上，通过安装在开放洞窟的传感器显示出的温度、湿度和二氧化碳超标数据，说明进入石窟的游客太多对文物保护很不利。伯希和1908年拍摄的敦煌文物照片，跟同世纪40年代拍摄的相比，再跟我们现在敦煌文物实物相比，差别很大，显然精美的敦煌壁画正在逐渐退化啊！也说明敦煌文物亟待保护！

还有个原因，现在单一的进入洞窟现场参观的方式，存在游客看不清、看不好、更多的观赏需求无法满足的问题。保护与开放都很重要。保护不是为了把观众拒之门外，应是在保护好的同时要保证观众看好。我们采取了很多措施，如游客承载量研究、改进管理和展陈等等，其中一个重要的措施，就是利用数字展示技术，把窟内精美的敦煌艺术移到窟外看，这样可使游客看到比在洞窟内更多的内容，获得更多的信息，相对减少游客在洞窟中逗留的时间，减轻洞窟的接待压力，达到既保护洞窟，又让游客看好的目的。

那么到游客中心看什么呢？筹建中的游客中心将设置主题电影演播厅、洞窟实景漫游厅、多媒体展示厅及相关配套设施。游客观看主题电影，能欣赏敦煌莫高窟产生的历史文化背景和敦煌艺术的珍贵价值，获取丰富的敦煌历史文化知识。洞窟实景漫游厅，将建成为球幕影院，放映球幕电影，游客观看球幕电影，能身临其境地观看洞窟的建筑、彩塑和壁画。游客还可以利用多媒体展示，观看不同的敦煌专题，满足游客多种参观需求。总之，利用数字展示技术，是为了更充分地展示和弘扬辉煌灿烂的敦煌艺术。

与此同时，我们还采用数字存储与再现技术，做敦煌艺术数字档案，以永久地保存莫高窟的全部历史信息及其珍贵价值。现在采用的一些科技手段保护文物能延长它的寿命，但无法使它永存。它会渐渐老化，到最后终将消失。通过数字存储与再现技术不仅能把敦煌艺术的信息存储起来，又能使它再现。莫高窟人希望通过数字技术为国家、为人类尽可能地留下敦煌莫高窟文化遗产。

我要特别说明，游客中心建成后，我们绝不会不让游客参观洞窟，而是把数字展示与参观洞窟结合起来，发挥各自不同的展示效果，使参观效果更大化。根据设计，将来游客中心建成后的参观模式是，游客将先到游客中心，借助数字展示方式，尽情观赏敦煌艺术，之后再进入遗址现场，参观洞窟。所谓不能进入洞窟看壁画是一些人的炒作，请不要相信。

《生活》：您提倡的是，用"高保真"数字储存技术永远地留住敦煌，希望她恒久不变。但在佛教文化里，人生无常，没有什么是恒久不变的。但您是要这个东西一定不变。

樊锦诗：什么都在变。文物一直在退化，也就是一直在变，所以才要保护。保护有两种方法，一种是用化学、物理、工程等技术，修复有病害的文物，使修复后的文物能延长寿命。但任何先进的保护技术，只能延缓文物的寿命，无法扼制壁画和彩塑的退化趋势。第二种方法，就是运用数字储存技术，永久地保存莫高窟文物信息及其珍贵的价值。我这里说的是保存敦煌信息，不是指物质。当然，永久地保存文物信息，在计算机发明以前也是难以想象的。用"高保真"数字储存技术留住的敦煌信息，它也要

2009年8月5日樊锦诗院长在莫高窟第85窟指导敦煌壁画数字化工作（图片提供：敦煌研究院）

樊锦诗院长（左三）指导青年研究（图片提供：敦煌研究院）

变。因为保存不好，储存的信息就会丢失。我们要想永久保存敦煌信息，要采用异地保存、不同存储介质的保存方法。相信数字储存技术研究的发展，会有更新更好的方法储存敦煌艺术信息。

《生活》：敦煌也发源于佛教文化。您对佛教这种信仰是怎么看的？

樊锦诗：我不是佛教徒，但是我看过一些佛经。有的看懂了，有的看不太懂。佛教的思想理论很深奥。世界上宗教很多，但是有如此高深哲理的宗教只有佛教。佛教是一种哲学，如它有辩证的思想，很有道理，其他宗教就没有；如佛教提倡"诸恶莫作，诸善奉行"，也很有道理。我们不能把烧香拜佛等同于佛教。宗教是对人们痛苦心灵的抚慰，也是一种文化。我们应该尊重佛教的信仰者。佛教传入我国后，经过很长时间，被中国人吸收和消化，和我们的思想结合起来，创造了中国化的佛教思想，又影响推动了中国思想的发展。佛教对我国的文化艺术产生了很大的影响。如丰富了我们的语言，像"世界""烦恼""一刹那"等不少词，都来自佛教。如果不用这些词，我们说话可能就有问题了。又如中国通俗文学的文体是哪来的呢？是从佛教里面来的，为了普及佛教教义，采用了通俗的语言，有说有唱，把佛教的故事、历史的故事或者文学的故事，与佛教的教义结合起来，使民众听后就明了。塔是为了纪念佛祖释迦牟尼而建的。中国原来没有塔，佛教传入后，到处修起了塔。中国原来的雕塑和绘画比较单一，佛画艺术传入后，推动了我们的雕塑和绘画艺术的发展。

《生活》：就是给你精神的力量。

樊锦诗：我不是佛教徒，敦煌研究院的工作人员是凭着对敦煌石窟艺术的热爱和事业的执着追求，投身敦煌文物事业。敦煌莫高窟的保护、研究和弘扬工作，是一个漫长的过程，需要不断地开拓、探索前进。这不是几代人、几十年所能完成的事情。需要多少代人不断地为它付出，不断地努力。这个事业是艰巨的、复杂的、带有挑战性的，也是没有期限的永远的事业。

（撰文：夏楠）

樊锦诗

浙江杭州人，1938年7月生于北平，成长在上海。现任敦煌研究院名誉院长。1963年自北京大学毕业后，已在敦煌研究院坚持工作40余年，被誉为"敦煌的女儿"。主要致力于石窟考古、石窟科学保护和管理。1963年毕业于北京大学历史系考古学专业，同年9月到敦煌文物研究所，1977年任副所长，1984年8月任敦煌研究院副院长，1998年4月任敦煌研究院长。1988年任副研究员，1994年任研究员。1995年为兰州大学兼职教授，1998年为兰州大学敦煌学专业博士生导师，1999年被聘为教育部人文社会科学重点研究基地兰州大学敦煌研究所名誉所长、学术委员会副主任。现任中国敦煌吐鲁番学会名誉会长，中央文史研究馆馆员。

130窟的南大像，佛高26米，拍摄时需要充分考虑细节与明暗关系（摄影：吴健）（图片提供：敦煌研究院）

附录
1908与2011年的壁画和彩塑比对

敦煌的壁画和彩塑，在逐年退化。
仅列举几组，
以1908年伯希和首次来敦煌时拍摄的壁画和彩塑，
与2011年敦煌研究院拍摄的壁画和彩塑作比对。
那么，再过一百年之后……

摄影
查尔斯·努埃特（Charles Nouette，伯希和随行摄影师） 1908年
孙志军（敦煌研究院摄影师） 2011年

敦煌莫高窟第217窟 法华经变观音普门品 查尔斯·努埃特摄影 1908年

敦煌莫高窟第217窟 法华经变观音普门品 孙志军摄影 2011年

敦煌莫高窟第97窟 十六罗汉 查尔斯·努埃特摄影 1908年

敦煌莫高窟第61窟 于阗公主等供养像 查尔斯·努埃特摄影 1908年

敦煌莫高窟第97窟 十六罗汉 孙志军摄影 2011年

敦煌莫高窟第61窟 于阗公主等供养像 孙志军摄影 2011年

敦煌莫高窟第158窟 各国王子图 查尔斯·努埃特摄影 1908年

敦煌莫高窟第459窟 楞伽经变 查尔斯·努埃特摄影 1908年

敦煌莫高窟第158窟 各国王子图 孙志军摄影 2011年

敦煌莫高窟第459窟 楞伽经变 孙志军摄影 2011年

「敦煌的壁画和彩塑，是世界的优秀文明，是人类的艺术瑰宝。它们现在一年一年地退化，再过一百年呢？我愿望后世子孙，都能看到我们民族曾创造出如此宝贵的文化遗产，因此，保护、修复、数字化敦煌，这些工作一刻也不能停止。」

——樊锦诗　敦煌研究院名誉院长

致谢

常沙娜　李其琼　万庚育
柴剑虹　李云鹤　王旭东
陈海涛　娄婕　王学丽
陈瑾　欧阳煌玉　王胤
陈琦　欧阳琳　吴健
程亮　彭金章　吴钰
段兼善　荣新江　Frances Wood（吴芳思）
樊锦诗　邵宏江　徐铭君
关友惠　师永刚　杨雪梅
何鄂　石塚晴通　张先堂
侯黎明　宋真　赵俊荣
胡伟　苏伯民　赵声良
李国华　孙儒僩　卓福民
李宏　孙志军
李萍　Susan Whitfield（魏泓）